Denken und Rechnen 2

Erarbeitet von:

Henner Eidt
Claudia Lack
Roswitha Lammel
Eike Voß
Maria Wichmann

Illustrationen von:
Martina Theisen

westermann

Inhaltsverzeichnis

		Seite	Förderheft 2
	Rechnen im Zahlenraum bis 20 Rechengeschichten – Ferien Besuch im Zoo – Lösen von Sachaufgaben Kombinationen	2 – 10 8 – 9	1 – 8
	Zahlen bis 100 Schätzen und Bündeln Hunderterfeld – Hundertertafel Zufall und Wahrscheinlichkeit Zahlenstrahl und Hunderterkette	11 – 24 19	9 – 27
	Geld	25	
	Geometrie Faltprojekt	26 – 27	
	Addieren und Subtrahieren im Zahlenraum bis 100 Ergänzen Verkehrssichere Kleidung Gleichungen und Ungleichungen Sachrechnen – Pausenspiele Rechenwege, Verdoppeln und Halbieren Gartencenter Umkehraufgaben	28 – 45 32 36 44	28 – 38 39 45 – 46, 47, 53 83 – 84
	Geometrie Formen und Figuren Kunst und Formen	46 – 48	
	Messen Körpermaße, Größe – Länge Zeichnen Wiederholung	49 – 55 55	
	Einführung der Multiplikation Kernaufgaben	56 – 61	59 – 64
	Einmaleinsreihen 2, 10 und 5 Rechnen mit Geld	62 – 67	69, 72, 77, 79
	Einführung der Division Aufteilen	68 – 70	65 – 66
	Einmaleinsreihen 4 und 8 Einmaleins mit 1 und 0	71 – 77	71, 75, 80
	Geometrie und Arithmetik Körper Bauen und Rechnen	78 – 79	
	Dividieren Verteilen	80 – 81	67 – 68
	Einmaleinsreihen 3, 6, 9 und 7 Wiederholung	82 – 92 92	70, 73, 74, 76, 81

		Seite	Förderheft 2
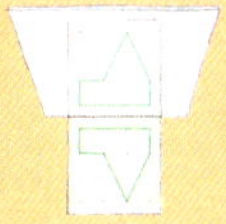	**Geometrie** Formen Formen und Spiegelbilder am Geobrett	93 – 95	
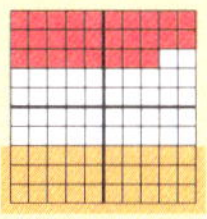	**Addieren und Subtrahieren** Rechenwege – Ergänzen, Addieren Wiederholung Rechenwege – Subtrahieren	96 – 104 98 100 101	40 – 44, 48 – 52 54 – 58
	**Sachrechnen** Tabellen Ausverkauf, Lösungsskizzen	105 – 107	 85 – 86 87 – 88
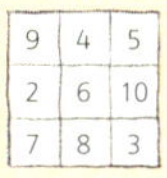	**Rechenstrategien** Entdeckungen an der Hundertertafel Zauberquadrate	108 – 109	
	Übungen zum Einmaleins	110 – 119	78, 82
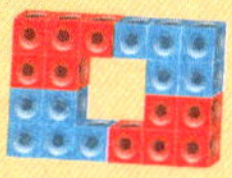	**Geometrie und Arithmetik** Bauen und Rechnen	120 – 121	
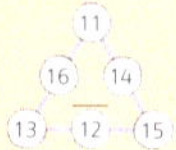	Wochenmarkt Zauberdreiecke	**122** **123**	
	**Zeit** Die Sonnenuhr Uhrzeiten und Zeitspannen Stundenplan und Kalender	124 – 129	
	Kombinationen – Eissorten	130 – 131	
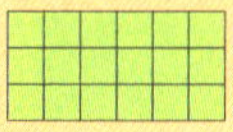	**Geometrie und Arithmetik** Zeichnen und Rechnen Knobeln	132 – 133	
	Das haben wir im zweiten Schuljahr gelernt	134	

 Zusätzliches Üben

 Automatisierendes Üben (Kopfrechnen)

Zielgerichtetes Erforschen mathematischer Problemstellungen.

 Höhere Anforderung. Alle Kinder können probieren.

 Zusammenhänge zwischen den Aufgaben untersuchen.

 Knacknüsse zum Nachdenken und Probieren.

 Wiederholung

 Behauptungen überdenken und überprüfen.

Austausch über individuelle Vorgehensweisen oder über Entdeckungen.

 Hunderterfeld zum Ausklappen verwenden.

Rechengeschichten – Ferien

Male deine Rechengeschichten aus den Ferien.

1

Lisa sammelte Herzmuscheln.
Dany hat doppelt so viele Muscheln in seinem Korb.

2

Marie unternahm mit ihren Eltern und ihrem Bruder eine Fahrradtour.
Am 2. Tag kamen 7 Freunde dazu.

3

Sven verbrachte eine Woche auf der Insel Norderney und danach 5 Tage bei Oma Hilde.

4

Theres ging mit Oma und Opa zweimal ins Freibad.

5

Sina behauptet: „Ich war jeden Tag acht Stunden bei den Ferienspielen."
Kann das stimmen?

6

Die Leseratte Tilo las zwei Bücher mit je 30 Seiten. Im dritten Buch ist er schon auf Seite 15.

Rechengeschichten erzählen. Im Heft rechnen.
Diff.: Die Rechengeschichten der Kinder zu einem Buch oder Plakat zusammenstellen.

Addieren bis 20 – Aufgabenmuster

1 Lisa hat Muster gelegt. Setze fort. Male und rechne.

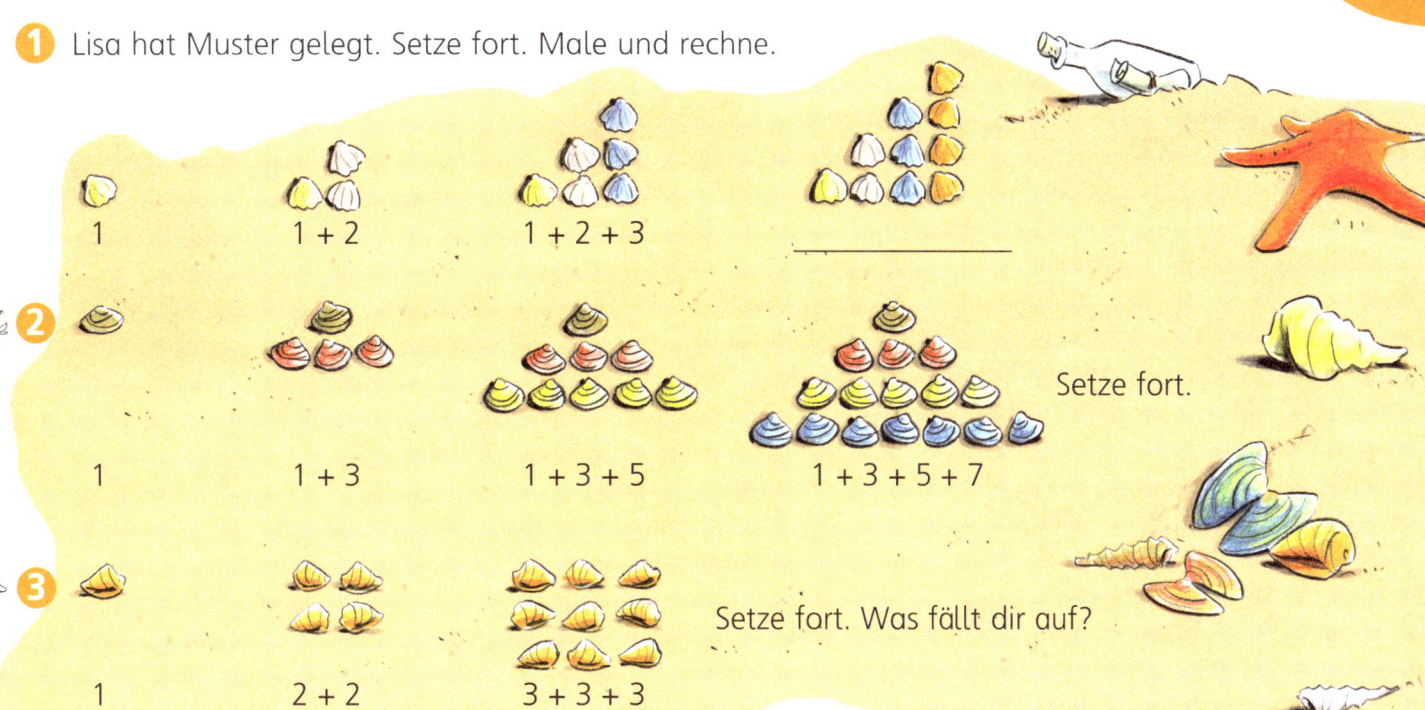

4 Erfinde selbst Muster. Male und rechne.

5 Immer eine Aufgabe passt nicht in das Muster. Ändere sie.

a) 5 + 4	b) 3 + 6	c) 5 + 9	d) 2 + 2	e) 3 + 12
5 + 5	4 + 6	6 + 8	4 + 3	6 + 10
5 + 6	5 + 6	7 + 7	6 + 6	9 + 8
5 + 7	9 + 6	8 + 6	8 + 8	12 + 6
5 + 9	7 + 6	9 + 3	10 + 10	15 + 5

6

a) 1 + 9 + 1	b) 9 + 1 + 9	c) 5 + 3 + 5	d) 8 + 9 + 2	e) 1 + 1 + 1
2 + 8 + 2	8 + 2 + 8	6 + 9 + 4	4 + 7 + 3	2 + 2 + 2
3 + 7 + 3	7 + 3 + 7	7 + 6 + 3	1 + 8 + 9	3 + 3 + 3
4 + 6 + 4	6 + 4 + 6	2 + 7 + 8	6 + 5 + 4	4 + 4 + 4
5 + 5 + 5	5 + 5 + 0	3 + 5 + 7	2 + 9 + 8	6 + 6 + 6
6 + 4 + 6	4 + 6 + 4	4 + 9 + 6	3 + 8 + 7	5 + 5 + 5

7

a) 4 + 7	b) 6 + 8	c) 7 + 8	d) 12 + 7	e) 12 + 8
6 + 9	3 + 9	6 + 6	14 + 3	14 + 7
5 + 8	4 + 9	8 + 8	15 + 4	14 + 8
7 + 5	3 + 8	9 + 9	16 + 4	11 + 9
6 + 7	7 + 6	8 + 6	13 + 6	12 + 9
4 + 8	4 + 6	8 + 7	11 + 8	13 + 9

Muster besprechen.

Subtrahieren bis 20 – Aufgabenmuster

1 Setze fort.

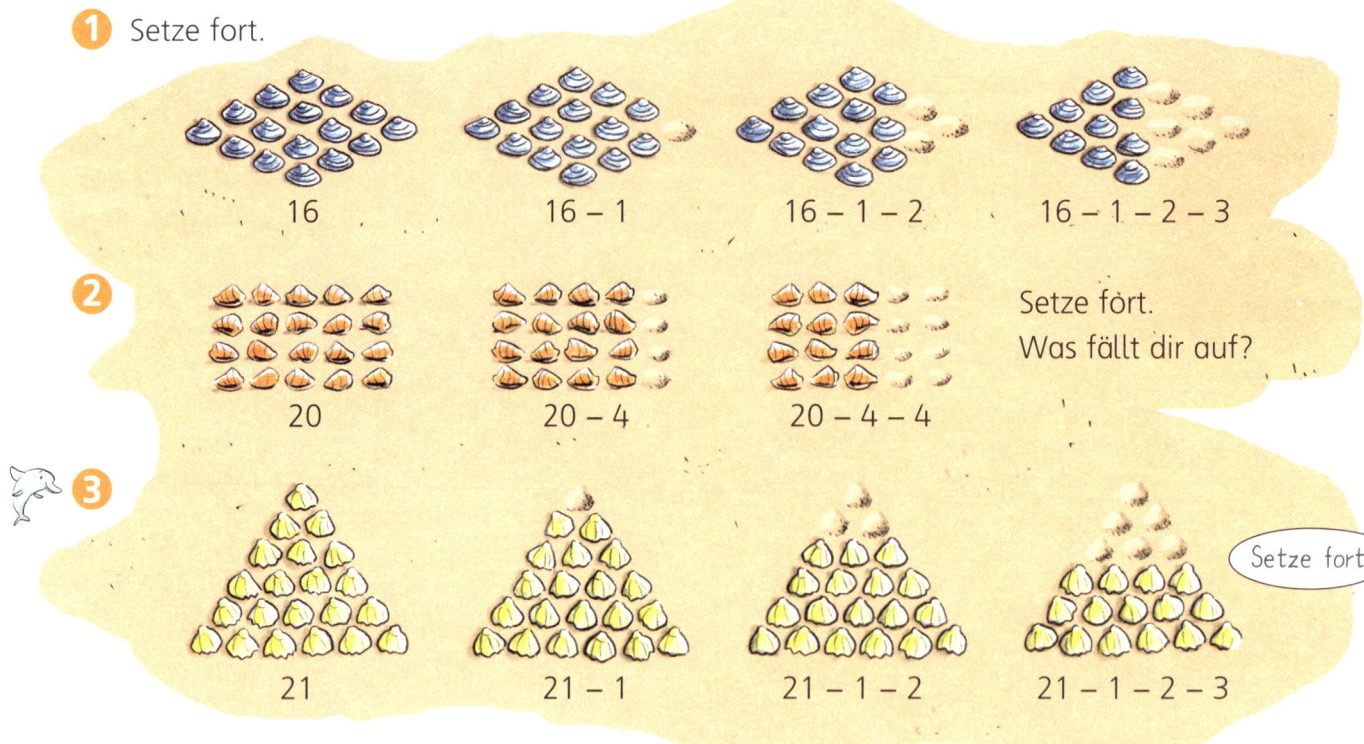

2 Setze fort. Was fällt dir auf?

20   20 – 4   20 – 4 – 4

3 Setze fort.

21   21 – 1   21 – 1 – 2   21 – 1 – 2 – 3

4 Erfinde selbst Muster. Male und rechne.

5 Immer eine Aufgabe passt nicht in das Muster. Ändere sie.

a) 14 – 9	b) 11 – 9	c) 14 – 4	d) 20 – 9	e) 15 – 10
14 – 8	12 – 9	14 – 5	19 – 7	15 – 11
14 – 7	13 – 9	14 – 6	18 – 5	15 – 12
14 – 6	16 – 9	14 – 7	17 – 0	15 – 13
14 – 4	15 – 9	15 – 8	16 – 1	15 – 15

6

a) 18 – 8 – 1	b) 19 – 9 – 9	c) 18 – 4 – 8	d) 17 – 9 – 7
17 – 7 – 2	18 – 8 – 8	16 – 7 – 6	14 – 8 – 4
16 – 6 – 3	17 – 7 – 7	13 – 8 – 3	16 – 9 – 6
15 – 5 – 4	16 – 6 – 6	19 – 4 – 9	12 – 8 – 2
14 – 4 – 5	15 – 5 – 5	15 – 8 – 5	13 – 6 – 3
13 – 3 – 6	14 – 4 – 0	14 – 9 – 4	11 – 9 – 1

7

a) 11 – 6	b) 12 – 6	c) 15 – 8	d) 17 – 9	e) 20 – 10
14 – 7	14 – 9	17 – 8	14 – 6	19 – 11
15 – 9	15 – 7	14 – 8	12 – 9	17 – 12
16 – 8	16 – 7	12 – 7	13 – 9	18 – 14
11 – 4	13 – 4	13 – 8	11 – 3	19 – 16
13 – 5	14 – 5	15 – 6	18 – 8	20 – 18

Muster besprechen.

Rechnen bis 20 – Rechendreiecke

1
a) 17, 13, 4, 6
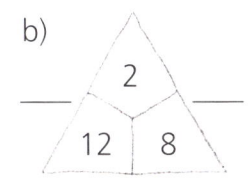
b) 2, 12, 8
c) 11, 7, 6
d) 7, 8, 5

e) 11, 7, 9
f) 5, 6, 12
g) 14, 8, 5
h) 13, 6, 6
i) 11, 6, 4

j) 8, 17, 16
k) 15, 7, 18
l) 17, 9, 12
m) 16, 6, 15

2 
a) 12, 15, 13
b) 14, 16, 12
c) 10, 12, 16
d) 10, 7, 15
e) 20, 20, 0

3 
a) 8 + 4
8 + 5
8 + 6
8 + 7
8 + 9

b) 7 + 6
8 + 7
9 + 8
10 + 9
11 + 9

c) 1 + 10
2 + 9
3 + 8
4 + 7
5 + 6

d) 9 + 7
8 + 6
7 + 5
6 + 7
5 + 7

e) 7 + 4
8 + 5
9 + 6
8 + 8
7 + 7

4
a) 12 – 3
13 – 4
14 – 5
15 – 6
16 – 7
17 – 8

b) 11 – 2
11 – 3
11 – 4
11 – 5
11 – 6
11 – 7

c) 20 – 9
19 – 9
18 – 9
17 – 9
16 – 8
15 – 7

d) 16 – 9
13 – 9
14 – 8
15 – 9
12 – 6
11 – 8

e) 12 – 7
15 – 8
11 – 9
18 – 5
20 – 7
19 – 8

5 Rechnet viele Aufgaben mit dem Ergebnis 14.
(8 + 6) (20 – 6)

1 und 2 Kopiervorlage nutzen oder Gleichungen schreiben. 2 Durch Probieren lösen.
3 Prüfen, ob ein Aufgabenmuster vorliegt.

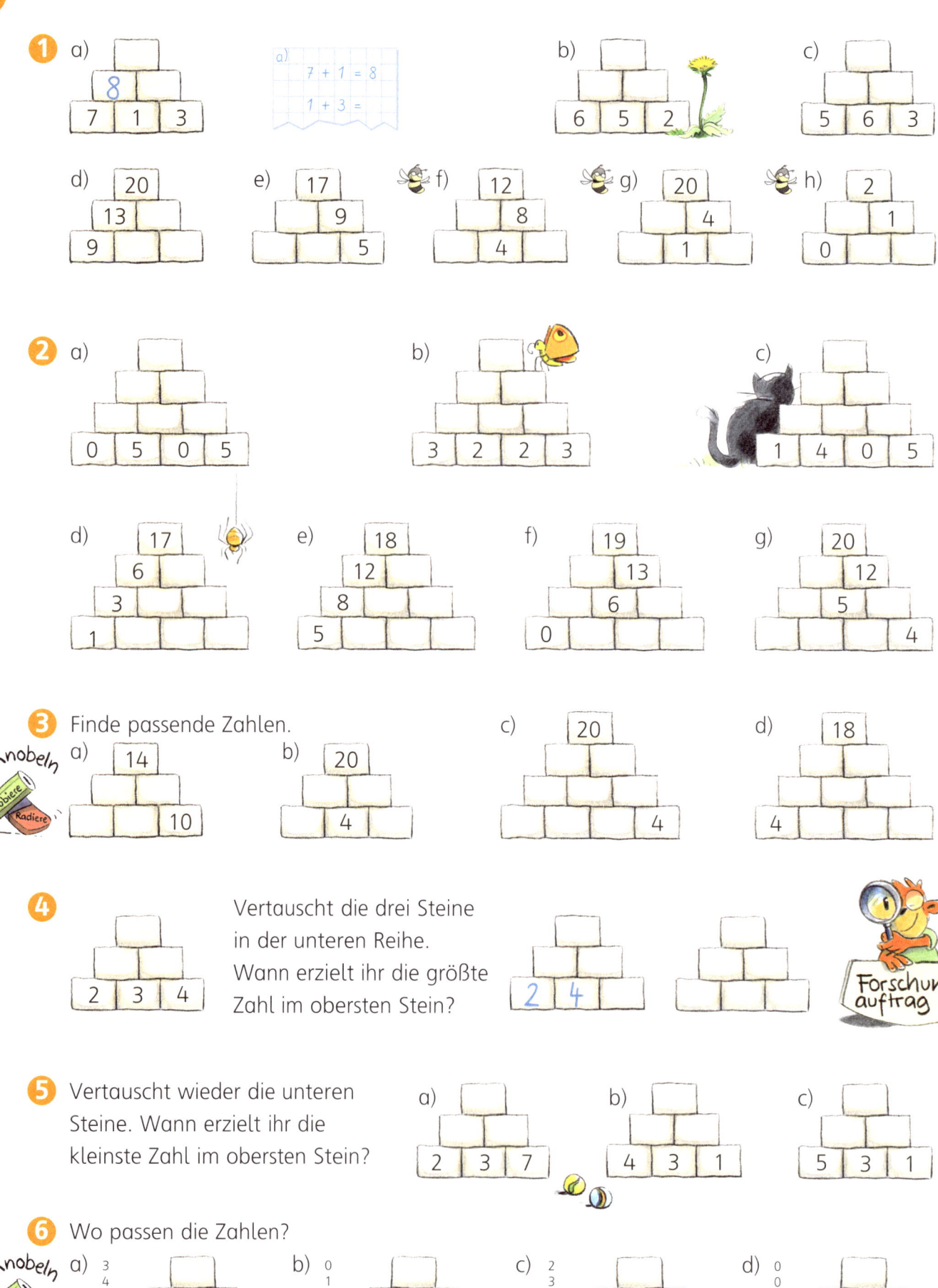

Rechnen bis 20 – Aufgabenmuster fortsetzen

7

1 Rechne. Entdeckst du ein Muster? Dann setze fort.

a)
3 + 3
4 + 4
5 + 5
6 + 6
___ + ___
Tilo

b)
5 + 5
5 + 6
5 + 7
5 + ___
___ + ___
Anna

c)
20 – 0
19 – 1
18 – 2
17 – ___
___ – ___
Lisa

d)
17 – 9
16 – 7
15 – 6
14 – 8
___ – ___
Tim

e)
6 + 4
7 + 5
8 + 7
9 + 3
___ + ___
Kim

f)
16 – 3
15 – 4
14 – 5
13 – ___
___ – ___
Luka

g)
20 – 9
18 – 9
16 – ___
14 – ___
___ – ___
Marie

h)
3 + 19
4 + 11
5 + 18
6 + 17
___ + ___
Micha

2 Rechenketten. Entdecke das Muster. Setze fort.

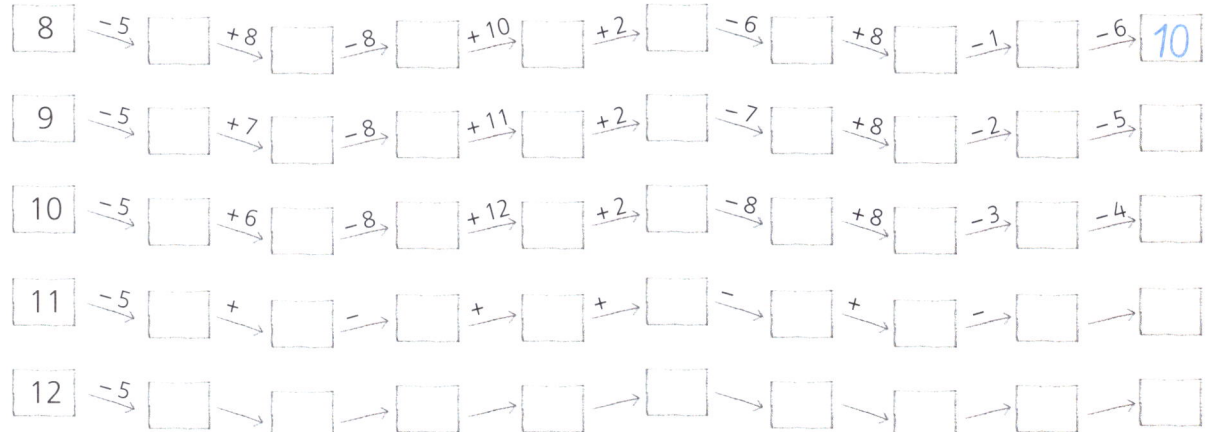

3

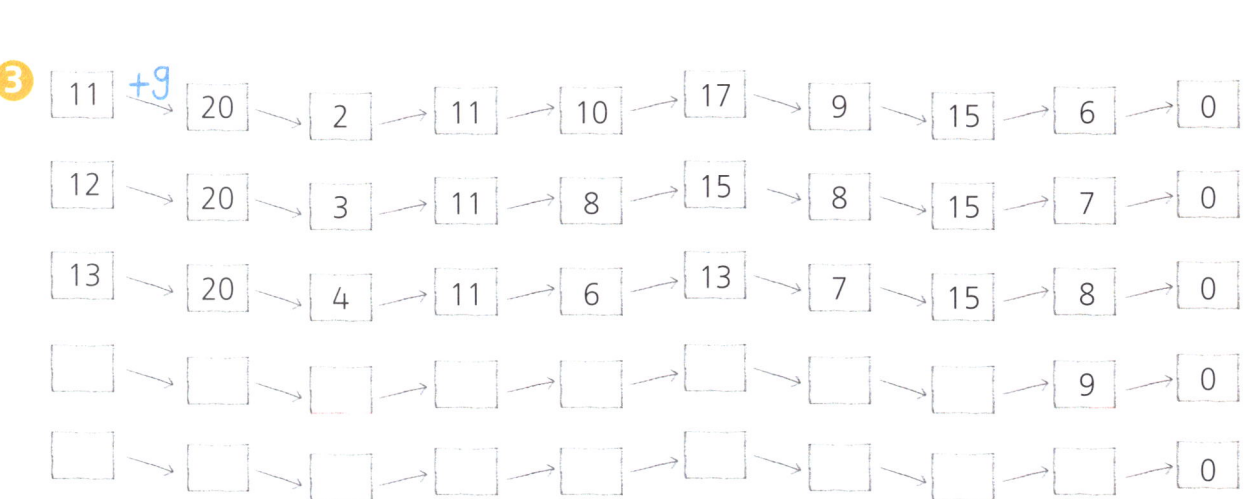

Besuch im Zoo – Lösen von Sachaufgaben

8

1  Möchtest du den Zoo besuchen?
Im Internet kannst du Informationen finden.

2

ZOO – EINTRITT

Erwachsene	12 €
Kinder	6 €
Lageplan	2 €
Zoobuch	4 €

Welche Frage passt zum Text?

a) Für den Zoobesuch hat Simon 10 €.
Er bezahlt davon seinen Eintritt.

- A Wie viele Affen sind im Zoo?
- B Wie teuer ist der Eintritt für Erwachsene?
- C Wie viel Geld behält er übrig?

b) Lea besucht mit ihrem Vater den Zoo. Sie kaufen einen Lageplan.

- A Wie viel Geld haben sie übrig?
- B Wie viel müssen sie bezahlen?
- C Wie teuer ist das Zoobuch?

c) Sidar hat 20 €. Er bezahlt den Eintritt und kauft ein Zoobuch.

- A Wie lange ist der Zoo geöffnet?
- B Wie viel kosten Plan und Buch zusammen?
- C Wie viel Geld hat er dann noch?

3

Fütterung der Seelöwen
um 11:00 Uhr
und
um 16:00 Uhr

Welche Frage passt zum Text?
Die Klasse 2 a ist für die Fütterung angemeldet.
Sie trifft sich um 9:00 Uhr am Eingang.

- A Wie viele Erwachsene schauen zu?
- B Wie lange dauert die Fütterung?
- C Wie lange müssen sie noch warten?

Hast du noch weitere Fragen?

4 Schreibe immer eine passende Frage.

a) Nina geht mit ihrem Opa in den Zoo. Der Eintritt für Rentner beträgt 8 €.

b) Für die Flugschau der Greifvögel haben sich zwei Gruppen gemeldet: 9 Mädchen, 8 Jungen und 3 Begleiter.

c) Die Fütterung der Fischotter ist um 12 Uhr. 2 Stunden später werden die Elefanten geduscht.

d) Jonas und seine Eltern gehen um 9 Uhr in den Zoo. Sie wollen 5 Stunden bleiben.

 5 Welcher Zoo liegt in deiner Nähe?
Vergleiche die Preise und die Fütterungszeiten.

6 $8 + 7 = 15$

Welche Rechengeschichte gehört zu dieser Aufgabe?
Schreibe eine passende Antwort.

A Lisa feiert ihren 8. Geburtstag im Zoo. Mit 7 Personen sind sie in der Zooschule angemeldet. Wie viele Kinder sind es insgesamt?

B Felix und Jana feiern ihren Geburtstag im Zoo. Es sind 8 Mädchen und 7 Jungen. Wie viele Kinder sind es insgesamt?

7 $4\,€ + 8\,€ = \_\_€$

Welche Rechengeschichte passt? Entscheide.
Schreibe die Frage. Rechne und antworte.

A 4 Kinder gehen in den Zoo. Sie müssen 8 € bezahlen.

B Der Eintritt für 2 Erwachsene kostet 8 €.

C Emine kauft ein Zoobuch für 4 € und Tierkarten für 8 €.

D Ein Zoobuch kostet 4 €. Frau Braun kauft 8 für die Schule.

8 $50\,€ - 30\,€ = \_\_€$

Entscheide, frage, rechne und antworte.

A Die Zooführung für die Klasse 2 a kostet 30 €. Herr Mertens bezahlt mit einem 50-€-Schein.

B Herr Mertens bezahlt für den Eintritt 50 € und für die Zooführung 30 €.

9 Frage, rechne und antworte.
a) Um 12:00 Uhr werden die Affen gefüttert.
   Vier Stunden später bekommen die Löwen ihr Fressen.
b) Der Zoo ist im Sommer von 09:00 bis 18:00 Uhr geöffnet.
   In der Winterzeit schließt er zwei Stunden früher.
c) Sechs Klassen der Bachschule besuchten den Zoo.
   Sei trafen um 09:00 Uhr ein und verließen den Zoo um 14:00 Uhr.
d) Der Eintritt für Kinder kostet 5 € und für Erwachsene 10 €.
   Familie Stern bezahlt für 4 Kinder und 2 Erwachsene.

10 Wie viele Tiere von jeder Art könnten es jeweils sein?
a) Im Gehege der Hängebauchschweine sieht Nina auch Hühner.
   Zusammen zählt sie 10 Beine.
b) In einem Gehege sind Lamas und Straußenvögel.
   Jonas zählt zusammen 20 Beine.

Immer prüfen, ob die Antworten angemessen auf die Fragestellungen eingehen.
10 Zwei und vier Kombinationen möglich.

Kombinationen – Rechnen bis 20

1

a) Wie würdest du kombinieren?

b) Wie viele Möglichkeiten gibt es? Zeichne alle auf.

2 Wie viele Möglichkeiten gibt es?

3 Die Firma Maier hat 4 Lkws und 4 Anhänger. Kombiniere.

4 Wie viele Minus-Aufgaben kannst du bilden? Kombiniere.

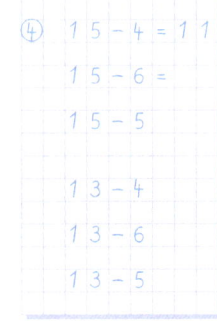

5 a)

Rechne erst alle Aufgaben mit der 18.

b)    c)

d)    e)

6 a)    b)

c)    d)

e)    f)

7 Schreibe Lkw-Aufgaben für deine Klasse.

a)    b)

1 und **2** Spielerisch, zeichnerisch oder im Kopf lösen. Vorher vermuten. Evtl. schon multiplikativ interpretieren. **3** Evtl. schon ohne Zeichnung lösen. **4** bis **7** Übersichtlich anordnen. Zur Erleichterung des Vergleichens einheitlich vorgehen: Erst alle Aufgaben mit dem ersten Lkw lösen. **7** Kopiervorlage.

Schätzen und Bündeln

1 Wie viele Münzen sind es? Schätze.

a) Ich schätze ___ ct

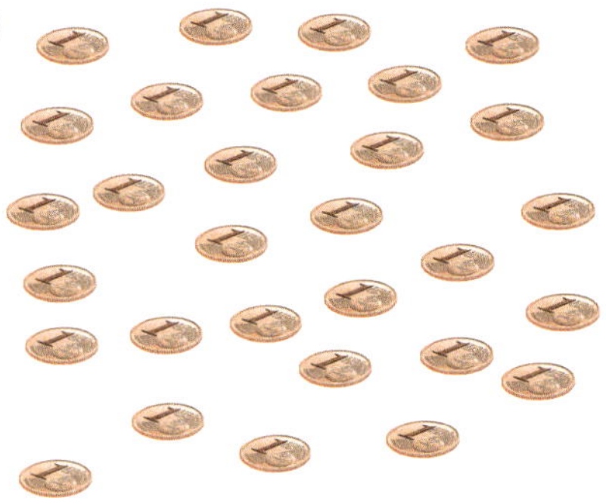

b) Ich schätze ___ ct

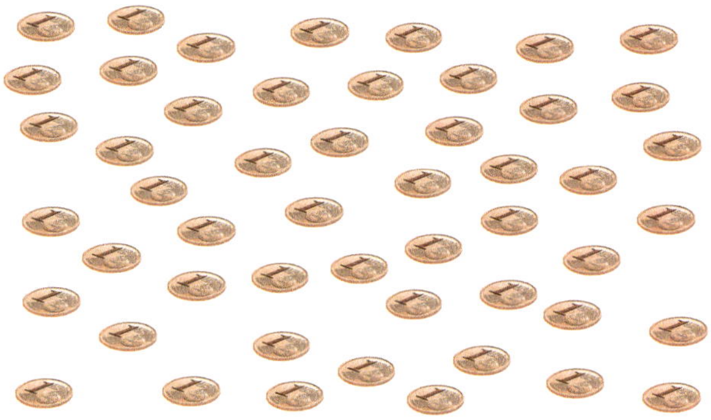

2 Schätze. Zähle. Rechne.

a) ___ ct

b) ___ ct

c) ___ ct

3 a) Zehner Einer
4 7 47 ct

b) Zehner Einer ___ ct

c) Zehner Einer ___ ct

d) Zehner Einer ___ ct

e) Zehner Einer ___ ct

f) Zehner Einer ___ ct

g) Zehner Einer ___ ct

h) Zehner Einer ___ ct

i) Zehner Einer ___ ct

4 a) 17 15 11 — 2 6 7 9 0   b) 4 6 8 + 5 7 9

1 Möglichst strukturierend schätzen, z. B. immer 5 Münzen zusammensehen.
2 und **3** Vorteile der Bündelung entdecken und besprechen. **4** a) 12 Aufgaben (Kombinationen).

Bündeln und Vergleichen

1 Wer hat mehr Geld?

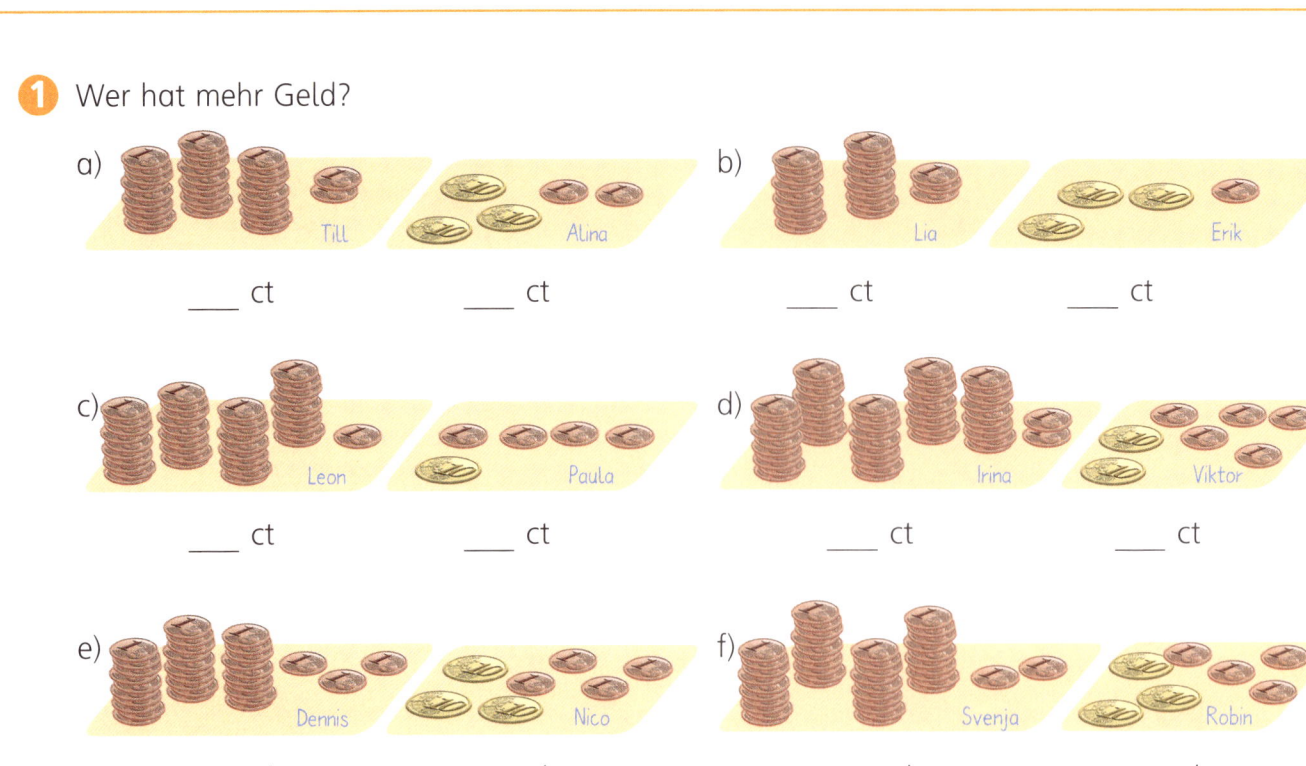

a) Till ___ ct   Alina ___ ct   b) Lia ___ ct   Erik ___ ct

c) Leon ___ ct   Paula ___ ct   d) Irina ___ ct   Viktor ___ ct

e) Dennis ___ ct   Nico ___ ct   f) Svenja ___ ct   Robin ___ ct

2 Legt Zehnerstapel und Einer. Vergleicht.

a) Zehner Einer: 3 1 / 1 3
b) Zehner Einer: 4 1 / 1 4
c) Zehner Einer: 2 4 / 4 2
d) Zehner Einer: 3 2 / 2 3
e) Zehner Einer: 5 3 / 3 5

Was fällt euch auf?

3 Kann das stimmen?

Das sind 40 Cent.

Daniela meint: „Diese Geldrolle enthält 80 Centstücke."

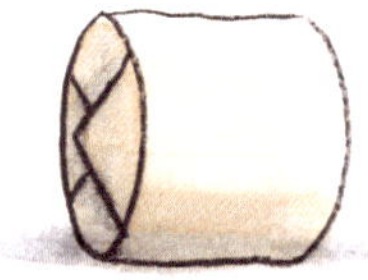

Felix: „Das sind 20 Cent."

Alex sagt: „Da sind 90 Centstücke drin." 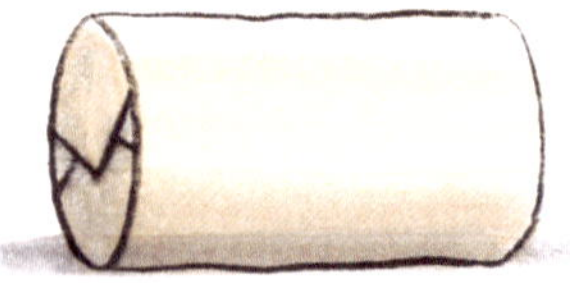   Lena: „20 Centstücke sind drin."

W

4 a) 14 18 16 12 − 4 6 5   b) 6 11 8 + 3 7 9

① Partnerarbeit. ② Zahlendreher. ③ Rechenkonferenz: Durch Längenvergleich („halb so lang …") die Richtigkeit der Aussagen abschätzen und begründen. Zwei falsche Aussagen.

Zehner und Einer

1 Wie viele Steckwürfel sind es? Wer hat Recht?

fünfunddreißig
dreiundfünfzig

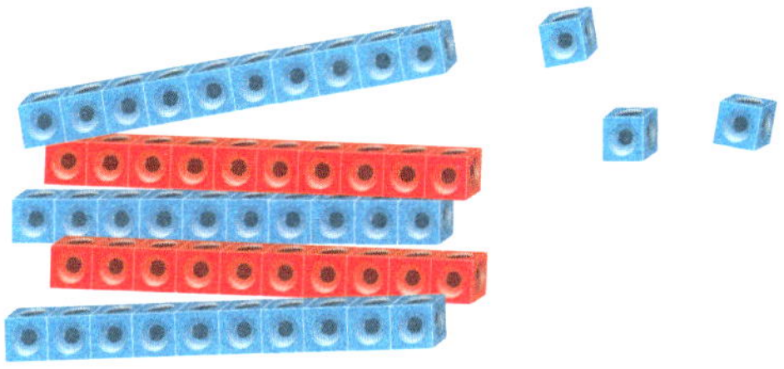

Zehner   Einer

2
a) Z E
4 6 46 Steckwürfel

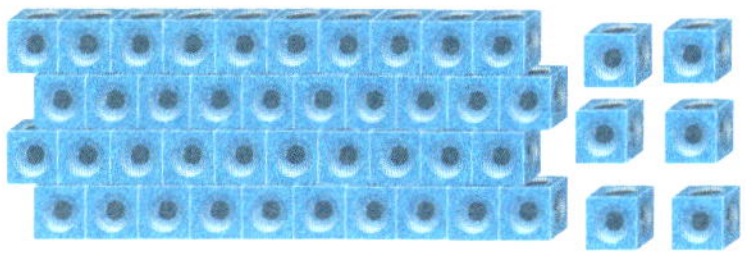

b) Z E
___ Steckwürfel

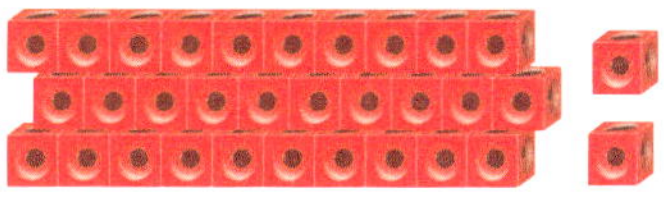

c) Z E
___ Steckwürfel

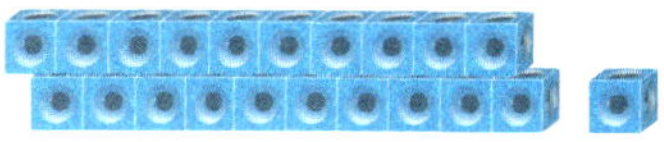

d) Z E
___ Steckwürfel

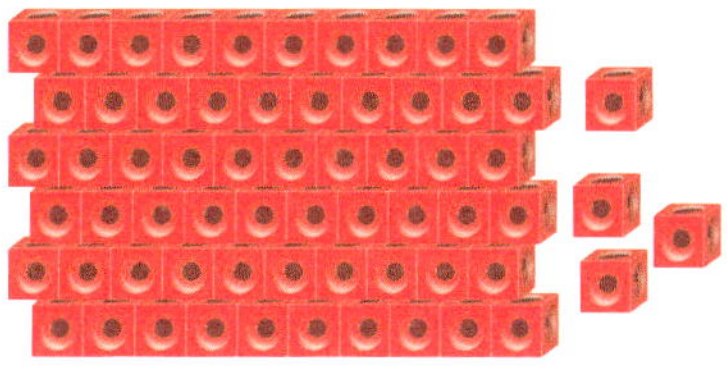

e) Z E
___ Steckwürfel

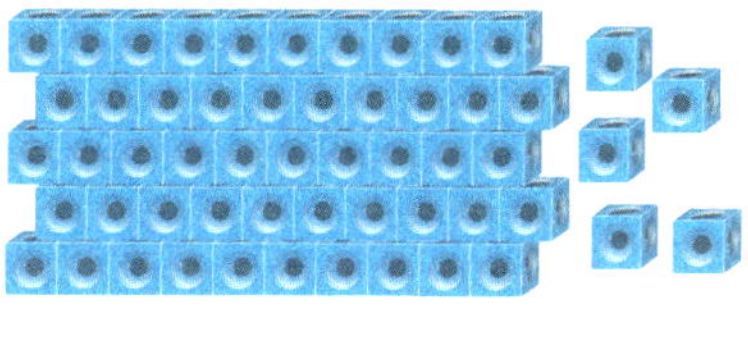

d) Z E
___ Steckwürfel

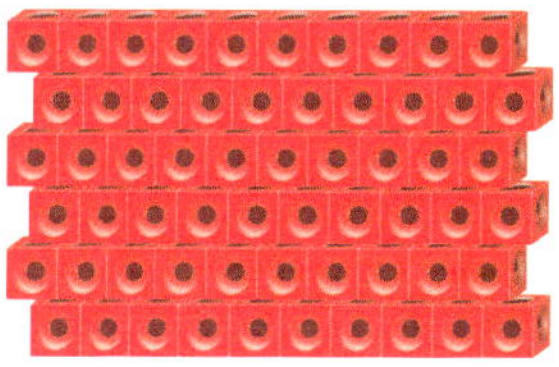

3 Wie heißen die Zahlen? Zerlege sie.

a)  3 2 = 3 0 + 2

b) 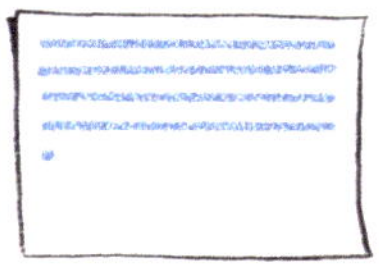   c)    d)

e)   f)    g)    h)    i)

j)    k)    l)    m)    n)

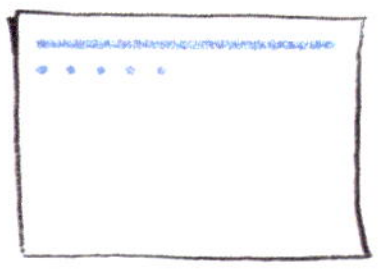

4 Lege. Male Zehner und Einer in dein Heft.

a) 25
b) 34

c) 16
g) 41

d) 61
h) 54

e) 32
i) 27

f) 23
j) 45

25 = 20 + 5

5 a) 11 17 13 15 − 7 9 8   b) 5 7 9 + 8 9 10

1, **3**, **4** Zahlendreher thematisieren. **1** Analog in Partnerarbeit gegenseitig Aufgaben stellen.
3 Zunächst die Anzahlen ins Heft schreiben. Zerlegegleichung schreiben.

Das Hunderterfeld

1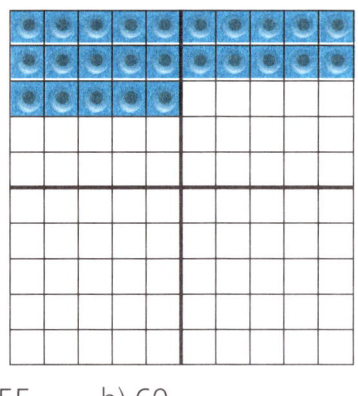

Legt Steckwürfel auf das Hunderterfeld.

a) 25   b) 30   c) 35   d) 40   e) 45   f) 50   g) 55   h) 60

🐝 Welche Zahlen fehlen? Setzt fort.

2 Welche Zahlen sind dargestellt? Ergänze zu 100.

a) 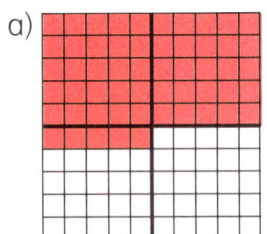   b) 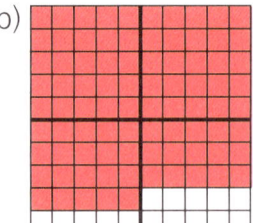   c)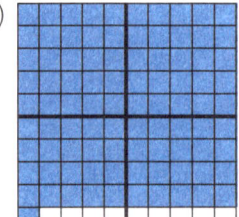

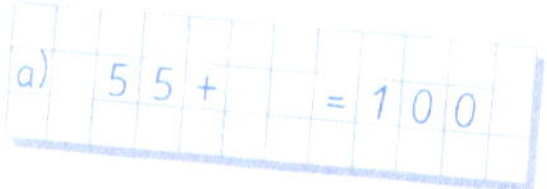

a) $55 + \_\_ = 100$

d) 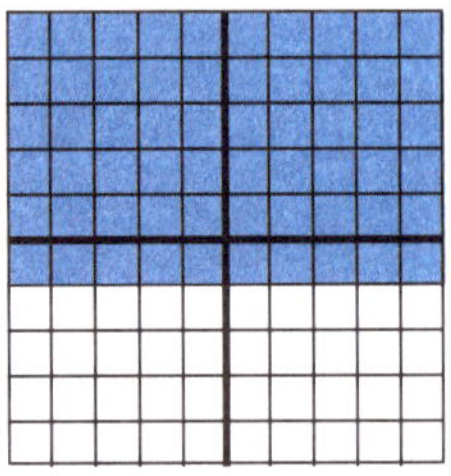 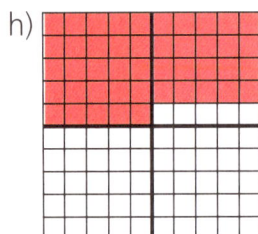   e) 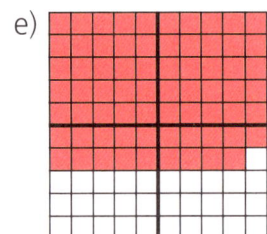   f) 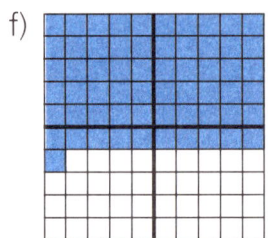   g)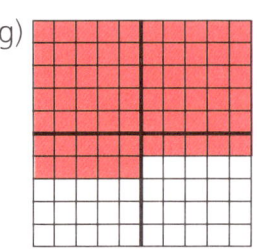

h) 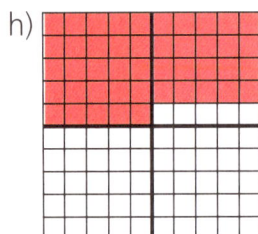   i) 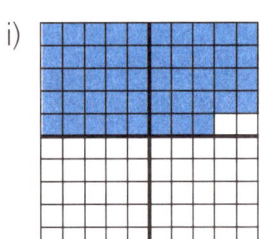   j) 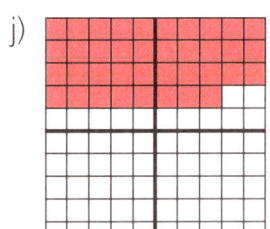   k)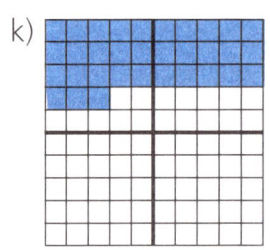

3
a) 100 = 90 + ___   b) 100 = 95 + ___   🐬 c) 100 = 99 + ___   🐬 d) 100 = 36 + ___ 
   100 = 80 + ___   100 = 85 + ___   100 = 91 + ___   100 = 28 + ___
   100 = 70 + ___   100 = 75 + ___   100 = 81 + ___   100 = 43 + ___
   100 = 60 + ___   100 = 65 + ___   100 = 89 + ___   100 = 68 + ___

4    Nennt Zahlen. Legt Steckwürfel.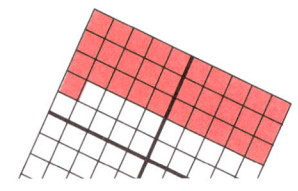

1 und **4** Steckwürfel oder anderes Material auf das aufgeklappte Hunderterfeld legen.

Das Hunderterfeld

1 Lege und zeichne.

a) vierunddreißig
b) fünfundvierzig
c) dreiundsechzig
d) siebenundsiebzig
e) dreiundvierzig
f) vierundfünfzig
g) sechsunddreißig
h) neunundachtzig
i) zweiundvierzig
j) einundzwanzig
k) achtundsiebzig
l) zweiundfünfzig

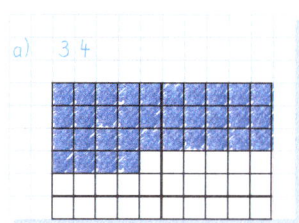
a) 34

Forschungsauftrag

2 Immer zwei gleich große Teile? Probiere und begründe.

a) 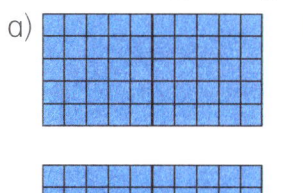 a) 50 + 50 =
b)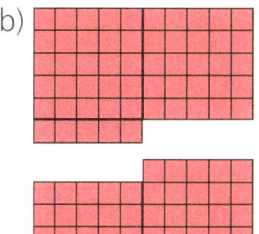
c)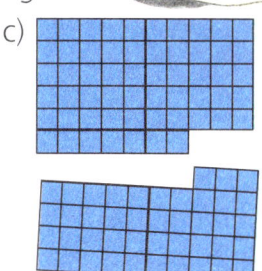
d)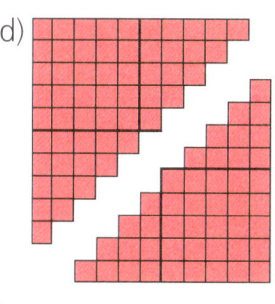
e)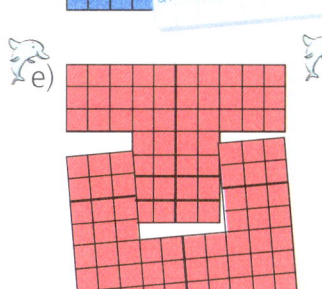
f)
g)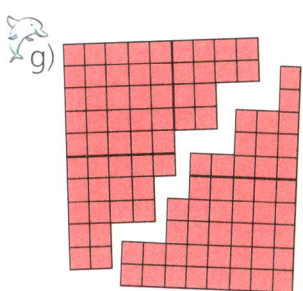
h)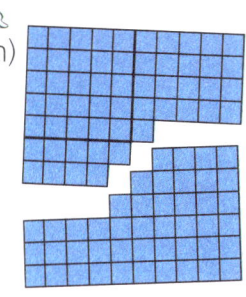

3 Kann das stimmen?

a) „Ich kann die 100 in 5 gleiche Teile teilen."
b) „Ich kann das Hunderterfeld in 4 gleich große Teile zerlegen."
c) „Ich kann 100 in 10 gleich große Teile teilen."
d) „Ich kann 100 in 3 gleich große Teile zerlegen."
e) „... und ich in 8 gleich große Teile!"

4 Schnelles Rechnen

Ergänzt am Hunderterfeld zu 100.

(75)   (+ 25)

5
a) 8 + 4	b) 12 − 4	c) 9 + 8	d) 17 − 9	e) 3 + 8	f) 11 − 0
7 + 5	12 − 3	7 + 9	13 − 5	2 + 7	13 − 6
6 + 6	12 − 5	8 + 7	15 − 8	4 + 6	16 − 9
5 + 7	12 − 2	6 + 5	14 − 3	6 + 7	14 − 8
4 + 9	12 − 12	5 + 8	16 − 5	5 + 9	15 − 2

1 Heft oder Kopiervorlage nutzen. **2** und **3** Kopiervorlage. **3** Zwei Aufgaben sind rechnerisch nicht lösbar.
4 Hunderterfeld zum Ausklappen nutzen.

16 Die Hundertafel

Partnerarbeit an der aufgeklappten Hundertertafel

1 a) [Hundertertafel mit roten Steckwürfeln auf 2, 9, 11, 20, 81, 90, 92, 99]
   b) [Hundertertafel mit blauen Steckwürfeln auf 12, 22, 33, 44, 55, 66, 77, 88, 99]

Links neben der 10 steht die 9. Unter der 10 steht die 20 ...

Welche Zahlen sind unter den Steckwürfeln versteckt?

2 Legt Steckwürfel auf die Zahlen 23, 24, 25, 26, 27, 35, 45, 55 und 65. Was erkennt ihr? Legt euch ähnliche Aufgaben.

3 Wie heißt die Zahl
   a) zwischen 68 und 70?   c) links von 72?   e) über 18?
   b) rechts von 59?   d) unter 87?   f) über 56?
   Stellt euch ähnliche Suchaufgaben.

4 a) Wie heißen die Zahlen in der vierten Spalte? Schreibe sie.
   b) Von unten nach oben werden sie immer um ___ kleiner.
   c) Von oben nach unten werden sie immer um ___ größer.
   d) In welcher Spalte steht die größte Zahl?
   Stellt euch weitere Spaltenaufgaben.

5 a) Schreibt die Zahlen aus der dritten Zeile auf.
   b) Nach rechts werden die Zahlen immer um ___ größer.
   c) Nach links werden die Zahlen immer um ___ kleiner.
   d) In welcher Zeile steht die größte Zahl?

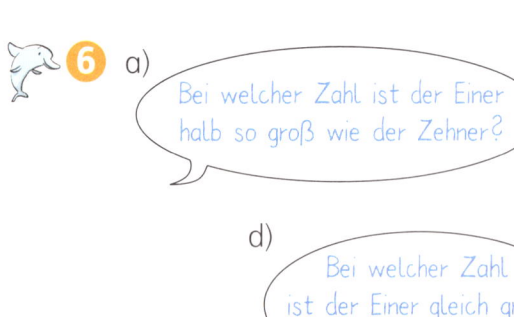

6 a) Bei welcher Zahl ist der Einer halb so groß wie der Zehner?
   b) Bei welcher Zahl ist der Einer doppelt so groß wie der Zehner?
   c) Bei welcher Zahl ist der Einer dreimal so groß wie der Zehner?
   d) Bei welcher Zahl ist der Einer gleich groß wie der Zehner?
   e) Gibt es auf der Hundertertafel mehr gerade oder mehr ungerade Zahlen?

6 a) bis d) Mehrere Lösungen.

Die Hundertertafel

1 Welche Zahlen fehlen?

a)

12		
22	23	24

a)

1 2	1 3	1 4
2 2	2 3	2 4
3 2	3 3	3 4

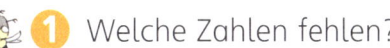

b)

34		
	45	
		56

c)

	18	
27	28	

d)

67		69
	78	

e)

	89	
98		100

f)

23		
	34	

g)

81		

h)

	59	

i)

	12	

j)

	64	

k)

		40

2

1									
	22	23	24						
	32		34			37			
	42	43							
									100

1									
	42								
									100

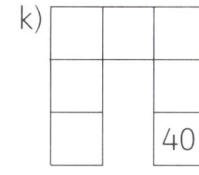

Welche Zahlen gehören zu mir?

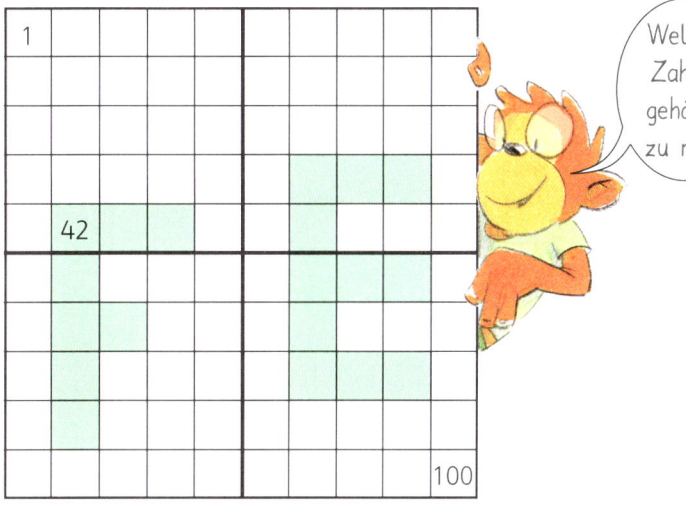

3 So kannst du ein schönes Muster malen:

a) Gehe von 1 immer einen Zehner und einen Einer weiter. Male rot an.

b) Gehe von 10 immer wieder neun Einer weiter. Male grün an.

Beschreibe das Muster.

1	2	3	4	5	6	7	8	9	10
11	12	13	14	15	16	17	18	19	20
21	22	23	24	25	26	27	28	29	30
31	32	33	34	35	36	37	38	39	40
41	42	43	44	45	46	47	48	49	50
51	52	53	54	55	56	57	58	59	60
61	62	63	64	65	66	67	68	69	70
71	72	73	74	75	76	77	78	79	80
81	82	83	84	85	86	87	88	89	90
91	92	93	94	95	96	97	98	99	100

4 Noch ein schönes Muster. Male immer blau an:

a) Gehe von 41 immer wieder neun Einer zurück – bis zur Zahl 5 .

b) Gehe von 6 immer wieder einen Zehner und einen Einer weiter, bis du die Zahl 50 erreicht hast.

c) Gehe von 60 immer wieder neun Einer vor – bis 96 .

d) Von 95 immer wieder einen Zehner und einen Einer zurück, bis die Zahl 51 erreicht ist.

Erfinde eigene Muster.

Kopiervorlage. Auch das Spiel auf der Rückseite des Buches nutzen.

Springen auf der Hundertertafel

1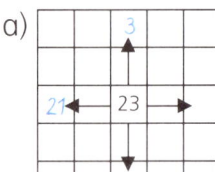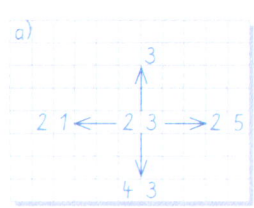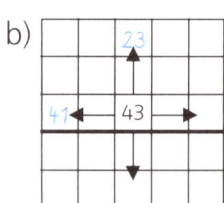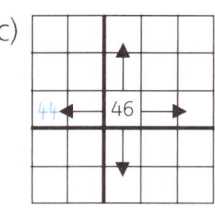

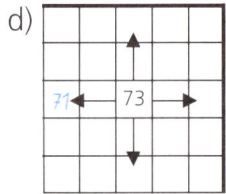 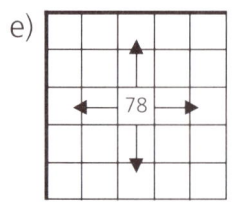 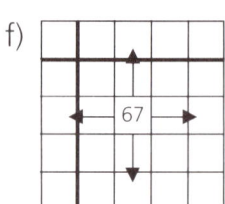 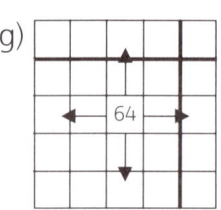

Springe in vier Richtungen jeweils zwei Felder weiter. Wo landest du?

2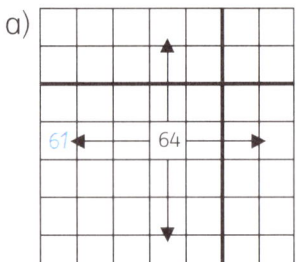

Springe immer drei Felder weiter.

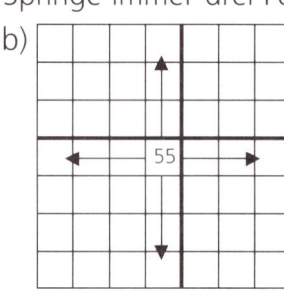 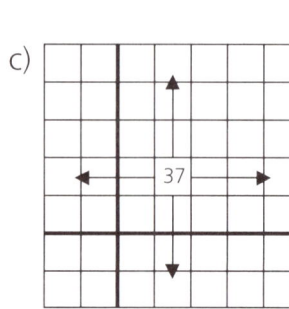

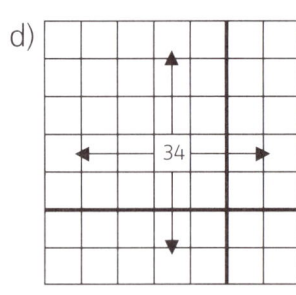 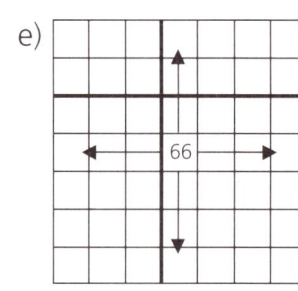 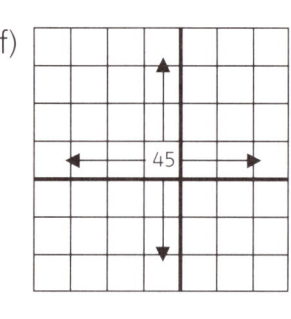

Zehnersprünge nach oben oder unten

Einersprünge nach rechts oder nach links

3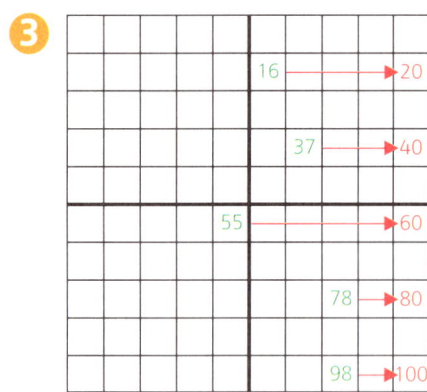

Springe zur nächsten Zehnerzahl.

a) 16 + ___ = 20   b) 6 + ___ = ___   c) 48 + ___ = ___
37 + ___ = 40   18 + ___ = ___   17 + ___ = ___
55 + ___ = 60   24 + ___ = ___   83 + ___ = ___
78 + ___ = 80   35 + ___ = ___   51 + ___ = ___
82 + ___ = 90   49 + ___ = ___   65 + ___ = ___
98 + ___ = 100   52 + ___ = ___   87 + ___ = ___
94 + ___ = 100   63 + ___ = ___   71 + ___ = ___

4

Nennt Zahlen. Zeigt ihren Platz.

 79

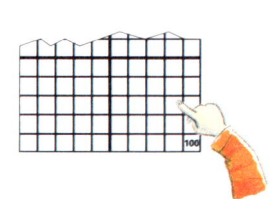

❶ bis ❸ Kopiervorlage oder Heft nutzen.   ❹ Am aufgeklappten Hunderterfeld zeigen.

Zufall und Wahrscheinlichkeit, vorteilhaft rechnen

1 Gibt es eine Glückszahl, die besonders oft fällt? Vermutet. Würfelt 50-mal.

Zahl	⚀	⚁	⚂	⚃	⚄	⚅
Strichliste						

2 Jetzt 50-mal mit zwei Würfeln. Rechnet plus.

a) Welches Ergebnis wird wohl besonders oft vorkommen?

Ergebnisse	2	3	4	5	6	7	8	9	10	11	12
Strichliste											

Zufall?

b) Welches Ergebnis hattet ihr am häufigsten? Begründet.

Tipp: Schreibt zu jedem Ergebnis alle möglichen Würfe auf.

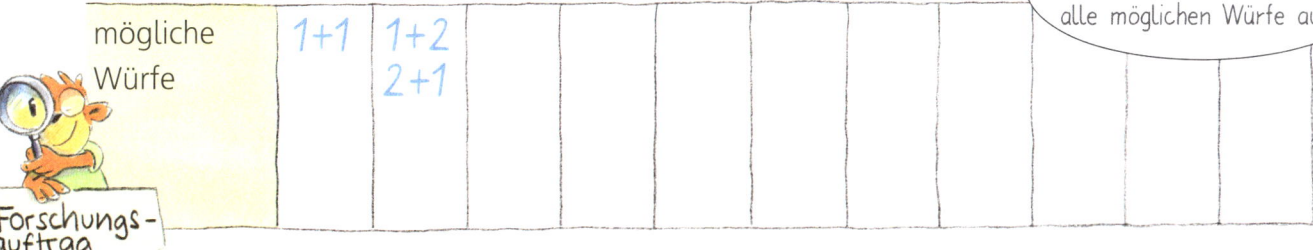

mögliche Würfe	1+1	1+2 2+1									

Forschungsauftrag

3 Welche Ergebnisse sind mit drei Würfeln möglich?

W

4 Rechne geschickt.   6+4+7 → 10+7

a) 7 + 5 + 3	b) 6 + 7 + 4	c) 5 + 9 + 5	d) 7 + 9 + 3	e) 9 + 7 + 1
7 + 6 + 3	6 + 8 + 4	5 + 7 + 5	8 + 2 + 7	8 + 3 + 2
8 + 5 + 2	9 + 3 + 1	4 + 8 + 6	6 + 9 + 4	6 + 5 + 4
4 + 6 + 9	7 + 3 + 1	6 + 2 + 4	8 + 5 + 4	6 + 9 + 5
4 + 7 + 6	7 + 8 + 3	6 + 4 + 9	7 + 4 + 3	4 + 4 + 6
4 + 5 + 4	7 + 2 + 8	6 + 7 + 5	9 + 3 + 4	5 + 8 + 7

5
a) 13 – 7 – 3	b) 11 – 9 – 1	c) 14 – 8 – 4	d) 12 – 2 – 4	e) 17 – 5 – 7
13 – 5 – 3	11 – 7 – 1	14 – 6 – 4	12 – 3 – 2	14 – 9 – 4
13 – 8 – 3	11 – 6 – 1	14 – 4 – 9	12 – 5 – 2	16 – 8 – 9
15 – 9 – 5	16 – 8 – 6	18 – 9 – 8	13 – 9 – 3	12 – 5 – 4
15 – 7 – 8	16 – 7 – 3	18 – 6 – 3	15 – 6 – 8	11 – 4 – 3
15 – 6 – 5	16 – 9 – 6	18 – 8 – 8	17 – 8 – 7	13 – 3 – 2

1 Tabelle ins Heft zeichnen oder Kopiervorlage nutzen. Versuch mehrfach durchführen. Feststellen, dass die häufigste Zahl nur vom Zufall bestimmt wird. **2** Strichliste auswerten. Alle möglichen Würfe für jede Summe aufschreiben. Daraus die größere Wahrscheinlichkeit für bestimmte Summen erklären. **4** und **5** Rechenkonferenz: Rechenvorteil durch Vertauschen.

Der Zahlenstrahl und die Hunderterkette

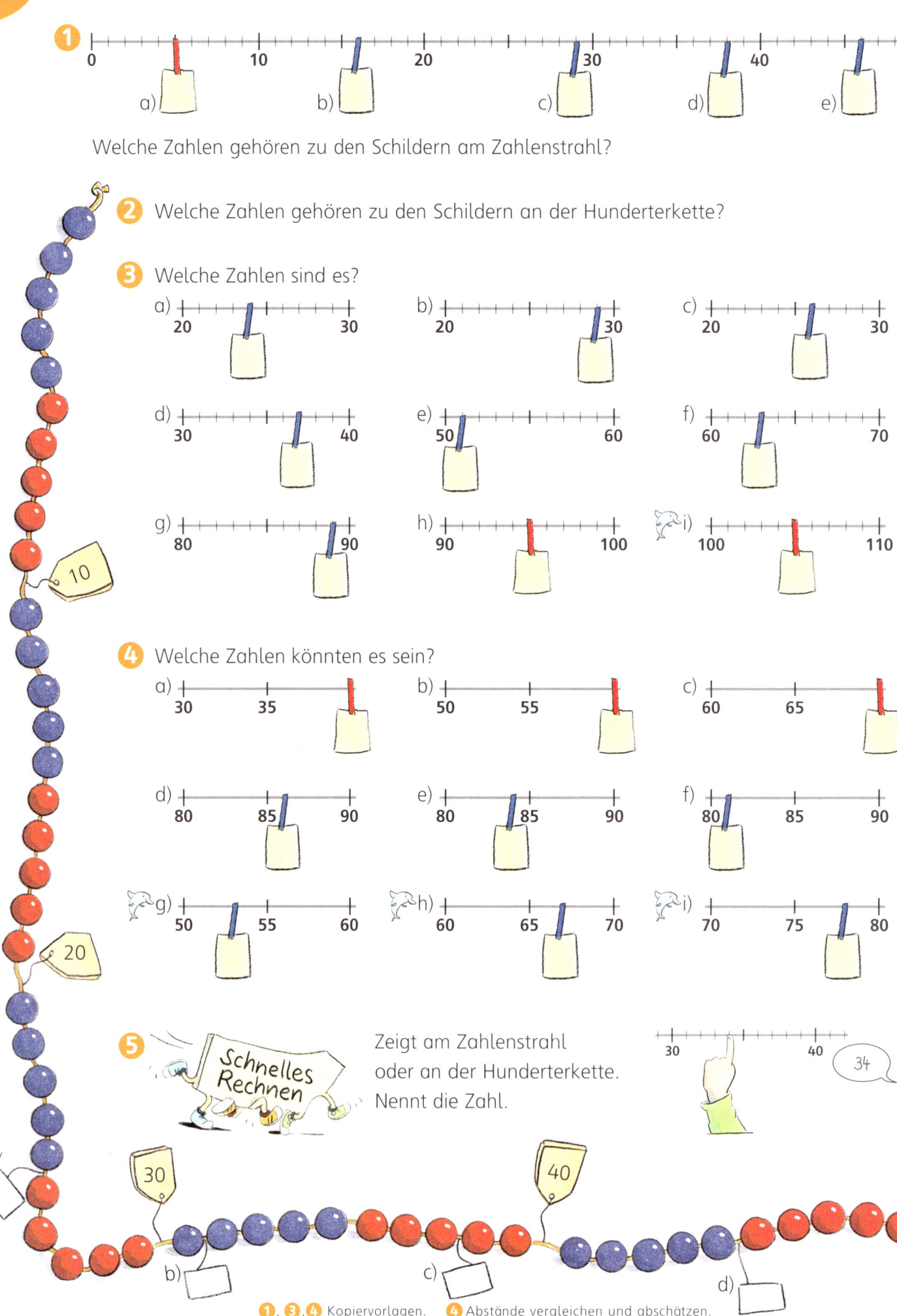

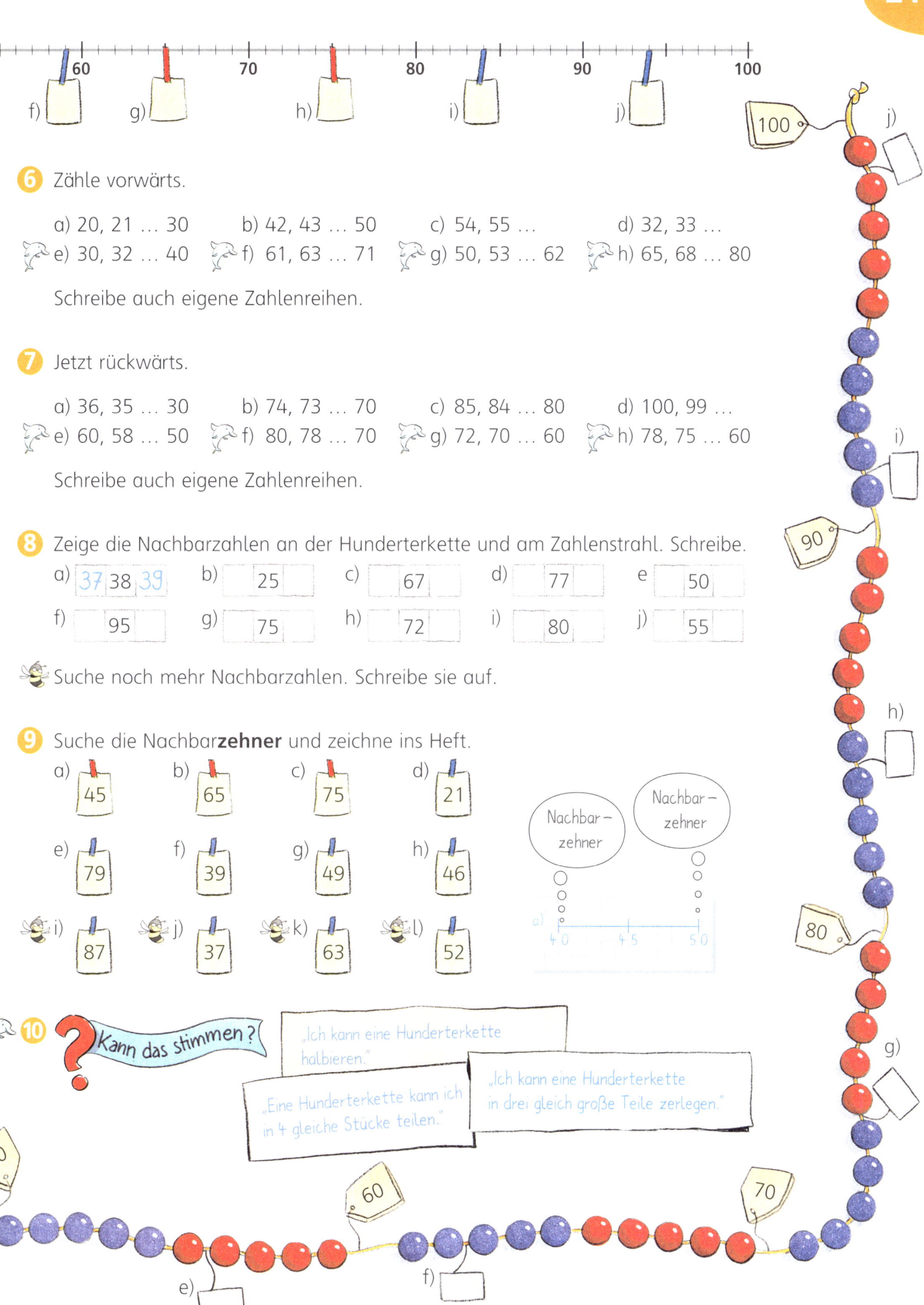

6 Zähle vorwärts.

a) 20, 21 … 30   b) 42, 43 … 50   c) 54, 55 …   d) 32, 33 …
🐬 e) 30, 32 … 40   🐬 f) 61, 63 … 71   🐬 g) 50, 53 … 62   🐬 h) 65, 68 … 80

Schreibe auch eigene Zahlenreihen.

7 Jetzt rückwärts.

a) 36, 35 … 30   b) 74, 73 … 70   c) 85, 84 … 80   d) 100, 99 …
🐬 e) 60, 58 … 50   🐬 f) 80, 78 … 70   🐬 g) 72, 70 … 60   🐬 h) 78, 75 … 60

Schreibe auch eigene Zahlenreihen.

8 Zeige die Nachbarzahlen an der Hunderterkette und am Zahlenstrahl. Schreibe.

a) 37 38 39   b) 25   c) 67   d) 77   e) 50
f) 95   g) 75   h) 72   i) 80   j) 55

🐝 Suche noch mehr Nachbarzahlen. Schreibe sie auf.

9 Suche die Nachbar**zehner** und zeichne ins Heft.

a) 45   b) 65   c) 75   d) 21
e) 79   f) 39   g) 49   h) 46
🐝 i) 87   🐝 j) 37   🐝 k) 63   🐝 l) 52

10 ❓ Kann das stimmen?

„Ich kann eine Hunderterkette halbieren."

„Eine Hunderterkette kann ich in 4 gleiche Stücke teilen."

„Ich kann eine Hunderterkette in drei gleich große Teile zerlegen."

8 Kopiervorlagen.

Zahlen ordnen – Kontrollzahlen

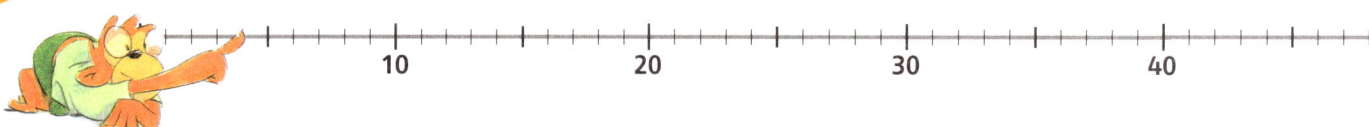

1 Zeige die Zahlen am Zahlenstrahl. Ordne sie nach der Größe.

a)    a) 4, 24, 40, 42

b)  13 41 31

c) 32 45 39 46

d) 53 35 19 91 55

e) 73 43 63 36 34 37

f) 77 66 88 33 11 99

g) 43 33 34 44 39 41

h) 15 26 55 51 62 50

2 Zahlenrätsel.

a) Meine Zahl liegt zwischen 29 und 31.

b) Meine Zahl ist der rechte Nachbar von 35.

c) Meine Zahl liegt in der Mitte zwischen 56 und 60.

d) Meine Zahl ist 4 kleiner als 90.

e) Meine Zahl ist der linke Nachbar von 40.

f) Meine Zahl ist 5 größer als 64.

g) Meine Zahl ist doppelt so groß wie 20.

h) Meine Zahl ist Nachbar von 80 und 78.

i) Meine Zahl ist kleiner als 1.

Sind deine Ergebnisse richtig? Kontrolliere nach jeder Rechnung.

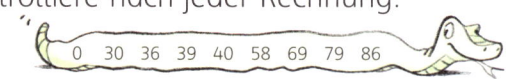
0 30 36 39 40 58 69 79 86

3 Rechne am Zahlenstrahl. Kontrolliere deine Ergebnisse.

a) 30 + 70	b) 30 + 20 + 10	c) 100 – 90	d) 100 – 30 – 20
50 + 40	50 + 10 + 20	100 – 95	100 – 20 – 30
40 + 30	60 + 20 + 10	100 – 80	100 – 40 – 30
30 + 40	40 + 10 + 10	100 – 85	100 – 30 – 40
70 + 30	20 + 20 + 0	100 – 70	100 – 50 – 20
50 + 30	10 + 20 + 10	100 – 75	100 – 20 – 50

5 10 15 20 25 30 30 30 30 30 40 40 50 50 60 60 70 70 80 80 90 90 100 100

W

4  15 13 12 – 3 4 8 6 7

4	5	5
6	6	7
7	8	8
9	9	9
10	11	12

1 bis **4** Am Zahlenstrahl orientieren. **2** bis **4** Feststellen: Die Kontrollzahlen sind nach Größe geordnet. Auch andere Selbstkontrollmöglichkeiten nutzen, z. B. diskutieren, in welcher Größenordnung ein Ergebnis ungefähr liegen muss.

Vorwärts und rückwärts am Zahlenstrahl

1 Zurück zur Zehnerzahl.

a) 61 – ___ = 60
   62 – ___ = 60
   63 – ___ = 60
   64 – ___ = 60
   65 – ___ = 60

b) 73 – ___ = 70
   52 – ___ = 50
   21 – ___ = 20
   79 – ___ = 70
   48 – ___ = 40

c) 74 – ___ = ___
   82 – ___ = ___
   77 – ___ = ___
   96 – ___ = ___
   88 – ___ = ___

d) 89 – ___ = ___
   93 – ___ = ___
   76 – ___ = ___
   91 – ___ = ___
   68 – ___ = ___

2 Zahlenrätsel.

a) Meine Zahl ist doppelt so groß wie 25.

b) Meine Zahl ist um 7 größer als 83.

c) Meine Zahl liegt 5 vor 64.

d) Meine Zahl ist um 5 kleiner als 100.

e) Meine Zahl ist halb so groß wie 80.

f) Meine Zahl liegt zwischen 28 und 40. Der Einer ist doppelt so groß wie der Zehner.

g) Meine Zahl ist größer als 39 und kleiner als 50. Sie hat zwei gleiche Ziffern.

36 40 44 50 59 90 95

3 Vorwärts zur Zehnerzahl.

a) 65 + ___ = 70
   66 + ___ = 70
   67 + ___ = 70
   68 + ___ = 70
   69 + ___ = 70

b) 82 + ___ = 90
   44 + ___ = 50
   96 + ___ = 100
   88 + ___ = 90
   20 + ___ = 20

c) 75 + ___ = ___
   54 + ___ = ___
   98 + ___ = ___
   73 + ___ = ___
   31 + ___ = ___

d) 81 + ___ = ___
   83 + ___ = ___
   28 + ___ = ___
   74 + ___ = ___
   25 + ___ = ___

4 Vor und zurück am Zahlenstrahl.

a) 60 + 10
   60 – 10

   80 + 20
   80 – 20

   50 + 30
   50 – 30

b) 90 + 5
   90 – 5

   70 + 1
   70 – 1

   40 + 5
   40 – 5

c) 65 + 5
   65 – 5

   94 + 4
   94 – 4

   73 + 3
   73 – 3

d) 83 + 3
   83 – 3

   25 + 5
   25 – 5

   60 + 6
   60 – 6

e) 100 + 1
   100 – 1

   100 + 10
   100 – 10

   100 + 5
   100 – 5

5 14 12 13 − 2 4 3 5 6 8

4	5	6
6	7	7
8	8	8
9	9	9
10	10	10
11	11	12

1 bis **5** Am Zahlenstrahl orientieren.

Die Zahl 100

1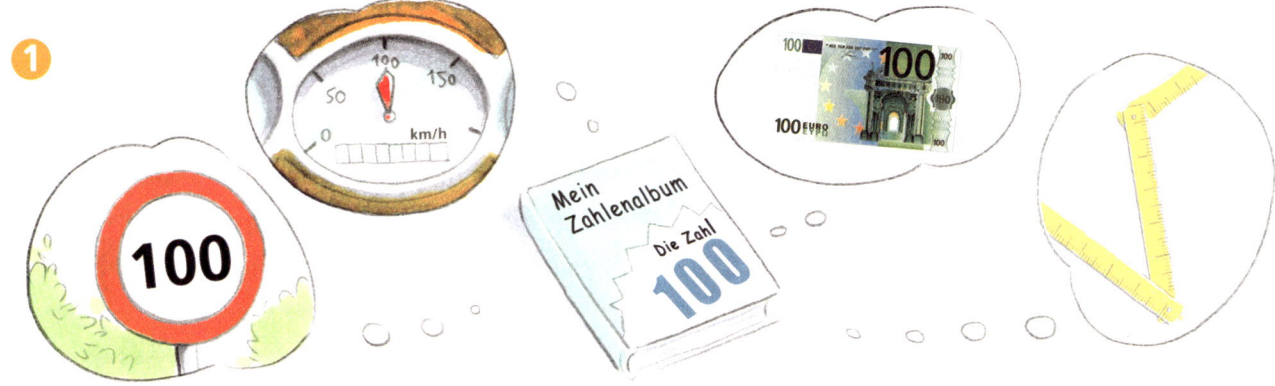

Woher kennt ihr die Zahl 100? Erzählt.

2 Zerlegemauern. Immer 100.

a)

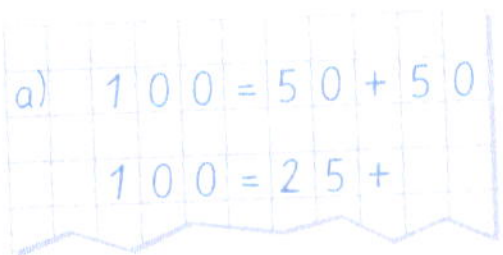

b)

a) $100 = 50 + 50$
$100 = 25 +$

3  Geht es immer mit gleichen Zahlen?

a) 100 = 50 + ___
b) 100 = 40 + 40 + ___
c) 100 = 30 + 30 + 30 + ___
d) 100 = 20 + 20 + 20 + 20 + ___

e) 100 − 20 − 20 − 20 − 20 = ___
f) 100 − 30 − 30 − 30 = ___
g) 100 − 40 − 40 = ___
h) 100 − 50 − 50 = ___

4 Welche dieser Zahlenfolgen führen wohl genau zur Zahl 100?

a) 10, 20, 30, …
b) 5, 10, 15, …
c) 15, 30, 45, …
d) 0, 20, 40, …
e) 0, 30, 60, …
f) 0, 25, 50, …

5

a) 100 = 90 + ___
100 = 95 + ___

100 = 70 + ___
100 = 75 + ___

100 = 50 + ___
100 = 55 + ___

100 = 30 + ___
100 = 35 + ___

b) 100 = 80 + 10 + ___
100 = 80 + 20 + ___

100 = 60 + 20 + ___
100 = 60 + 10 + ___

100 = 30 + 20 + ___
100 = 50 + 40 + ___

100 = 40 + 30 + ___
100 = 10 + 50 + ___

c) 100 = 90 + 5 + ___
100 = 80 + 5 + ___

100 = 30 + 55 + ___
100 = 40 + 55 + ___

100 = 50 + 15 + ___
100 = 10 + 75 + ___

100 = 30 + 45 + ___
100 = 20 + 35 + ___

6

Ergänze immer wieder zu 100. (70) (plus 30)

Die Stufenzahl 100 untersuchen. **1** Aspekte in der Umwelt. **2** Kopiervorlage **2** bis **5** Zerlegungen der Zahl 100 finden.
4 Vorher vermuten. Feststellen, dass 30 und 40 nicht ohne Rest in 100 enthalten sind.

Geld – Münzen und Scheine

1 € = 100 ct

1 Ordne und vergleiche Münzen und Scheine.
Zwei Scheine fehlen noch. Welche?

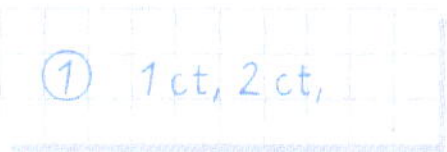

① 1 ct, 2 ct,

2 Wer hat am meisten gespart? Vermute vorher.

3 Lege möglichst wenig Scheine und Münzen.
a) 90 € c) 76 € e) 37 € g) 43 € i) 42 €
b) 85 € d) 64 € f) 39 € h) 18 € j) 61 €

a) 50 € 2

4 Lisa hat 8 €. Sinar hat 10 € mehr als sie. Er schenkt ihr 5 €.
Wie viel Euro hat nun jeder?

5 Wie viel Geld kann es sein? 
a) Anna hat 5 Münzen. Es sind nur 1-€-Münzen und 2-€-Münzen.
b) Tim hat in seiner Spardose drei Scheine. Es sind weniger als 100 €.
c) Mona hat 12 € mehr als ihr Bruder. Zusammen sind es 24 €.
d) Simon hat 7 € weniger als Jenny. Zusammen haben sie 19 €.

6 a) 20 € = 5 € + ___ €   b) 17 € = 6 € + ___ €   c) 100 € = ___ € + ___ €
  20 € = 4 € + ___ €   16 € = 6 € + ___ €   80 € = ___ € + ___ €
  20 € = 3 € + ___ €   15 € = 6 € + ___ €   30 € = ___ € + ___ €
  20 € = 2 € + ___ €   15 € = 5 € + ___ €   12 € = ___ € + ___ €

Aufgaben mit Rechengeld lösen. ❶ Analogien bei Münzen und Scheinen feststellen.
❷ Alle Beträge aufschreiben. ❺ Anschließend Lösungsstrategien besprechen (evtl. Rechenkonferenz).
a) 4 Möglichkeiten b) 16 Möglichkeiten

Faltprojekt

①

② Ecke auf Ecke.
③ Falte auf. Von links zur Mitte, von rechts zur Mitte.
④ Ecke auf Ecke.
⑤ Knicke den Schnabel um.
⑥
⑦ Knicke den Schwanz nach oben.

2 Weitere Vögel.

3 Faltet eigene Figuren. Gestaltet ein Bild.

Quadratisches Faltpapier nutzen. Gruppenarbeit.

Die 7 Raben mit ihrer Schwester.

Die sieben Raben

Es war einmal eine Frau, die wünschte sich viele Kinder. Aber das Wünschen nutzte ihr nichts, denn sie bekam kein einziges. Einmal sagte sie leichtfertig, als sie an einem Kirchhof vorbeiging und die Raben um den Turm fliegen sah: „Ach hätte ich doch wenigstens sieben Söhne, und wenn es kleine, nette, schwarze Raben wären, ich wäre froh darüber."
Bald darauf sollte sie ein Kind bekommen...

4

①

② Falte in vier Quadrate.

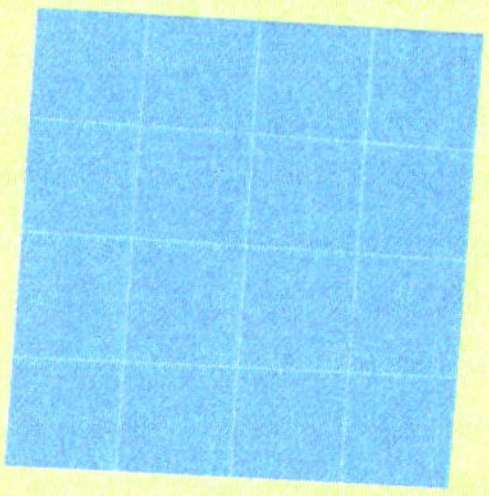

③ *Es sind 16 kleine Quadrate.*

④ Falte zum Dreieck, öffne wieder.

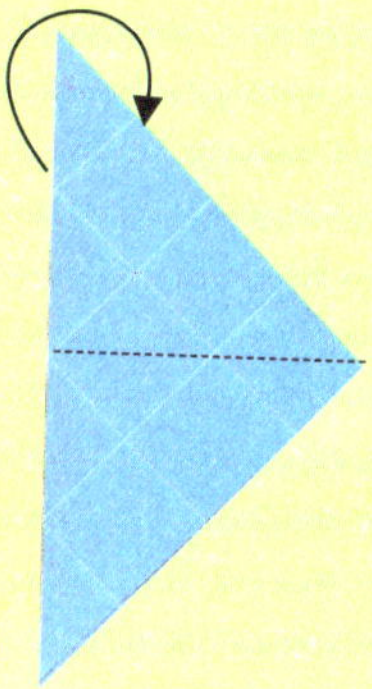

⑤ Falte von links nach rechts.

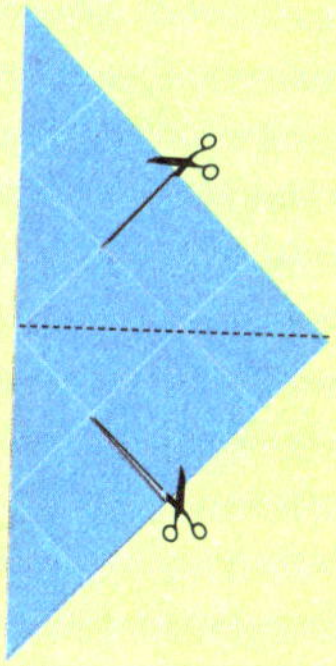

⑥ Schneide ein.

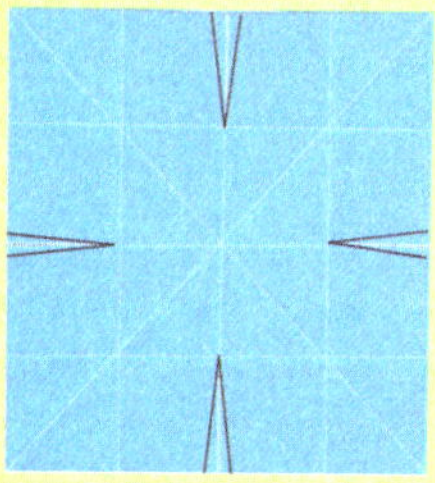

⑦ Öffne.

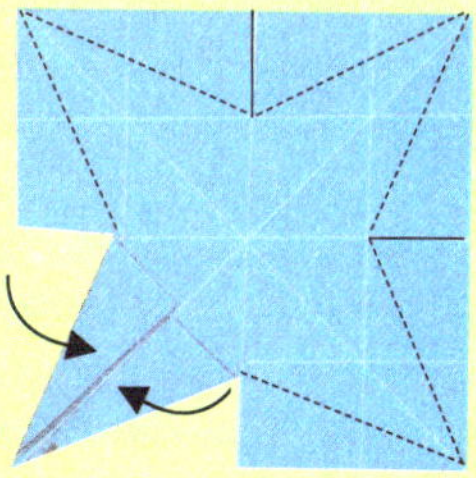

⑧ Falte die Ecken zum Stern.

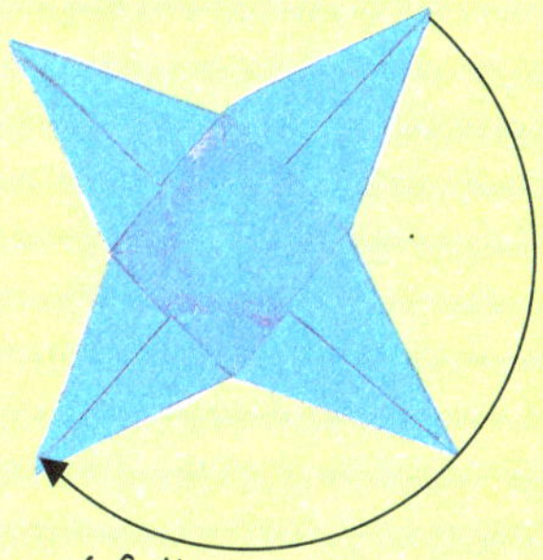

⑨ Spitze auf Spitze.

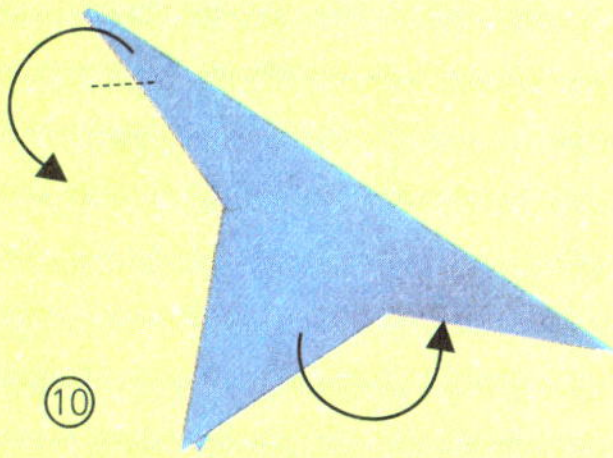

⑩ Knicke den Schnabel ab. Klappe den hinteren Flügel auf.

⑪

5 Gestaltet ein Bild zum Märchen.

Addieren und Subtrahieren

2 Lege Steckwürfel auf das Hunderterfeld. Rechne.

a) 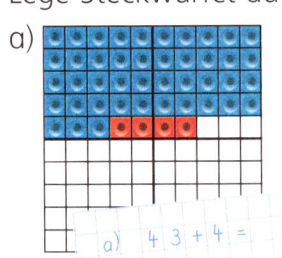   b) 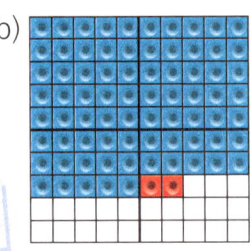   c) 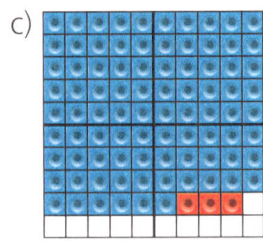   d)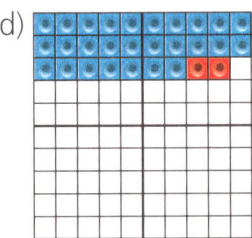

a) 43 + 4 =

3 Lege und rechne. Kontrolliere sofort.

a) 4 + 4	b) 3 + 3	c) 2 + 7	d) 4 + 8	e) 8 + 5
14 + 4	13 + 3	12 + 7	14 + 8	18 + 5
43 + 4	53 + 3	42 + 7	84 + 8	58 + 5
63 + 4	73 + 3	72 + 7	65 + 8	48 + 6
52 + 4	63 + 3	83 + 7	75 + 8	69 + 6
72 + 4	83 + 3	93 + 7	83 + 8	76 + 6

6 8 9 12 13 16 18 19 22 23 47 49 54 56 56 63 66 67 73 75 76 76 79 82 83 86 90 91 92 100

4
a) 12 + 4	b) 43 + 5	c) 52 + 2	d) 34 + 9	e) 13 + 7
12 + 3	53 + 5	64 + 2	44 + 9	24 + 7
12 + 2	63 + 5	74 + 3	55 + 9	84 + 7
12 + 7	83 + 5	94 + 3	65 + 8	75 + 5
12 + 6	93 + 5	95 + 4	86 + 8	77 + 5
12 + 5	94 + 6	96 + 4	68 + 8	37 + 5

14 15 16 17 18 19 20 31 42 43 48 53 54 58 64 66 68 73 76 77 80 82 88 91 94 97 98 99 100 100

5 a) 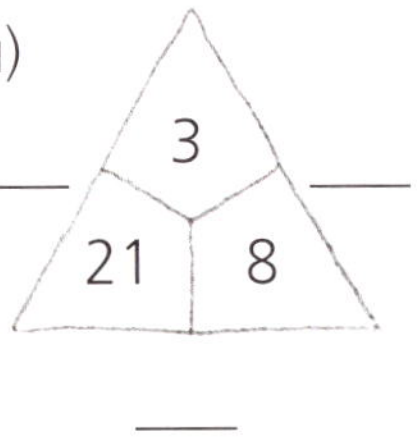 3 / 21 8   b) 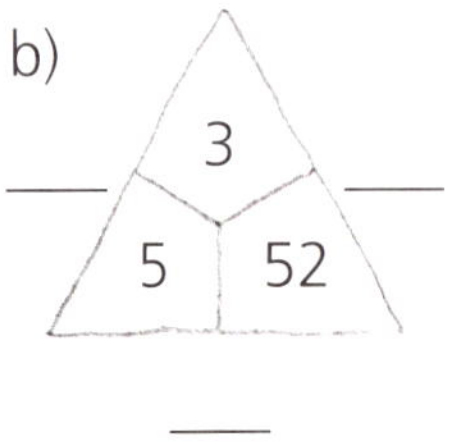 3 / 5 52   c) 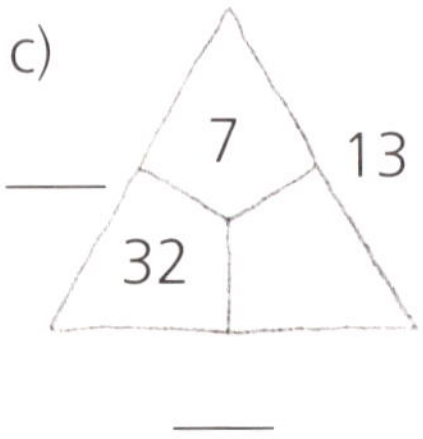 7 13 / 32   d) 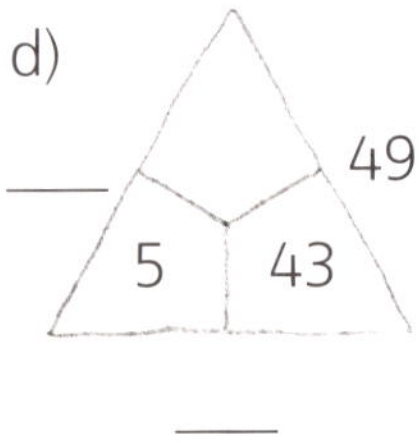 49 / 5 43   e)

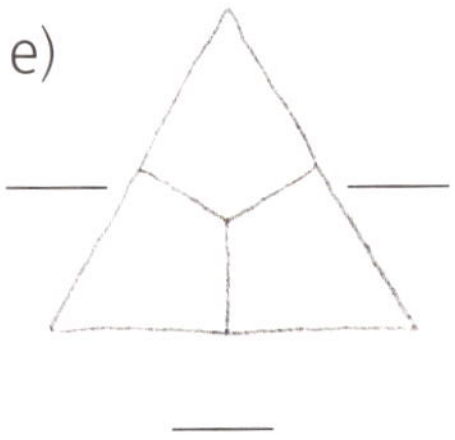

1 Erzählen und rechnen. Welche Klasse darf mitfahren? **2** und **3** Ausklapp-Hunderterfeld nutzen.
5 Kopiervorlage. e) Selbst Zahlen auswählen.

6

Der Bus hat 30 Sitzplätze.

Im Bus sind 28 Kinder.
5 steigen aus.

Erzähle,
frage und rechne.

7 Lege Steckwürfel. Nimm weg. Rechne.

a) 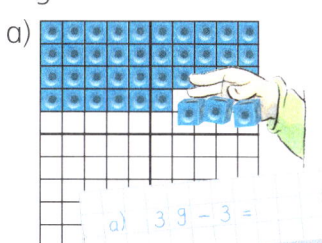   b) 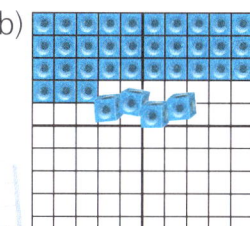   c) 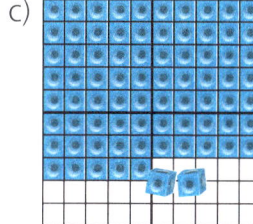   d)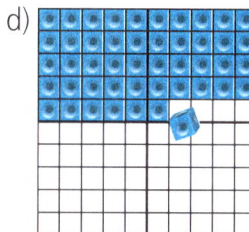

a) 39 − 3 =

8 Lege. Nimm weg. Rechne.

a) 4 − 3	b) 6 − 4	c) 5 − 2	d) 11 − 5	e) 12 − 6
14 − 3	16 − 4	15 − 2	41 − 5	14 − 6
44 − 3	36 − 4	55 − 2	31 − 5	34 − 6
54 − 3	46 − 4	65 − 2	14 − 7	16 − 8
64 − 3	76 − 4	75 − 2	94 − 7	26 − 8
83 − 3	96 − 4	92 − 2	83 − 7	35 − 8

1 2 3 6 6 7 8 8 11 12 13 18 26 27 28 32 36 41 42 51 53 61 63 72 73 76 80 87 90 92

9

a) 19 − 7	b) 36 − 4	c) 69 − 4	d) 55 − 6	e) 18 − 9
29 − 7	37 − 5	79 − 4	65 − 6	48 − 9
38 − 7	38 − 6	88 − 6	74 − 6	47 − 9
58 − 7	39 − 8	98 − 6	22 − 7	12 − 4
88 − 7	29 − 8	38 − 5	92 − 7	52 − 4
98 − 7	29 − 6	18 − 5	45 − 7	83 − 4

8 9 12 13 15 21 22 23 31 31 32 32 32 33 38 38 39 48 49 51 59 65 68 75 79 81 82 85 91 92

10 a)  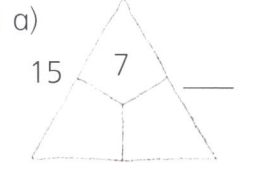   b) 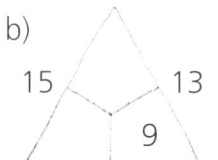   c) 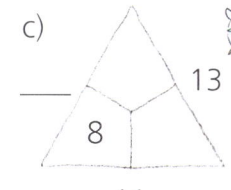   d) 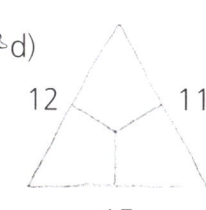   e)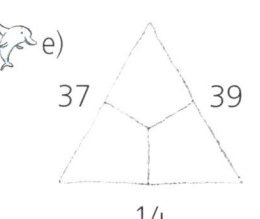

a) 15, 7, ___, 14
b) 15, 13, 9, ___
c) ___, 13, 8, 11
d) 12, 11, 15
e) 37, 39, 14

6 Verschiedene Sachaufgaben lösen.   **10** d), e) Zum Knobeln

Ergänzen

1

Wie viele Flaschen passen noch hinein?

2 Lege Steckwürfel und ergänze.

a) 11 + ___ = 20   b) 29 + ___ = 30
   12 + ___ = 20   28 + ___ = 30
   14 + ___ = 20   26 + ___ = 30
   17 + ___ = 20   27 + ___ = 30

c) 41 + ___ = 50   d) ___ + ___ = 40
   42 + ___ = 50   ___ + ___ = 40
   43 + ___ = 50   ___ + ___ = 40
   44 + ___ = 50   ___ + ___ = 40

3 Lege und ergänze zur nächsten Zehnerzahl.

a) 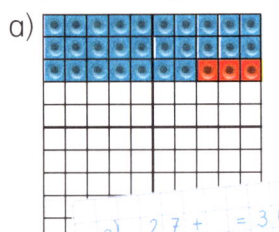 b) 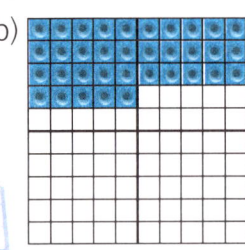 c) 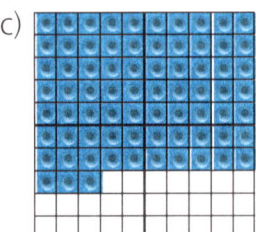 d)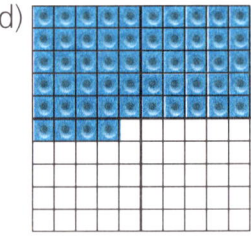

a) 27 + ___ = 30

4 Ergänze zur nächsten Zehnerzahl.

a)   b)  c)  d)  e)   f)

a) 68 + 2 = 70

g) 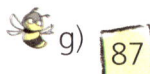 h) 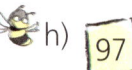 i) 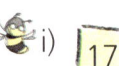 j) 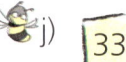 k)  l)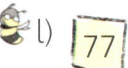

5

a) 23 + ___ = 29   b) 78 + ___ = 78   c) 61 + ___ = 67   d) ___ + ___ = 79
   24 + ___ = 29   76 + ___ = 77   91 + ___ = 97   ___ + ___ = 68
   25 + ___ = 29   74 + ___ = 76   52 + ___ = 58   ___ + ___ = 57

   26 + ___ = 29   72 + ___ = 75   82 + ___ = 88   ___ + ___ = 46
   27 + ___ = 29   70 + ___ = 74   44 + ___ = 49   ___ + ___ = 35
   29 + ___ = 29   71 + ___ = 73   74 + ___ = 79   ___ + ___ = 24

6 Wie viel passt noch ins Regal?

a) 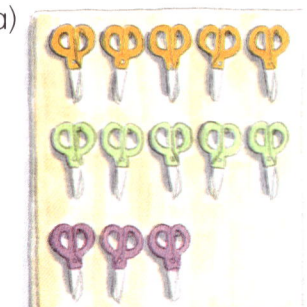 b) 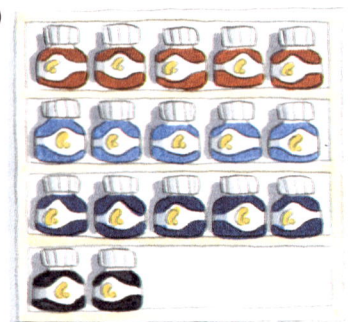 c)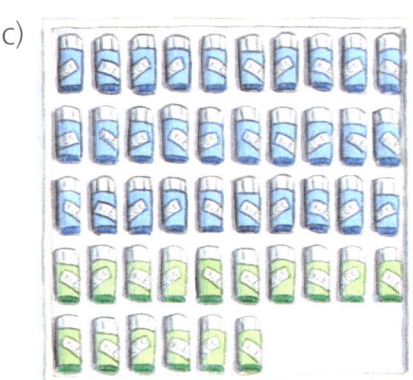

1 Erzählen und Ergänzen. **2** bis **4** Ergänzen zum nächsten Zehner. Steckwürfel o. a. auf Hunderterfeld verwenden.
2 d) Eigenes Aufgabenmuster finden. **5** Aufgabenmuster entdecken und erklären. d) Eigenes Aufgabenmuster finden.

Subtrahieren

31

1
Ich brauche 3 Flaschen.

2 Lege Steckwürfel und nimm weg.

a) 10 – 3	b) 50 – 1	c) 70 – 9
20 – 3	50 – 2	40 – 7
30 – 3	50 – 3	90 – 8
40 – 3	50 – 4	80 – 6
d) 50 – 5	e) 60 – 6	f) 30 – 6
60 – 5	60 – 7	80 – 4
80 – 5	60 – 8	20 – 5
70 – 5	60 – 9	70 – 7

3 Lege, nimm weg, rechne.

a) 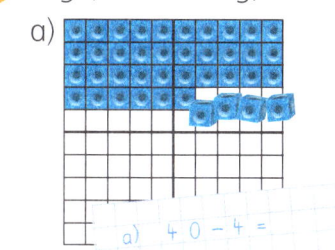   b) 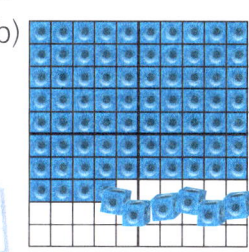   c) 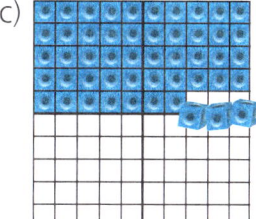   d)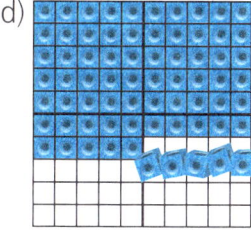

a) 40 – 4 =

4
a) 30 – 4	b) 70 – 3	c) 90 – 2	d) 30 – 1	e) 30 – 15
60 – 4	80 – 4	80 – 3	80 – 5	80 – 15
90 – 4	70 – 5	40 – 4	20 – 0	40 – 15
90 – 5	50 – 6	30 – 2	70 – 8	70 – 25
60 – 5	70 – 7	40 – 6	80 – 2	80 – 25
30 – 5	90 – 8	70 – 9	100 – 3	100 – 25

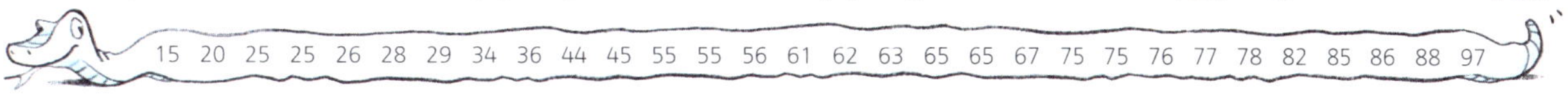

15 20 25 25 26 28 29 34 36 44 45 55 55 56 61 62 63 65 65 67 75 75 76 77 78 82 85 86 88 97

5
a) 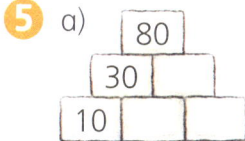   b) 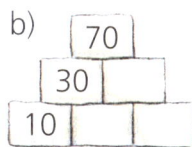   c) 60 / 20 / 10   d) 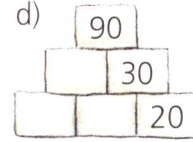   e)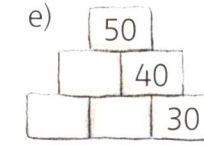

f) 80 / 50 / 23   g) 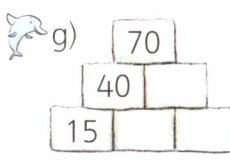   h) 60 / 40 / 27   i)    j)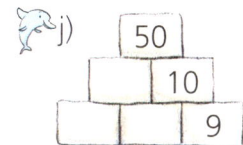

6 Ali hat 24 Stäbe. Er legt Muster.
a) Wie viele Vierecke kann er legen?
b) Wie viele Dreiecke kann er legen?
c) Wie viele Sterne kann er legen?

  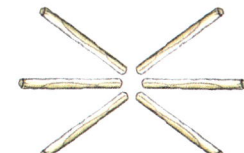

5 Kopiervorlage. Ergänzen oder Subtrahieren.

Verkehrssichere Kleidung

Gefahr im Straßenverkehr!

Bei trübem Wetter sind Radfahrer schwer zu sehen. Darauf hat gestern Polizeidirektorin Schmitz bei

❶ Stellt eure Ausrüstung für mehr Sicherheit zusammen.

Wie viel kostet sie? Erkundet dazu die Preise.

❷ a) Anna hat 24 €. Ihre Oma schenkt ihr noch 5 €.
   Kann sie die gelbe Jacke kaufen?
b) Olga bekommt 7 € zu ihren 22 € dazu.
   Hat sie genug Geld für einen Helm?
c) Steffen braucht Handschuhe und ein Rücklicht. Er hat 32 €.
d) Erik möchte 2 Speichenstrahler und einen Helm kaufen. Er hat 24 €.

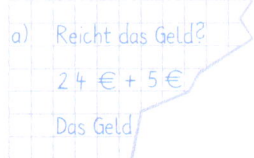

❸ Sascha hat 66 € erhalten. Davon würde er gern ein Rücklicht mit Standlicht, eine Jacke und einen Helm kaufen.

❹ Frau Pohl hat im Fahrradladen 62 € bezahlt. Was könnte sie gekauft haben?

W

❺ a) 78 + ___ = 80   b) 34 + ___ = 40   c) 71 + ___ = 80   d) ___ + ___ = 70
   68 + ___ = 70   44 + ___ = 50   41 + ___ = 50   ___ + ___ = 30
   54 + ___ = 60   46 + ___ = 50   45 + ___ = 50   ___ + ___ = 50
   74 + ___ = 80   86 + ___ = 90   75 + ___ = 80   ___ + ___ = 80
   84 + ___ = 90   66 + ___ = 70   35 + ___ = 40   ___ + ___ = 100

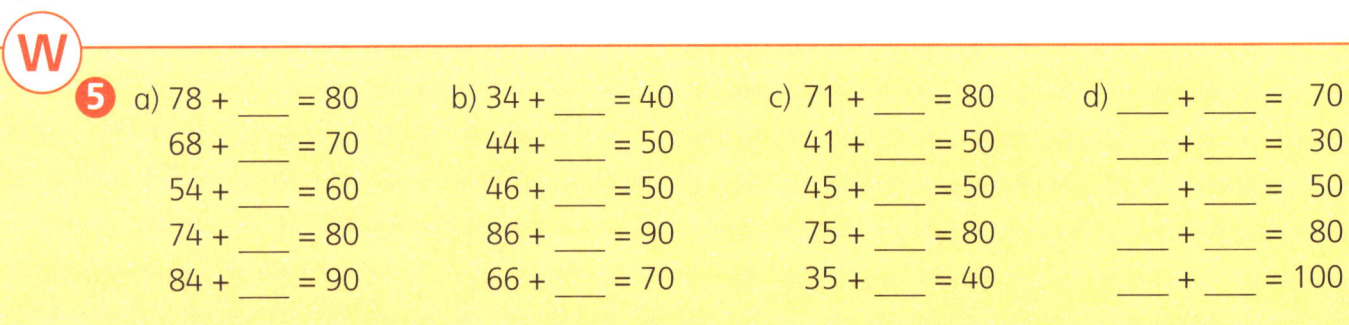

❶ Verschiedene Einkaufsmöglichkeiten und Preise erkunden. Kosten der notwendigen Ausrüstung addieren.
❹ Mehrere Lösungen möglich.   ❶ bis ❹ Überprüfen, ob die Antworten angemessen auf die Problemstellungen eingehen.

Gleichungen und Ungleichungen

1

Gleichung: 27 + ___ = 30

Ungleichung: 27 + ___ < 30 (kleiner als 30)

Probiert aus, welche Zahlen passen. Was fällt euch auf?

2 Schreibt nur die passenden Zahlen auf.
- a) 26 + ___ = 30
- b) 26 + ___ < 30
- c) 48 + ___ = 50
- d) 48 + ___ < 50
- e) 63 + ___ = 70
- f) 63 + ___ < 70

a) 4
b) 0, 1, 2, 3,

3 Kleiner als …
- a) 70 + ___ < 72
- b) 20 + ___ < 23
- c) 30 + ___ < 35
- d) 24 + ___ < 30
- e) 36 + ___ < 40
- f) 58 + ___ < 60
- g) 75 + ___ < 88
- h) 33 + ___ < 39
- i) 74 + ___ < 75
- j) 30 + ___ < 38
- k) 71 + ___ < 79
- l) 92 + ___ < 100

4 Größer als …
- a) 24 − ___ > 21
- b) 67 − ___ > 66
- c) 55 − ___ > 53
- d) 54 − ___ > 50
- e) 92 − ___ > 90
- f) 35 − ___ > 30
- g) 39 − ___ > 33
- h) 44 − ___ > 41
- i) 67 − ___ > 62
- j) 70 − ___ > 68
- k) 30 − ___ > 27
- l) 50 − ___ > 46

5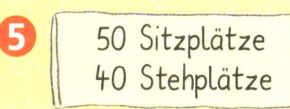
50 Sitzplätze
40 Stehplätze

Nicht mit dem Fahrer sprechen!

a) In unserem Schulbus können wir diesen Text lesen.

b) Heute früh fuhren 57 Kinder mit dem Bus.

a) Wie viele Plätze
50 + 40 =
Unser Bus hat

c) Gestern nach der 4. Stunde waren 60 Kinder im Bus. Beim ersten Halt stiegen 6 Kinder aus.

🐬 d) Nach der 5. Stunde warteten 25 Kinder im Bus auf die 8 Kinder der Klasse 2b.

W

6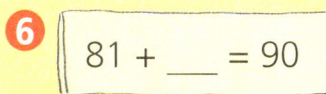
81 + ___ = 90

Welche Rechengeschichte passt zu dieser Aufgabe?

A: 81 Kinder fahren mit dem Schulbus. Gleich steigen 90 aus.

B: Morgen fahren zwei Busse in den Zoo. In den ersten Bus sollen 81 Kinder, in den zweiten Bus 90 Kinder.

C: Alle 90 Plätze des Schulbusses sollen voll besetzt werden. 81 Kinder sind schon da.

---

1 Feststellen, dass Ungleichungen mehrere Lösungen haben können **2** bis **4** Nur die Lösungszahlen aufschreiben.
5 Verschiedene Fragestellungen möglich (Rechenkonferenz). **6** Fragen, rechnen, antworten.

Addieren

1 28 + 30

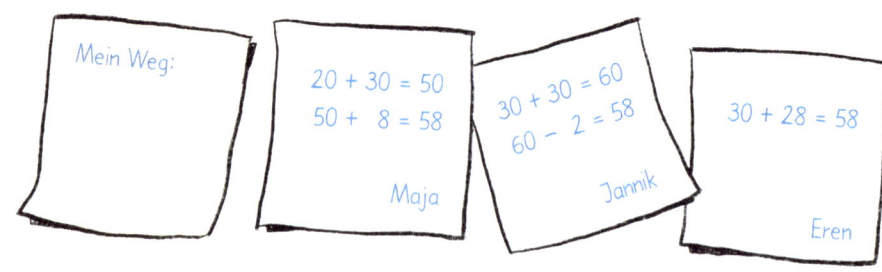

Mein Weg:

Maja: 20 + 30 = 50 / 50 + 8 = 58

Jannik: 30 + 30 = 60 / 60 − 2 = 58

Eren: 30 + 28 = 58

2 Rechne auf deinem Weg.

a) 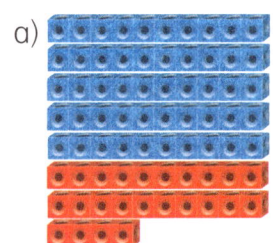 b) 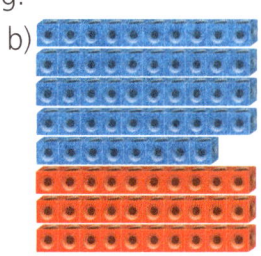 c) 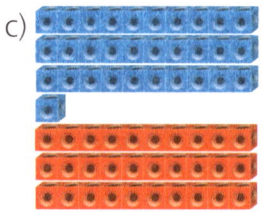 d)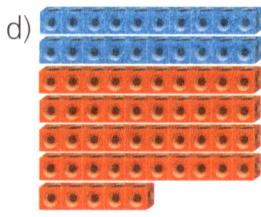

3 Lege und rechne.

a) 7 + 10	b) 5 + 20	c) 9 + 30	d) 3 + 40	e) 8 + 80
17 + 10	15 + 20	19 + 30	13 + 80	18 + 60
27 + 10	25 + 20	29 + 30	16 + 50	58 + 20
37 + 10	35 + 20	38 + 30	26 + 70	87 + 10
47 + 10	55 + 20	48 + 30	37 + 20	35 + 30

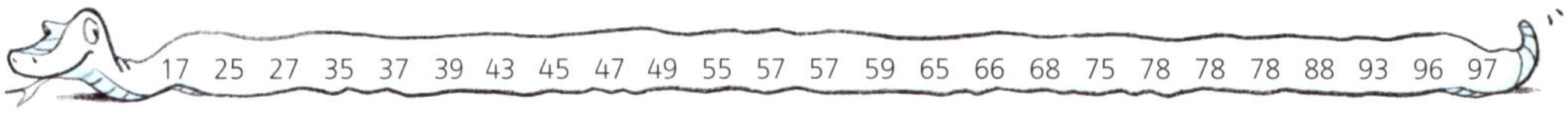

 17 25 27 35 37 39 43 45 47 49 55 57 57 59 65 66 68 75 78 78 78 88 93 96 97

4

a) 50 + 6	b) 60 + 3	c) 60 + 9	d) 30 + 4	e) 80 + 7
50 + 16	50 + 13	60 + 19	30 + 14	70 + 27
50 + 26	40 + 23	60 + 29	30 + 24	60 + 47
50 + 36	30 + 43	60 + 38	30 + 44	40 + 67
50 + 48	20 + 33	60 + 49	30 + 34	50 + 57

🐬 Welche Aufgaben passen nicht in das Muster? Ändere sie.

5
a)  Wenn du zu 36 30 dazurechnest, bekommst du meine Zahl.

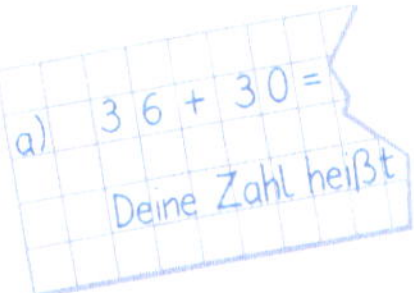

 a) 3 6 + 3 0 = Deine Zahl heißt

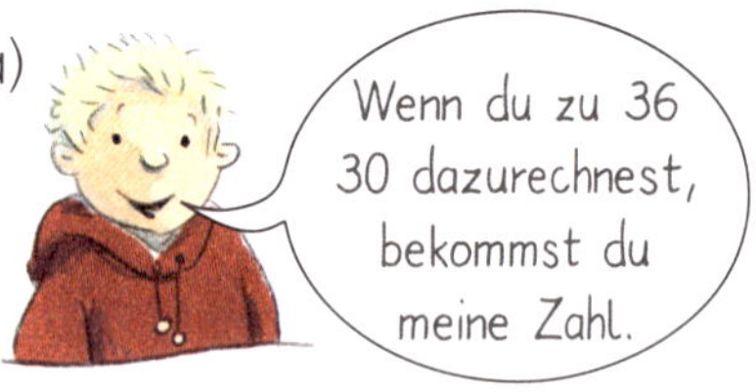

b)  Wenn du von 48 noch 50 weitergehst, kommst du zu meiner Zahl.

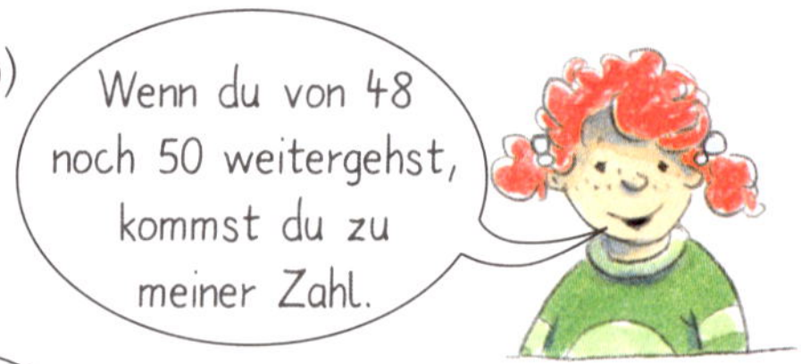

🐬 c) Meine Zahl ist um 7 kleiner als die Hälfte von 100.

🐬 d) Meine Zahl erhältst du, wenn du zu 21 erst 20 dazurechnest und dann noch 40.

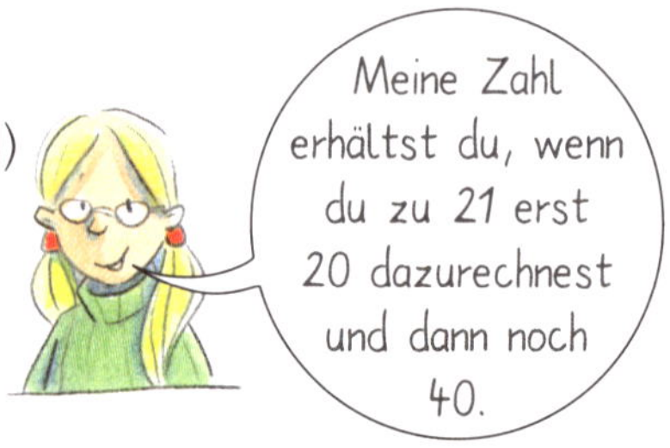

🐬 e) Meine Zahl ist um 20 größer als das Doppelte von 9.

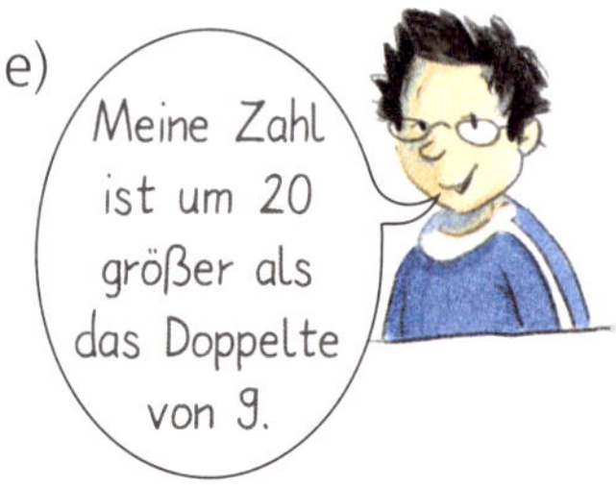

1 Eigene und andere Rechenwege erproben und vergleichen. **5** Diff.: Eigene Zahlenrätsel schreiben.

Subtrahieren

1 Rechenkonferenz

56 – 30

Mein Weg:

50 – 30 = 20
20 + 6 = 26
Paul

56 – 30 = 26
Lara

2 Rechne auf deinem Weg.
a) 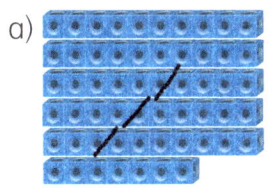   b) 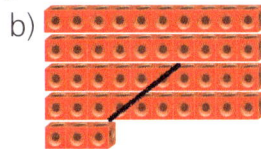   c) 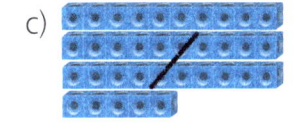   d)

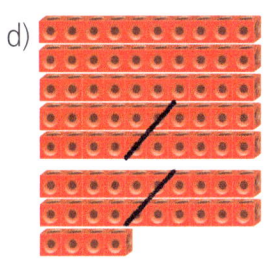

3 Lege, nimm weg. Rechne.

a) 61 – 10	b) 62 – 20	c) 55 – 30	d) 98 – 40	e) 35 – 20
51 – 10	52 – 20	85 – 30	88 – 40	67 – 50
31 – 10	32 – 20	65 – 30	97 – 40	43 – 40
41 – 10	42 – 20	75 – 30	87 – 40	94 – 90
21 – 10	22 – 20	95 – 30	73 – 40	76 – 40

2 3 4 11 12 15 17 21 22 25 31 32 33 35 36 41 42 45 47 48 51 55 57 58 65

4

a) 76 – 10	b) 92 – 10	c) 61 – 10	d) 89 – 0	e) 68 – 60
76 – 20	92 – 20	63 – 20	87 – 20	76 – 70
76 – 30	92 – 40	65 – 30	85 – 40	84 – 80
76 – 40	92 – 30	69 – 40	83 – 60	93 – 90
76 – 50	92 – 50	67 – 50	81 – 80	100 – 100

Welche Aufgaben passen nicht in das Muster? Ändere sie.

5

a) 36 + 30	b) 78 + 20	c) 69 + 30	d) 47 + 40	e) 84 + 20
36 – 30	78 – 20	69 – 30	47 – 40	84 – 20
45 + 20	82 + 10	56 + 40	53 + 30	61 + 40
45 – 20	82 – 10	56 – 40	53 – 30	61 – 40

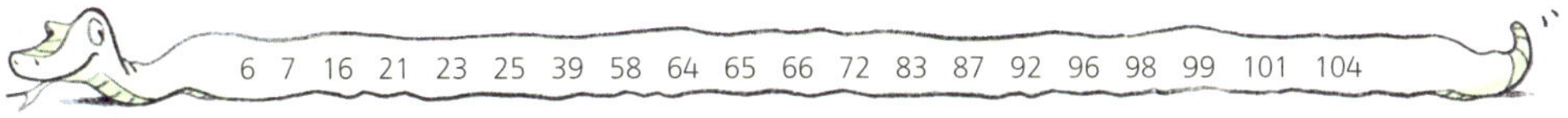

6 7 16 21 23 25 39 58 64 65 66 72 83 87 92 96 98 99 101 104

6
a) Wenn du erst 90 halbierst und dann 30 abziehst, erhältst du meine Zahl.

b) Wenn du zu 53 erst 30 dazurechnest und dann 50 abziehst, hast du meine Zahl.

c) Wenn du von 87 zuerst 40 und danach 20 abziehst, erhältst du meine Zahl.

Schreibe auch eigene Rätsel.

① Eigene und andere Rechenwege erproben und vergleichen.

Sachrechnen – Pausenspiele

1 Die Klasse 2a hat 30 Springseile für 26 Kinder, die Klasse 2b hat 20 Springseile für 24 Kinder. Was schlägst du vor?

2 a) Die Kästnerschule hatte 30 Tischtennisschläger.
Jetzt fehlen davon 8.
b) 24 Pedalos hat die Schule noch.
Es sollten aber 30 sein.
c) Die Kästnerschule besitzt nur noch 17 Reifen.
Jetzt werden noch 20 Reifen gekauft.

> a) Wie viele Tischtennisschläger sind noch da?
> 30 − 8 =
> ___ Tischtennisschläger sind noch da.

3 Für das nächste Fußballturnier haben sich aus den zweiten Klassen 5 Kinder gemeldet, aus den dritten Klassen 7 Kinder und aus den vierten Klassen 20 Kinder.

4 Vor den Sommerferien hatte die Nordschule noch 38 Tischtennisbälle.
Inzwischen sind es 10 Bälle weniger.
Jetzt will der Förderverein 40 neue Bälle beschaffen.

5 $29 - 7 = \_\_\_$ Welche Rechengeschichte passt zu dieser Aufgabe?

A: Zur Klasse 3b gehören 29 Kinder. 7 von ihnen können noch nicht auf Stelzen laufen.

B: In der Klasse 3b können 29 Kinder auf Stelzen laufen. 7 Kinder können das noch nicht.

C: 29 Kinder der 3b laufen auf Stelzen. Von der 4a laufen noch 7 Kinder mit.

6 Aus jedem Stapel eine Schachtel in die Kiste. Kombiniere.

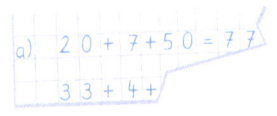

a) 20, 7, 40 / 33, 6, 30 / 41, 4, 50 → 77
  a) 20 + 7 + 50 = 77
  33 + 4 + ...

b) 60, 10, 8 / 30, 20, 18 / 50, 40, 28 → 88

c) 40, 70, 9 / 54, 40, 7 / 22, 50, 5 → 99

d) 50, 23, 3 / 30, 10, 6 / 40, 34, 2 → 66

e) 37, 0, 8 / 26, 20, 7 / 48, 10, 9 → 55

1 bis **5** Situationen besprechen. Fragen, rechnen, antworten.

Zahlenfolgen – Prüfen und Rechnen

1 12, 17, 22, 27, __, __, 37, 42, __, __, __, __, __

Welche Zahlen fehlen hier?

2 Wie geht es weiter? Wie weit kommst du? (+5)
a) 0, 10, 20, 30, 40, … 100
b) 0, 5, 10, 15, …
c) 0, 20, 40, …
d) 0, 11, 22, 33, …
e) 100, 95, 90, 85, …
f) 40, 38, 36, 34, …
g) 0, 8, 16, 24, …
h) 56, 48, 40, 32, …
i) 72, 60, 48, …

3 Ziehe immer wieder dieselbe Zahl ab. Bei welchen Aufgaben erreichst du die Null? Vermute vorher.

a) Start 100 — Immer 20 weg.
   a) 100 − 20 = 80
      80 − 20 =
      60 −
b) Start 90 — Immer 30 weg.
c) Start 70 — Immer 20 weg.
d) Start 100 — Immer 30 weg.
e) Start 100 — Immer 15 weg.
f) Start 60 — Immer 11 weg.
g) Start 50 — Immer 9 weg.

4 Jede Rechentafel enthält vier Fehler. Rechne richtig.

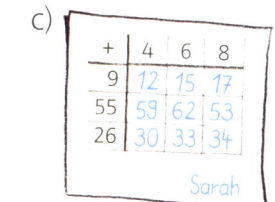

a) Linda

+	5	8	9
14	19	22	24
27	33	35	36
35	30	43	34

a) 14 + 9 = 23

b) Antonio

−	5	7	9
30	25	33	21
45	40	28	36
73	68	67	62

c) Sarah

+	4	6	8
9	12	15	17
55	59	62	53
26	30	33	34

5 Kann das stimmen?

a) „Wenn ich alle Zahlen von 1 bis 8 zusammenzähle, erhalte ich 36." 1+2+3+… — Luisa

b) „Mit drei Würfeln habe ich insgesamt 20 erreicht." — Felix

c) „Ich habe mit zwei Würfeln insgesamt 12 erreicht." — Robin

d) „Meine Mutter ist 40 Jahre alt. Meine Oma ist 70. Vor 10 Jahren war meine Mutter halb so alt wie meine Oma." — Nick

e) „Mein kleiner Bruder ist 3 Jahre alt. Ich bin 7. In drei Jahren bin ich doppelt so alt wie er." — Laura

---

1 und **2** Immer die gleiche Zahl addieren oder subtrahieren. Die Kinder können selbst entscheiden, wie weit sie rechnen. **4** Kopiervorlage nutzen oder im Heft rechnen. **5** Zwei falsche Aussagen.

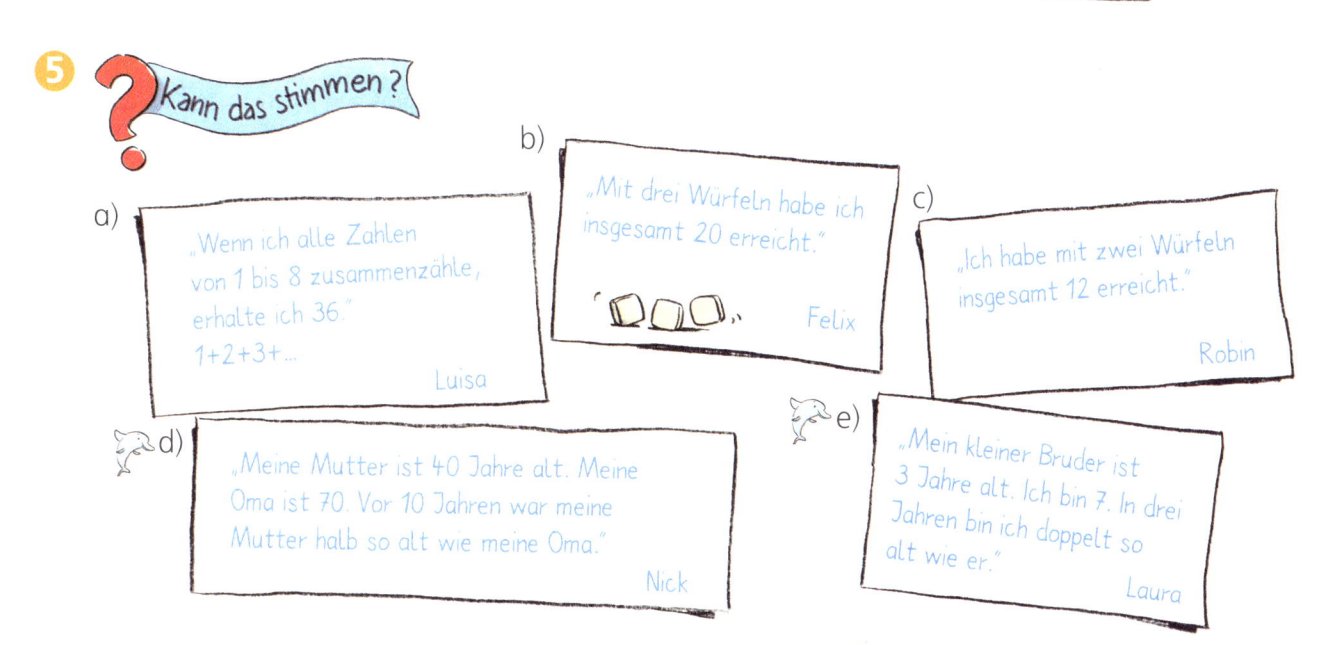

Addieren – Rechenwege

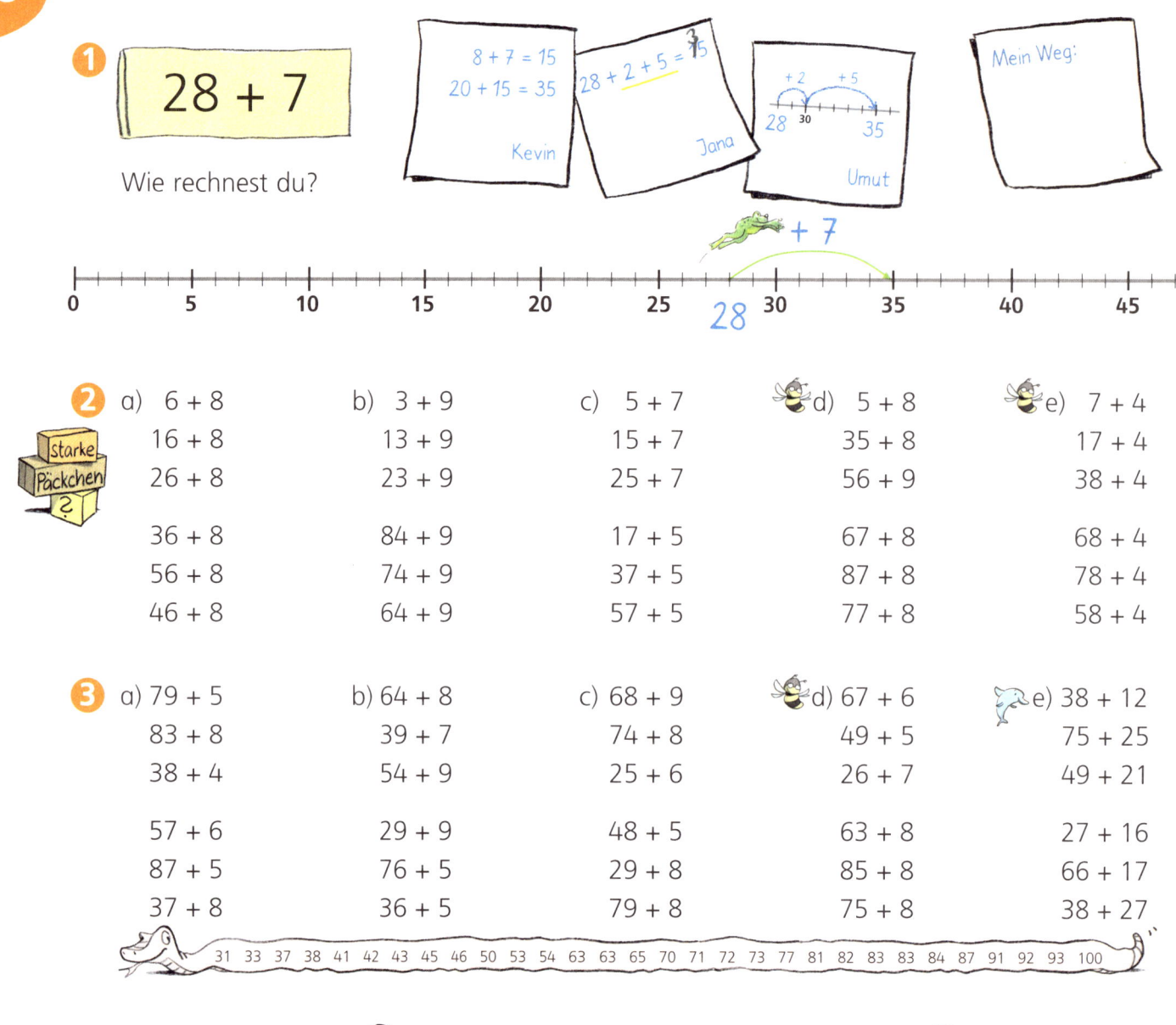

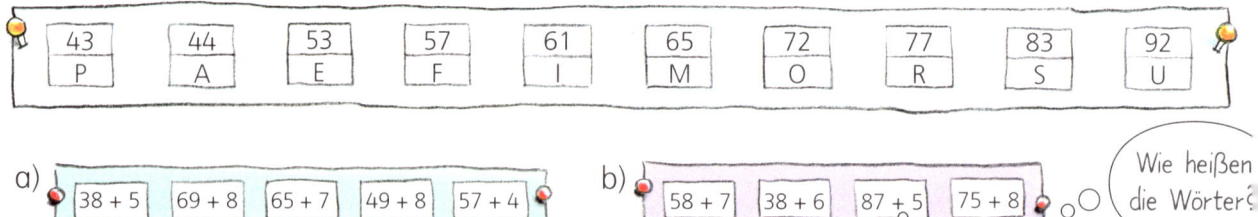

1 28 + 7

Wie rechnest du?

Kevin: 8 + 7 = 15; 20 + 15 = 35

Jana: 28 + 2 + 5 = 35

Umut: +2 +5 (28 → 30 → 35)

Mein Weg:

+ 7 (von 28 auf 35)

0 5 10 15 20 25 28 30 35 40 45

2
a) 6 + 8; 16 + 8; 26 + 8; 36 + 8; 56 + 8; 46 + 8
b) 3 + 9; 13 + 9; 23 + 9; 84 + 9; 74 + 9; 64 + 9
c) 5 + 7; 15 + 7; 25 + 7; 17 + 5; 37 + 5; 57 + 5
d) 5 + 8; 35 + 8; 56 + 9; 67 + 8; 87 + 8; 77 + 8
e) 7 + 4; 17 + 4; 38 + 4; 68 + 4; 78 + 4; 58 + 4

3
a) 79 + 5; 83 + 8; 38 + 4; 57 + 6; 87 + 5; 37 + 8
b) 64 + 8; 39 + 7; 54 + 9; 29 + 9; 76 + 5; 36 + 5
c) 68 + 9; 74 + 8; 25 + 6; 48 + 5; 29 + 8; 79 + 8
d) 67 + 6; 49 + 5; 26 + 7; 63 + 8; 85 + 8; 75 + 8
e) 38 + 12; 75 + 25; 49 + 21; 27 + 16; 66 + 17; 38 + 27

31 33 37 38 41 42 43 45 46 50 53 54 63 63 65 70 71 72 73 77 81 82 83 83 84 87 91 92 93 100

4
a) 23, 45, 67 + 5, 6, 8
28 29 31 50 51 53 72 73 75

b) 34, 56, 78 + 5, 7, 9
39 41 43 61 63 65 83 85 87

5 Jede Zahl steht für einen Buchstaben.

43	44	53	57	61	65	72	77	83	92
P	A	E	F	I	M	O	R	S	U

Wie heißen die Wörter?

a) 38 + 5; 69 + 8; 65 + 7; 49 + 8; 57 + 4
b) 58 + 7; 38 + 6; 87 + 5; 75 + 8
c) 77 + 6; 86 + 6; 35 + 8; 45 + 8; 70 + 7
d) 39 + 4; 35 + 9; 84 + 8; 79 + 4; 49 + 4
e) 48 + 9; 47 + 6; 53 + 8; 48 + 5; 68 + 9
f) 69 + 8; 46 + 7; 55 + 6; 78 + 5; 50 + 3

1 bis **3** Rechenkonferenz: Rechenwege vergleichen. Am Zahlenstrahl orientieren. **5** Lösungswörter finden.

Subtrahieren – Rechenwege

1 67 – 9

Wie rechnest du?

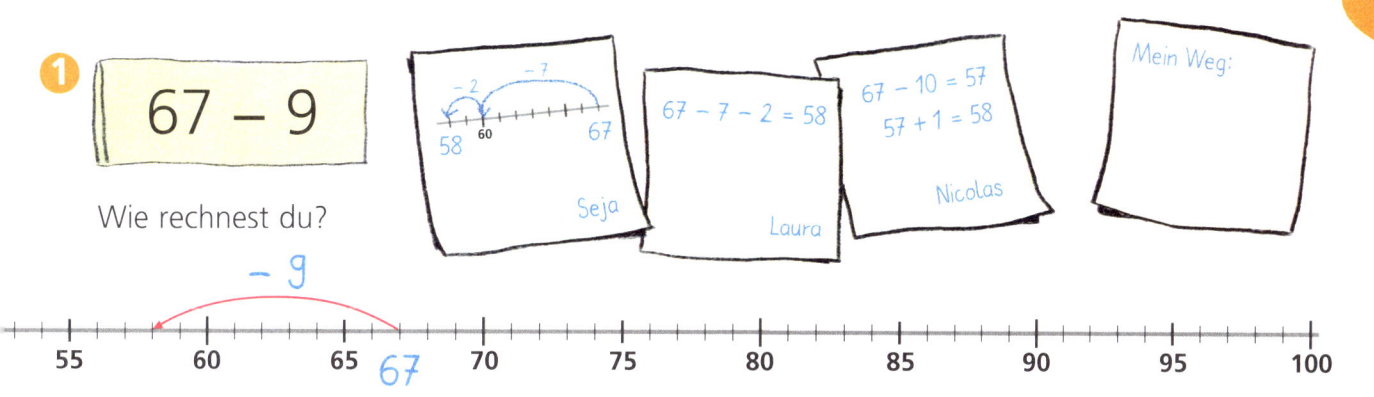

Seja: 58 ← 60 ← 67 (–2, –7)
Laura: 67 – 7 – 2 = 58
Nicolas: 67 – 10 = 57; 57 + 1 = 58
Mein Weg:

– 9 von 67 auf 58

55 60 65 67 70 75 80 85 90 95 100

2
a) 15 – 6
35 – 6
55 – 6

75 – 6
95 – 6
45 – 6

b) 17 – 9
77 – 9
57 – 9

36 – 9
16 – 9
26 – 9

c) 14 – 8
84 – 8
74 – 8

75 – 8
95 – 8
35 – 8

d) 13 – 6
93 – 6
83 – 6

82 – 8
92 – 8
22 – 8

e) 16 – 7
26 – 7
76 – 7

13 – 5
33 – 5
93 – 5

3
a) 14 – 5
14 – 6
14 – 7

25 – 9
25 – 8
25 – 7

b) 51 – 2
51 – 3
51 – 4

73 – 8
73 – 6
73 – 4

c) 43 – 7
43 – 5
43 – 8

34 – 9
34 – 7
34 – 5

d) 12 – 4
92 – 6
32 – 8

16 – 7
76 – 8
46 – 9

e) 47 – 19
32 – 17
85 – 16

83 – 28
56 – 27
64 – 29

7 8 8 9 9 15 16 17 18 24 25 27 28 29 29 35 35 36 37 38 47 48 49 55 65 67 68 69 69 86

4
a) Start 40 – Immer 6 weg.
b) Start 50 – Immer 7 weg.
c) Start 80 – Immer 9 weg.
d) Start 60 – Immer 8 weg.
e) Start 30 – Immer 4 weg.

5 Jede Zahl steht für einen Buchstaben.

27	29	36	38	45	57	59	64	68	77	79	83	86	88
S	T	A	U	C	D	E	F	G	H	I	L	N	R

a) 33 – 6 | 52 – 7 | 81 – 4 | 90 – 7 | 42 – 6 | 45 – 7

b) 71 – 7 | 84 – 5 | 35 – 6

c) 72 – 8 | 61 – 2 | 95 – 7 | 36 – 7 | 83 – 4 | 75 – 7

d) 35 – 8 | 34 – 5 | 85 – 6 | 92 – 9 | 91 – 8

e) 73 – 9 | 66 – 7 | 94 – 6 | 87 – 8 | 67 – 8 | 95 – 9

f) 63 – 4 | 92 – 6 | 62 – 5 | 68 – 9

1 bis **3** Rechenwege vergleichen. Am Zahlenstrahl orientieren.
4 Jeweils immer die gleiche Zahl abziehen. Diff.: Vorher vermuten, wie die letzte Zahl heißen könnte.

Addieren – Rechenwege

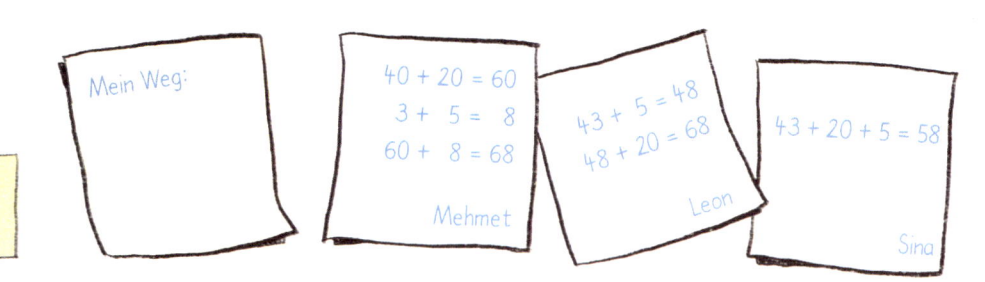

1 Rechenkonferenz

43 + 25

Mein Weg:

Mehmet:
40 + 20 = 60
3 + 5 = 8
60 + 8 = 68

Leon:
43 + 5 = 48
48 + 20 = 68

Sina:
43 + 20 + 5 = 58

2 Wie rechnest du?

a) 51 + 8	b) 45 + 3	c) 55 + 1	d) 63 + 31	e) 27 + 33
51 + 18	45 + 33	55 + 21	62 + 31	47 + 34
62 + 13	13 + 14	42 + 42	62 + 35	39 + 43
72 + 26	15 + 21	32 + 63	46 + 12	67 + 27
43 + 56	73 + 12	31 + 46	44 + 12	57 + 15
24 + 62	65 + 23	43 + 34	42 + 12	14 + 48

27 36 48 54 56 56 58 59 60 62 69 72 75 76 77 77 78 81 82 84 85 86 88 93 94 94 95 97 98 99

3 Welche Aufgaben kannst du ablesen?

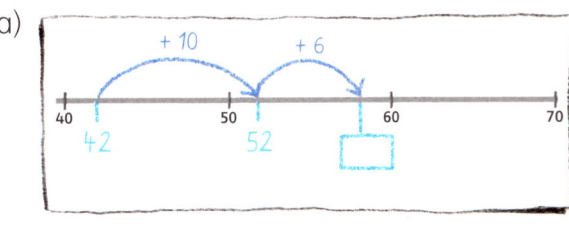

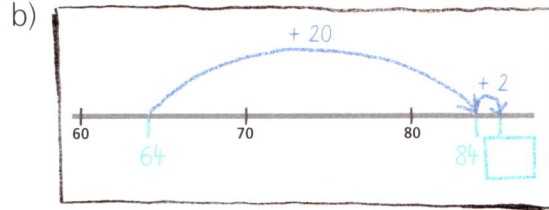

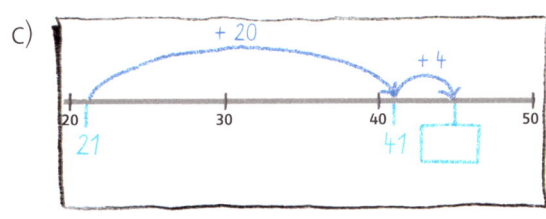

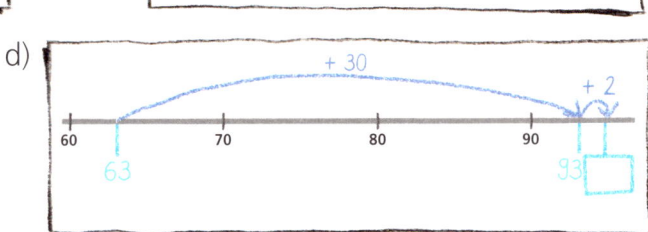

a) + 10, + 6; 42, 52, [ ]

b) + 20, + 2; 64, [ ], 84

c) + 20, + 4; 21, 41, [ ]

d) + 30, + 2; 63, [ ], 93

e) Zeichne Aufgaben für andere Kinder.

4 Erkennst du Muster? Setze fort.

a) 24 + 32	b) 36 + 53	c) 43 + 23	d) 8 + 30	e) 40 + 40
25 + 32	35 + 53	42 + 24	10 + 32	38 + 43
26 + 32	34 + 53	41 + 25	12 + 34	36 + 46
27 + 32	33 + 53	40 + 26	14 + 36	34 + 49
28 + ___	32 + ___	___ + ___	___ + ___	___ + ___
___ + ___	___ + ___	___ + ___	___ + ___	___ + ___
___ + ___	___ + ___	___ + ___	___ + ___	___ + ___

5 11 15 32 43 51 24 + 21 33 45 34

32	36	44	45	45	48
49	53	56	57	58	60
64	65	66	69	72	76
77	77	84	85	88	96

1 Lösungswege erproben. Auf Vor- und Nachteile eingehen.   **3** e) Kopiervorlage.

Subtrahieren – Rechenwege

1 Rechenkonferenz

57 – 23

Mein Weg:

Alexandra: 57 – 20 = 37; 37 – 3 = 34

Felix: 50 – 20 = 30; 7 – 3 = 4; 30 + 4 = 34

Eva: 57 – 3 = 54; 54 – 20 = 34

2 Wie rechnest du?

a) 25 – 4	b) 38 – 2	c) 67 – 5	d) 79 – 8	e) 54 – 8
35 – 14	48 – 12	67 – 25	79 – 28	54 – 28
55 – 14	68 – 12	67 – 45	79 – 48	54 – 29
26 – 24	28 – 23	77 – 16	65 – 33	62 – 38
36 – 24	57 – 23	97 – 26	78 – 24	74 – 49
88 – 24	46 – 23	97 – 46	99 – 46	83 – 55

2 5 12 21 21 22 23 24 25 25 26 28 31 32 34 36 36 41 42 46 51 51 53 54 56 61 62 64 71 71

3 Welche Aufgaben kannst du ablesen?

a) – 5, – 10; 40 [47] 50 [57] 60; a) 5 7 – 1 5 =

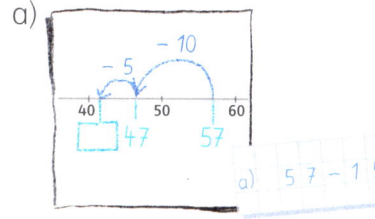

b) – 6, – 30; 20 [28] 30 40 50 [58] 60

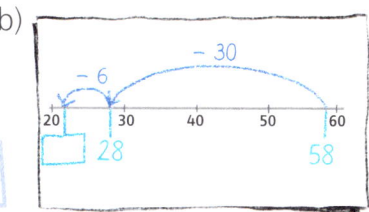

c) – 3, – 20; 60 [66] 70 80 [86] 90

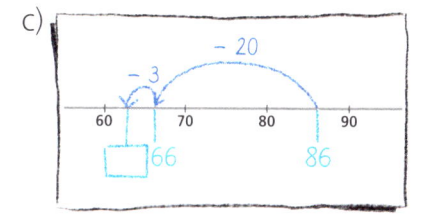

d) – 2, – 30; 10 [18] 20 30 40 [48] 50

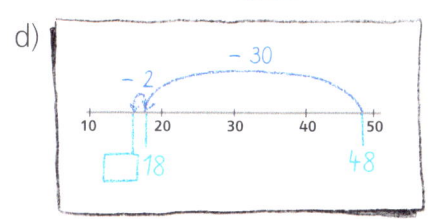

e) – 5, – 20; 50 60 [69] 70 80 [89] 90

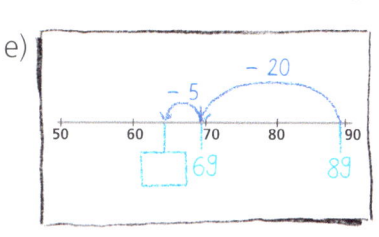

f) – 4, – 30; 40 [47] 50 60 70 [77] 80

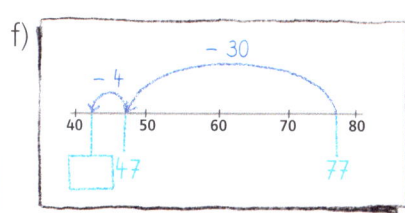

g) Zeichne Aufgaben für andere Kinder.

4 Erkennst du Muster? Setze fort.

a) 68 – 12	b) 75 – 30	c) 100 – 40	d) 78 – 50	e) 80 – 60
67 – 12	75 – 31	99 – 41	76 – 52	79 – 62
66 – 12	75 – 32	98 – 42	74 – 54	78 – 64
65 – 12	75 – 33	97 – 43	72 – 56	77 – 66
64 – ___	___ – 34	96 – 44	70 – ___	76 – ___
___ – ___	___ – ___	___ – ___	___ – ___	___ – ___
___ – ___	___ – ___	___ – ___	___ – ___	___ – ___

5 89 57 68 45 99 66 – 30 15 24 43

2	14	15	21	23	25
27	30	33	36	38	42
42	44	46	51	53	56
59	65	69	74	75	84

42 Verdoppeln

Ich habe 24 Steckwürfel.

Ich sehe doppelt so viele.

1

2 Verdoppele deine Lieblingszahlen. Lege und rechne.

3 Verdoppele: Zeichne und rechne.

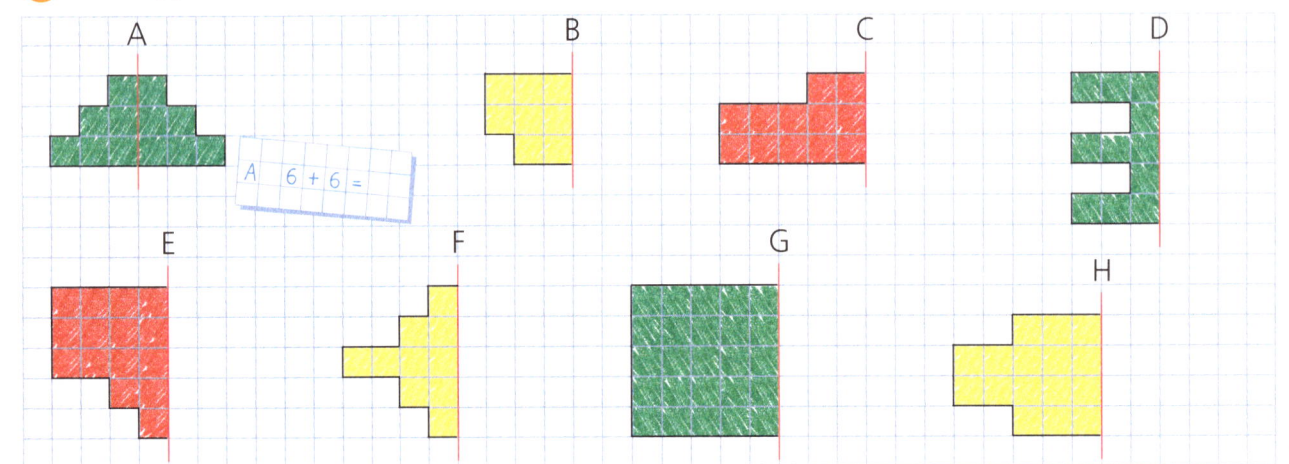

A   B   C   D
E   F   G   H

A 6 + 6 =

4

a) verdoppele	b) verdoppele	c) verdoppele	d) verdoppele	e) verdoppele
3	50	5	26	26
4	40	15	29	48
6	30	25	37	58
7	20	35	48	36
8	10	45	19	34
9	0	55	38	54

5
a)	b)	c)	d)	e)
3 + 3	2 + 2	6 + 6	48 + 48	29 + 29
20 + 20	40 + 40	20 + 20	49 + 49	47 + 47
23 + 23	42 + 42	26 + 26	42 + 42	16 + 16
4 + 4	5 + 5	8 + 8	36 + 36	28 + 28
10 + 10	30 + 30	10 + 10	38 + 38	39 + 39
14 + 14	35 + 35	18 + 18	37 + 37	56 + 56

1 Nachspielen. Mit dem Spiegel weitere Situationen gestalten. **1**, **2** und **4** Steckwürfel o. a. legen.
3 Im Heft zeichnen. Kontrolle mit dem Spiegel. **4** Kopiervorlage nutzen oder im Heft rechnen.
5 Weitere Aufgaben als „Schnelles Rechnen".

Halbieren

1 Halbiere die Zehnerzahlen. Was stellst du fest?

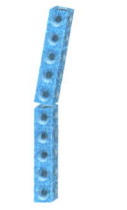

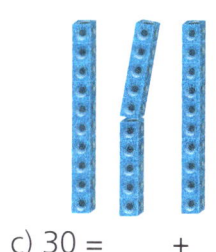

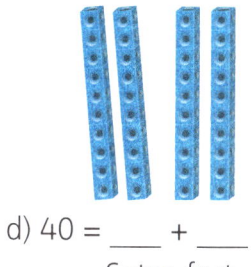

a) 10 = ___ + ___   b) 20 = ___ + ___   c) 30 = ___ + ___   d) 40 = ___ + ___

Setze fort.

2 Lege und halbiere.

a) 18   b) 26   c) 62   d) 48   e) 84   f) 68   g) 86

a) 18 = 9 + ...

🐬 h) 32   🐬 i) 36   🐬 j) 38   🐬 k) 52   🐬 l) 54   🐬 m) 74

3

a) 80 / 40   b) 56 / 28   🐬 c) 96

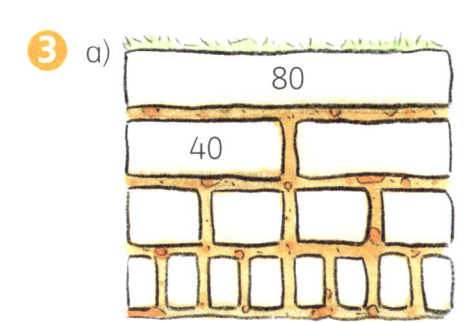

4 Halbiere immer wieder. Wie oft kannst du es?

a) 8   b) 88   c) 100   d) 64   🐬 e) 200   🐬 f) 1000

a) 8 = 4 + 4
4 = 2 + 2
2 =

5 Wie heißt die Zahl?

a) Wenn du sie verdoppelst, erhältst du 68.
b) Wenn du sie halbierst, hast du 23.
🐬 c) Wenn du sie halbierst und nochmal halbierst, erhältst du 21.
🐬 d) Wenn du sie verdoppelst und noch einmal verdoppelst, hast du 72.

6 Halbiere: Zeichne und rechne.

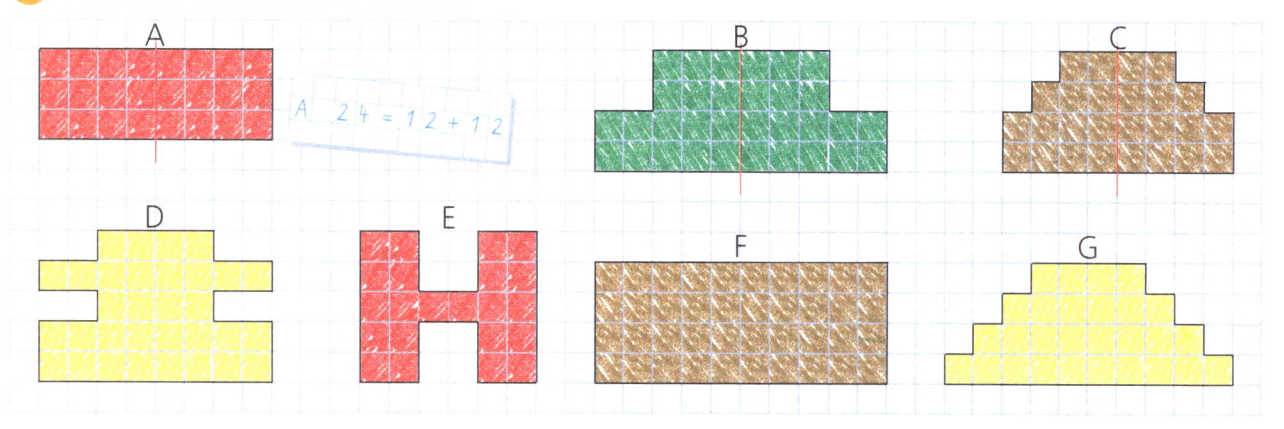

A: 24 = 12 + 12

B, C, D, E, F, G

1 Feststellen: Wenn man ungerade Zehnerzahlen halbiert, erhält man Fünferzahlen.
3 Kopiervorlage nutzen oder Gleichungen schreiben.   **4** Evtl. in Zerlegemauern rechnen.
5 Evtl. mithilfe der Umkehraufgaben lösen.

Gartencenter

Wir haben 100 Säcke Pflanzenerde bestellt. Sie haben 20 zu wenig geliefert.

Von 75 Weiden habe ich erst 8 verkauft.

Ich hätte gerne 24 rote und 8 weiße Rosen.

In dem Beet stehen 65 Pflanzen. 75 sollten es sein.

39 Platten habe ich verlegt, 9 fehlen noch.

Am 15. hat es zum letzten Mal geregnet.

Ist das länger als eine Woche her?

Ich habe 34 Pflanzen gesetzt, jetzt fehlen mir noch 14.

25 Sträucher kann ich nur aufladen. Ich habe aber 50 gekauft.

Von meinen 45 Sträuchern sind 6 nicht angewachsen.

Erzählen und rechnen.

Umkehraufgaben

1

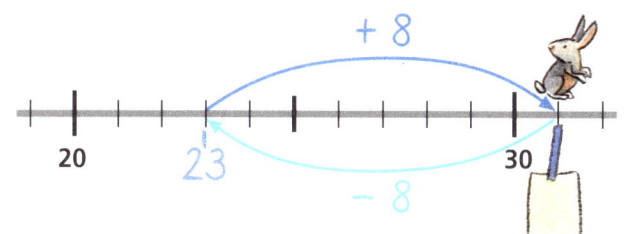

Aufgabe
23 + 8 = ___
31 − 8 = ___
Umkehraufgabe

2 Rechne Aufgabe und Umkehraufgabe.

a) 52 ⇄ (+6/−6) ___   a) 5 2 + 6 = 5 8
                          5 8 − 6 = 5 2

b) 78 ⇄ (+9/−9) ___

c) 24 ⇄ (+8/−8) ___

d) 91 ⇄ (+3/−3) ___

e) 44 ⇄ (+5/−5) ___

f) 48 ⇄ (+3/−3) ___

g) 76 ⇄ (+7/−7) ___

h) 64 ⇄ (+5/−5) ___

i) 35 ⇄ (+8/−8) ___

3

a) ___ ⇄ (+9/−9) 22

b) ___ ⇄ (+7/−7) 35

c) ___ ⇄ (+4/−4) 52

d) ___ ⇄ (+6/−6) 81

e) ___ ⇄ (+8/−8) 73

4 Rechne. Prüfe mit der Umkehraufgabe.

a) 53 − 7   b) 36 + 7   c) 24 − 5   d) 13 + 8
   35 − 9   91 + 5   68 − 6   45 + 9
   82 − 4   24 + 6   23 − 6   73 + 7
   74 − 6   45 + 8   75 − 9   32 + 6

a) 5 3 − 7 =
       + 7 =

5

a) 13 + 12   b) 19 − 15   c) 16 + 13   d) 15 − 12   e) 14 + 8
   27 + 22   29 − 15   36 + 43   56 − 34   54 + 28
   65 + 32   58 − 25   54 + 44   83 − 71   43 + 15
   74 + 42   48 − 25   42 + 47   74 − 43   32 + 39
   86 + 12   86 − 35   72 + 6   69 − 26   65 + 28

6 Wie viel Geld war es vorher?

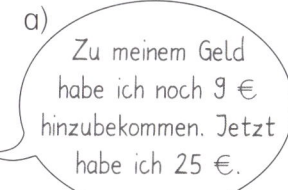

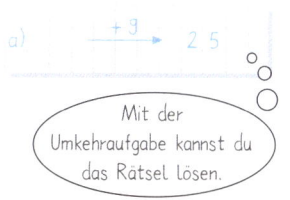

a) Zu meinem Geld habe ich noch 9 € hinzubekommen. Jetzt habe ich 25 €.

a) ___ +9→ 2 5

Mit der Umkehraufgabe kannst du das Rätsel lösen.

b) Von meinem Geld habe ich 12 € ausgegeben. Jetzt habe ich nur noch 13 €.

c) Ich habe zu meinem Geld noch 25 € hinzubekommen. Jetzt habe ich 33 €.

7 Vier Fehler in jeder Rechentafel. Rechne diese Aufgaben richtig.

a)
+	13	32	45
43	56	85	88
22	35	54	77
54	68	86	100

b)
−	21	33	25
49	28	16	25
36	55	3	11
78	57	35	43

c)
+	25	42	34
24	49	66	68
41	66	88	75
53	77	85	87

Umkehraufgaben in Gleichungs- oder Pfeilform schreiben. **4** und **5** Umkehraufgaben als Probe rechnen. **6** Weitere Rätsel schreiben und mit Hilfe der Umkehraufgabe lösen. **7** Richtig rechnen.

Formen und Figuren

46

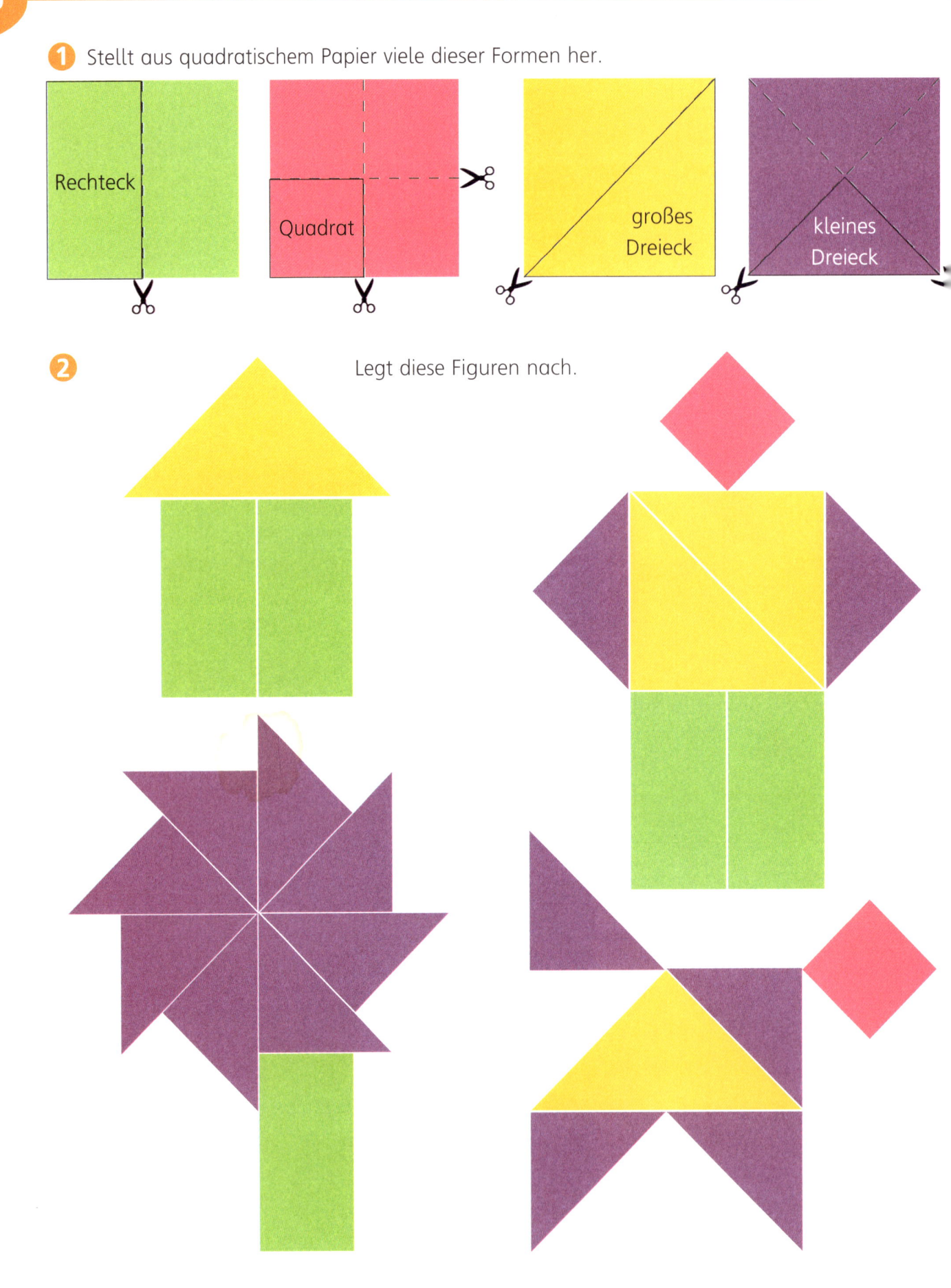

❶ Stellt aus quadratischem Papier viele dieser Formen her.

Rechteck — Quadrat — großes Dreieck — kleines Dreieck

❷ Legt diese Figuren nach.

❸ Legt eigene Figuren. Gestaltet zusammen ein Bild.

❶ Farbige Quadrate in Vierecke und Dreiecke falten und schneiden. Zettelblock verwenden.
❷ Figuren nachlegen.

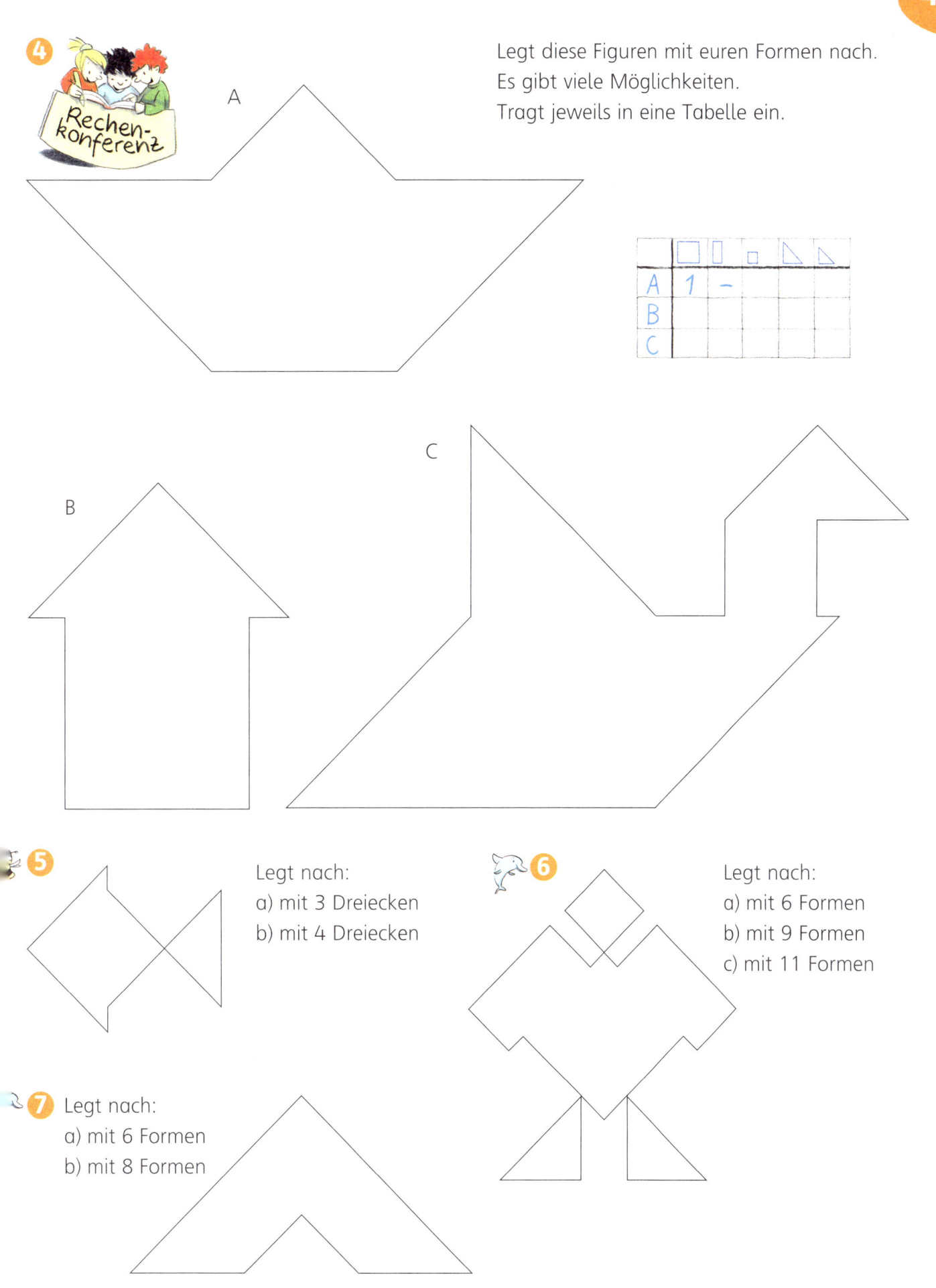

4 Legt diese Figuren mit euren Formen nach.
Es gibt viele Möglichkeiten.
Tragt jeweils in eine Tabelle ein.

A

B

C

	□	▯	▫	△	◿
A	1	–			
B					
C					

5 Legt nach:
a) mit 3 Dreiecken
b) mit 4 Dreiecken

6 Legt nach:
a) mit 6 Formen
b) mit 9 Formen
c) mit 11 Formen

7 Legt nach:
a) mit 6 Formen
b) mit 8 Formen

Verschiedene Möglichkeiten des Nachlegens besprechen.

Kunst und Formen

1

a) Beschreibt das Bild von Wassily Kandinsky.

b) Stellt euch Suchaufgaben.

- Ich sehe ein grünes Dreieck.
- Ich sehe 9 kleine Quadrate.
- Ich sehe 9 blaue Kreise.
- Ich sehe …

Wassily Kandinsky

2 Welche Formen hat Ines verwendet?

Ines

3 Wie viele Vierecke, Dreiecke und Kreise hat Leon gezeichnet?

Leon

4 Gestaltet auch ein Bild mit geometrischen Formen.

W

5 a) 24 26 29 ⊕ 6 8 7   b) 45 53 32 ⊕ 14 22 41

1 bis **3** Zu den Bildern erzählen und Formen suchen.

Segelregatta

1 Welches Segelboot ist weiter gesegelt?

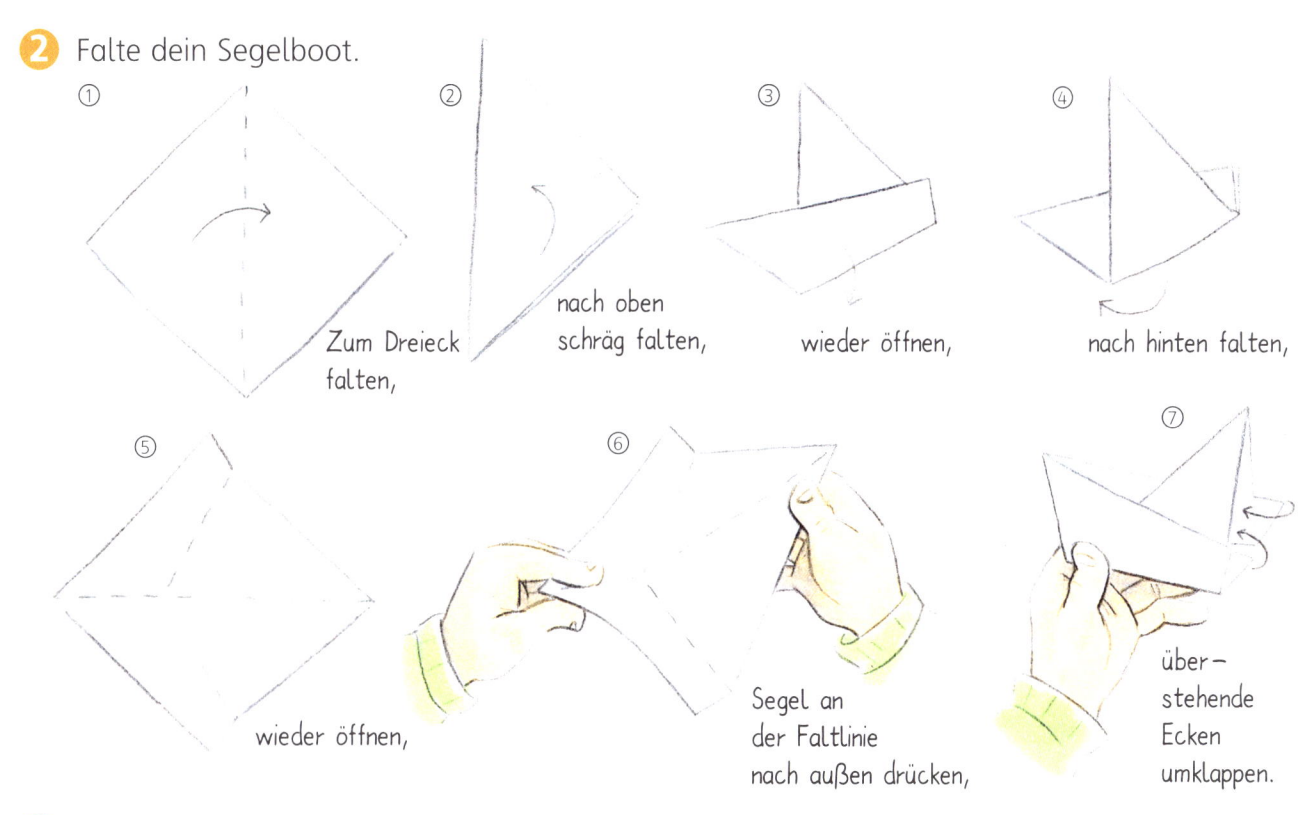

Willy
Südwind

2 Falte dein Segelboot.

① Zum Dreieck falten,
② nach oben schräg falten,
③ wieder öffnen,
④ nach hinten falten,
⑤ wieder öffnen,
⑥ Segel an der Faltlinie nach außen drücken,
⑦ überstehende Ecken umklappen.

3 Wie weit könnt ihr eure Boote pusten?

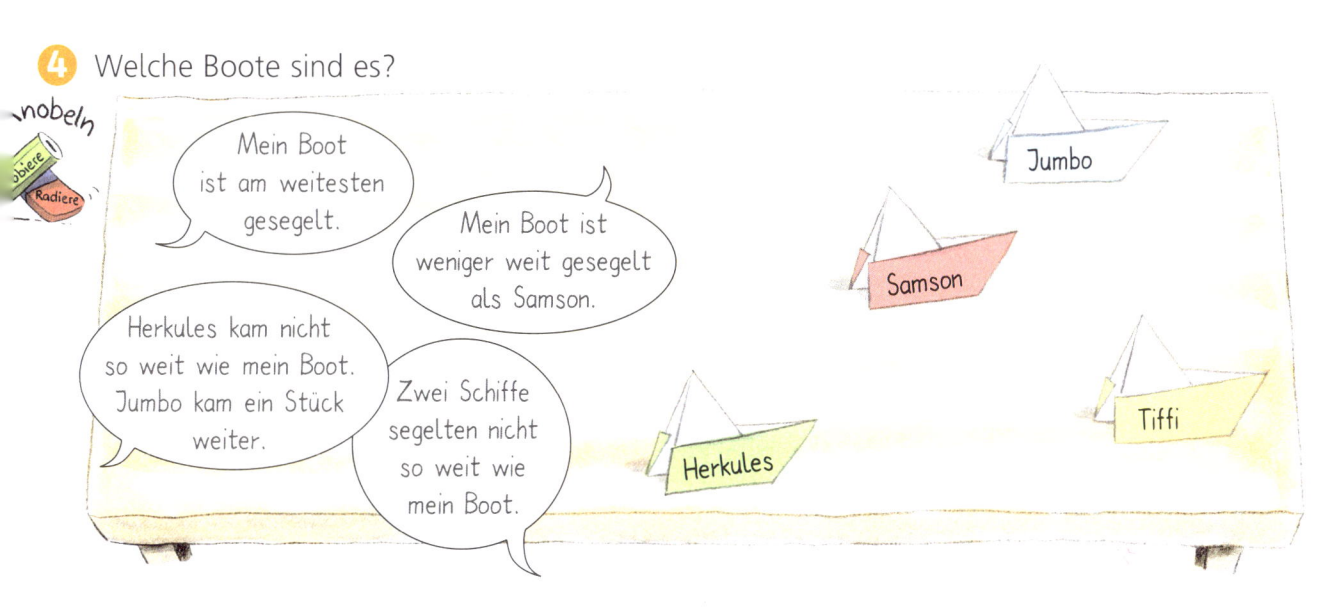

4 Welche Boote sind es?

- Mein Boot ist am weitesten gesegelt.
- Mein Boot ist weniger weit gesegelt als Samson.
- Herkules kam nicht so weit wie mein Boot. Jumbo kam ein Stück weiter.
- Zwei Schiffe segelten nicht so weit wie mein Boot.

Jumbo
Samson
Tiffi
Herkules

2 Quadratisches Papier falten.
4 Direktes Vergleichen. Jede Sprechblase gehört zu einem Boot.

Messen – Körpermaße

1 a) Miss die Gegenstände. Welches Körpermaß eignet sich?

Tisch
Schrank
Regal

Länge, Breite, Höhe

Füller
Radiergummi
Etui

Tafel
Tür
Fenster

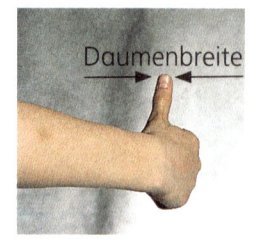

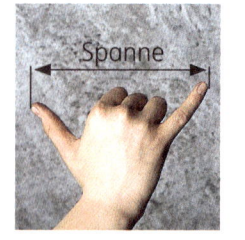

Schritt — Daumenbreite — Spanne — Fuß

b) Miss zu Hause dein Bett, deinen Schreibtisch, dein Fenster …

2 Wie lang ist das Klassenzimmer?

Klassenzimmer Länge: 10 Schritte   Lena

Klassenzimmer Länge: 13 Schritte   Tim

3 Die Körpermaße sind bei jedem anders, aber **ein Meter** ist immer gleich lang.

1 Meter   1 m

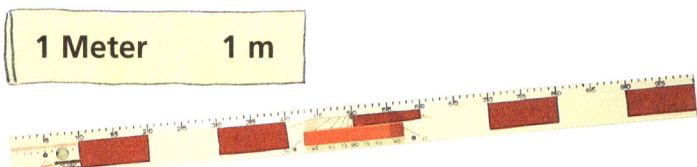

Bis wohin reicht bei dir ein Meter?

4 Miss. Schätze zuerst.

Flur
Büro
Lehrerzimmer

Schulhof
Spielplatz
Sportplatz

Bibliothek
Kopierraum
Küche

	geschätzt	gemessen
Flurlänge	4 m	5 m
Flurbreite		

W

5 a) 35 57 78 **+** 5 6 7   b) 47 68 89 **+** 4 7 8 9

2 Verschiedene Ergebnisse durch unterschiedliche Schrittlängen feststellen. Ein Einheitsmaß ist notwendig.
4 Auch Zollstock und Maßband einsetzen.

Messen – Größe

Ein Meter ist eingeteilt in 100 Zentimeter.

1 m = 100 cm

1 a) **Kann das stimmen?**

„In der zweiten Klasse sind alle Kinder größer als 1 m aber kleiner als 2 m."

b) Messt alle Kinder eurer Tischgruppe. Vergleicht.

Name	geschätzt	gemessen
Anna	1 m 30 cm	1 m 21 cm

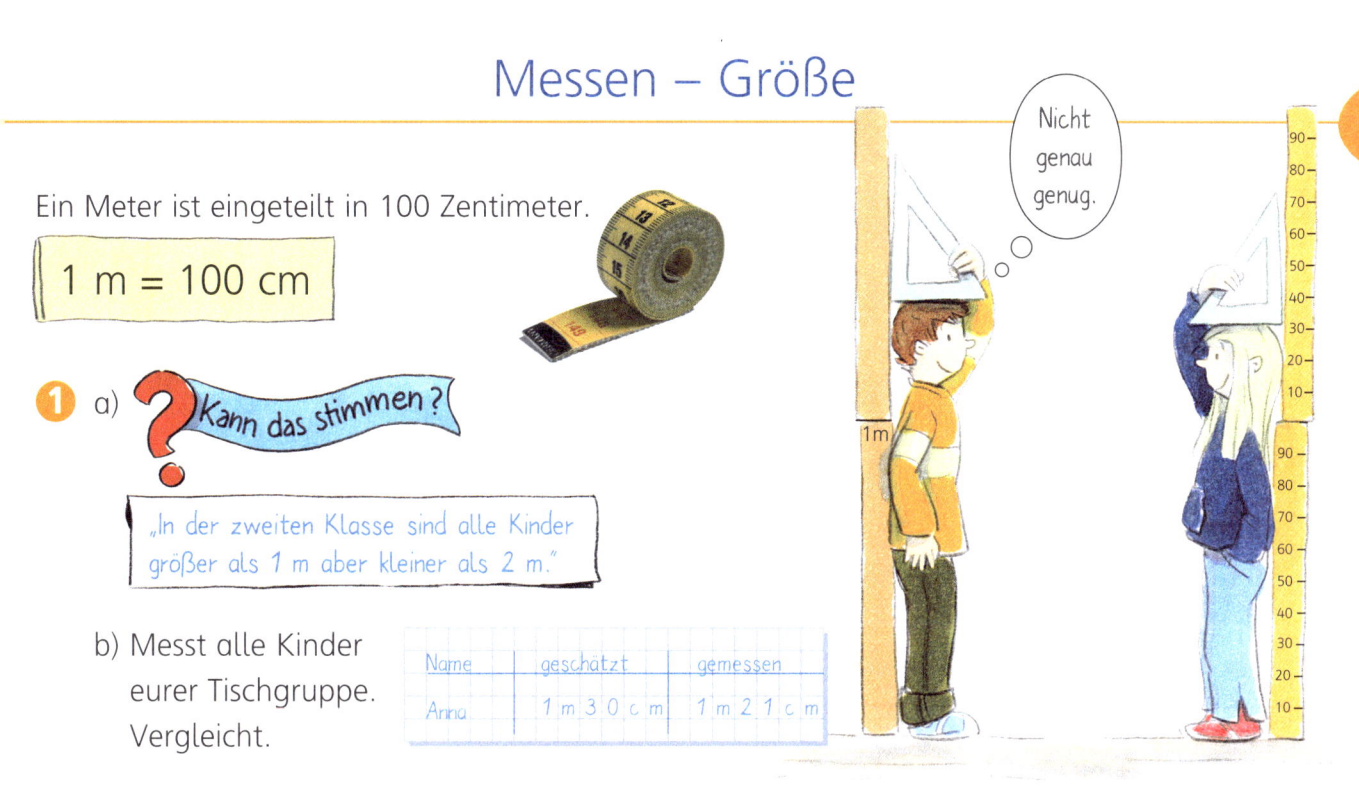

Nicht genau genug.

2 a) Überprüfe: Haben dein Tisch und dein Stuhl die richtige Höhe? Die Angaben in der Tabelle helfen dir.

Körpergröße	Tischhöhe	Sitzhöhe	Kennfarbe
1 m 28 cm bis 1 m 42 cm	58 cm	34 cm	🟡
1 m 43 cm bis 1 m 57 cm	64 cm	38 cm	🔴
1 m 58 cm bis 1 m 72 cm	70 cm	42 cm	🟢

b) Welche Kennfarben muss es in deiner Klasse geben?

3 Welche Kennfarbe müssen Tisch und Stuhl jeweils haben?

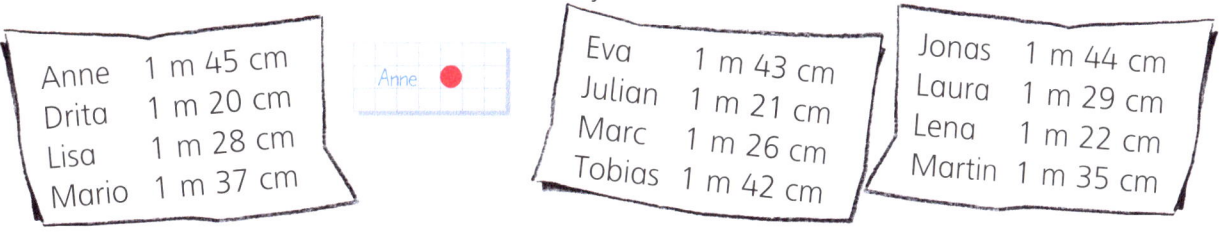

Anne 1 m 45 cm
Drita 1 m 20 cm
Lisa 1 m 28 cm
Mario 1 m 37 cm

Anne 🔴

Eva 1 m 43 cm
Julian 1 m 21 cm
Marc 1 m 26 cm
Tobias 1 m 42 cm

Jonas 1 m 44 cm
Laura 1 m 29 cm
Lena 1 m 22 cm
Martin 1 m 35 cm

Schreibe die Namen auf. Male immer die passende Kennfarbe dazu.

4 a) Soner ist in den letzten drei Jahren 15 cm gewachsen. Er war damals 1 m 12 cm. Wie groß ist er jetzt?

b) Micha war bei seiner Geburt 54 cm groß. Heute ist er 1 m 25 cm groß. Wie viel cm ist er gewachsen?

5 a) Alina ist 1 m 26 cm groß. Tim ist 12 cm größer, Lisa ist 17 cm kleiner als Tim. Wie groß ist Tim? Wie groß ist Lisa?

b) Alinas kleiner Bruder Julius ist halb so groß wie Alina. Wie groß ist er?

Messen – Längen

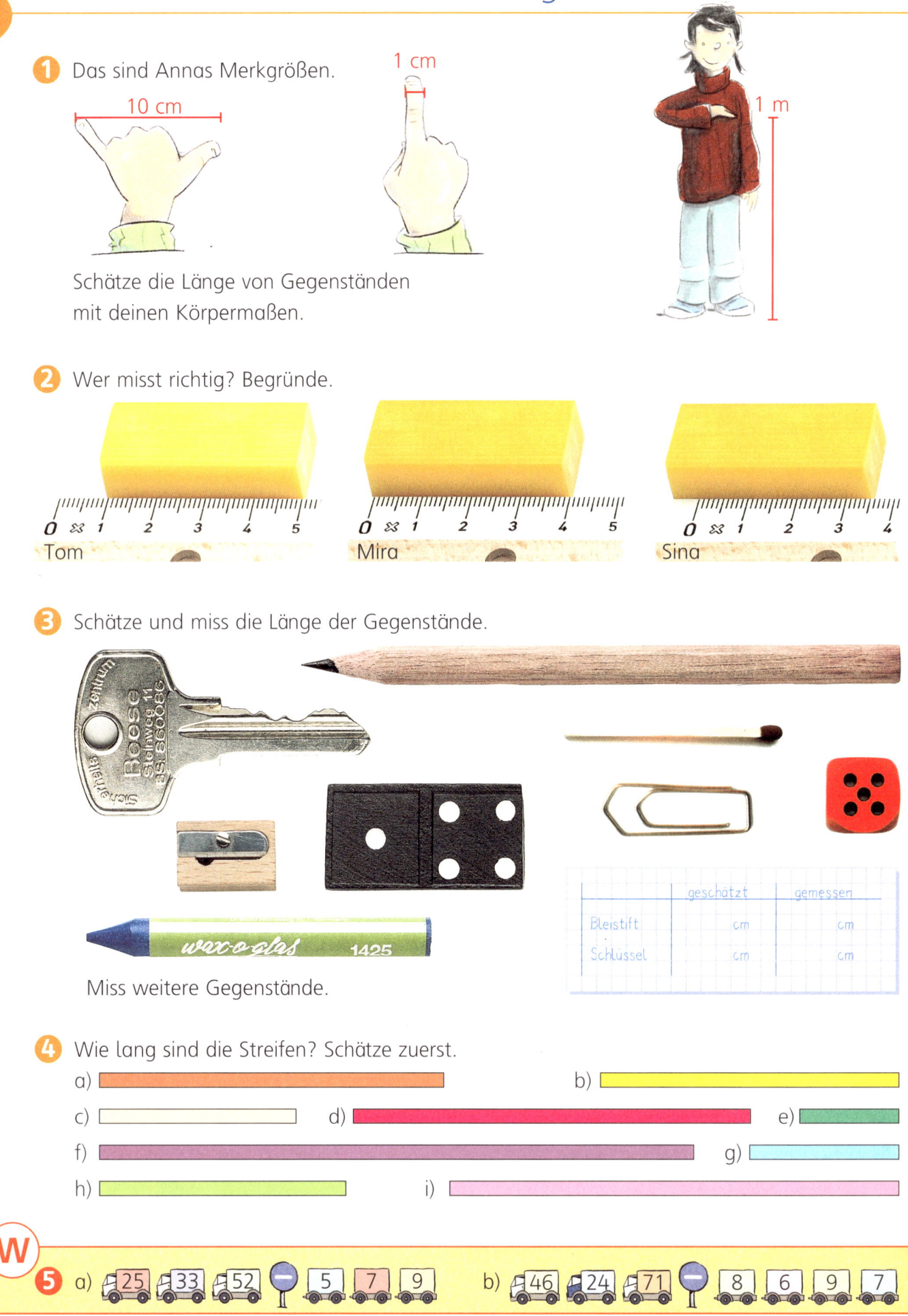

1 Das sind Annas Merkgrößen.

10 cm   1 cm   1 m

Schätze die Länge von Gegenständen mit deinen Körpermaßen.

2 Wer misst richtig? Begründe.

Tom   Mira   Sina

3 Schätze und miss die Länge der Gegenstände.

	geschätzt	gemessen
Bleistift	cm	cm
Schlüssel	cm	cm

Miss weitere Gegenstände.

4 Wie lang sind die Streifen? Schätze zuerst.

a)   b)   c)   d)   e)   f)   g)   h)   i)

W

5 a) 25 33 52 – 5 7 9   b) 46 24 71 – 8 6 9 7

2 Bei Null beginnt das Messen.

Messen – Zeichnen

1 Zeichne Strecken. Spitze erst deinen Bleistift an.
- a) 3 cm lang
- b) 10 cm lang
- c) 2 cm lang 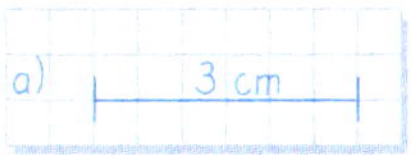
- d) 4 cm lang
- e) 5 cm lang
- f) 12 cm lang
- g) 7 cm lang
- h) 1 cm lang
- i) 9 cm lang
- j) 8 cm lang
- k) 6 cm lang
- l) 11 cm lang

2 Zeichne Quadrate.
- a) Seitenlänge 2 cm 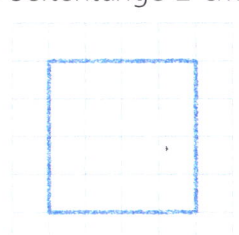
- b) Seitenlänge 5 cm
- c) Seitenlänge 4 cm
- d) Seitenlänge 7 cm
- e) Seitenlänge 8 cm
- f) Seitenlänge 9 cm
- g) Seitenlänge 6 cm
- h) Seitenlänge 10 cm

3 Setze das Muster fort. Male an.

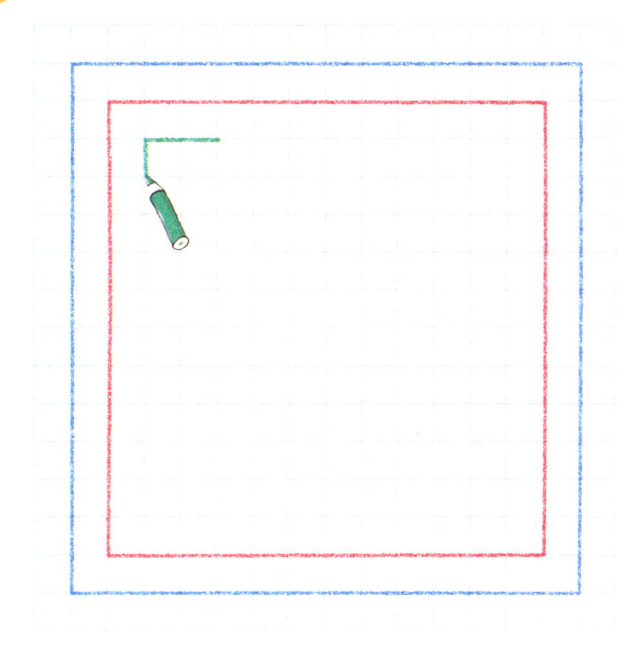

4 Zeichne Rechtecke.
- a) Länge 3 cm, Breite 1 cm
- b) Länge 4 cm, Breite 3 cm
- c) Länge 6 cm, Breite 4 cm
- d) Länge 7 cm, Breite 1 cm
- e) Länge 8 cm, Breite 5 cm
- f) Länge 10 cm, Breite 2 cm

5 Setze das Muster fort. Male an.

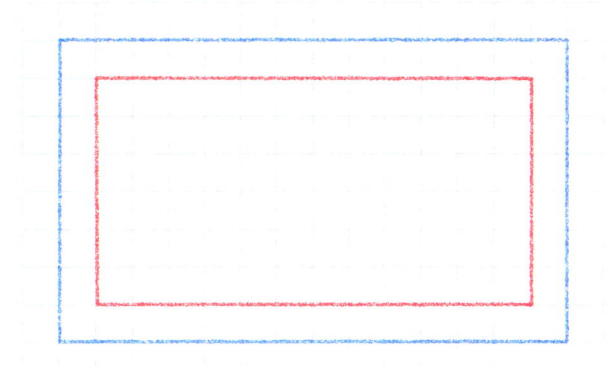

6 Welcher Weg ist am längsten? Vermute erst.

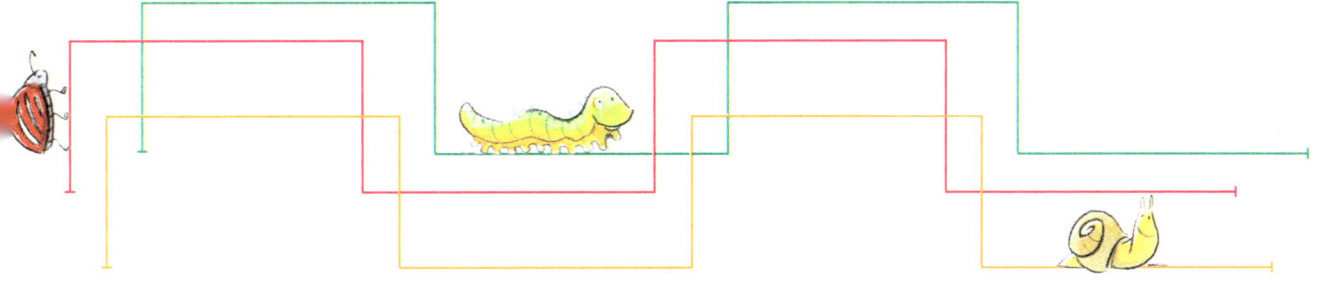

1 Anfang und Ende einer Strecke kennzeichnen.
3 Sieben Quadrate. Die Seitenlänge wird immer um 1 cm kürzer.

Aufgaben der Kinder – Messen

1 Die Klasse 2b hat sich Aufgaben ausgedacht.

A Mein Lesebuch
___ cm lang
___ cm breit

B Wie groß ist meine Lehrerin?

C Mein Tisch
___ cm lang
___ cm breit
___ cm hoch

D Wie lang ist mein Bleistift?

E Mein Mathebuch
___ cm lang
___ cm breit

F Wie lang ist ein Stück Kreide?

G Ich habe von einem 1 m langen Stab ein 70 cm langes Stück abgesägt. Wie lang ist der Rest?

H Ich lege an den 25 cm langen Stab den 21 cm langen Stab. Wie lang sind die beiden Stäbe zusammen?

I Ich zersäge den 1 m langen Stab in 4 gleiche Teile. Wie lang ist ein Teil?

J Wie viel fehlt an einem Meter?
30 cm + ___ cm = 1 m
50 cm + ___ cm = 1 m
20 cm + ___ cm = 1 m
60 cm + ___ cm = 1 m

Könnt ihr auch Aufgaben erfinden?

K Ich lege drei Stäbe aneinander. Sie sind zusammen 1 m lang. Welche Stäbe können es sein?

L Ich habe von einem 1 m langen Stab ein Stück von 25 cm und ein Stück von 35 cm abgesägt. Wie lang ist das restliche Stück?

M Zersäge einen Meterstab in gleich große Stücke. Wie lang ist jedes Stück?

2 a) Das Auto ist / Die Tür ist / Der Papierkorb ist — ungefähr 2 m hoch. / niedriger als 1 m. / kürzer als 5 m.

b) Die Tür ist / Die Turnhalle ist / Die aufgeklappte Tafel ist / Der Tisch ist — niedriger als 1 m. / länger als 20 m. / 4 m breit. / ungefähr 1 m breit.

1 Aus dem Aufgabenangebot der Kinder auswählen. K und M: Viele Lösungen.
2 Richtige Sätze schreiben. Diff.: Eigene Aufgaben schreiben.

Wiederholung

55

1 Am Nachmittag sind 35 Kinder in der Schule.
   a) 20 Kinder lesen und 8 schreiben eine Geschichte.
      Die anderen rechnen.
   b) 14 Kinder möchten danach Fußball spielen, 6 Kinder Basketball, die anderen Tischtennis.
   c) 12 Kinder werden um 15 Uhr abgeholt. Die anderen gehen um 16 Uhr nach Hause.

2
a) 80 + 20   b) 50 + 35   c) 70 + 8   d) 84 + 7   e) 36 + 13
   80 − 20   50 − 35   70 − 8   84 − 7   36 − 13

   50 + 30   40 + 25   30 + 6   23 − 6   74 + 24
   50 − 30   40 − 25   30 − 6   23 + 6   74 − 24

   60 + 40   45 + 45   80 + 9   65 + 8   55 + 33
   60 − 40   45 − 45   80 − 9   65 − 8   55 − 33

3 Fällt dir etwas auf? Rechne vorteilhaft.
a) 25 + 30 − 5   b) 42 + 40 − 21   c) 24 + 9 − 4   d) 28 − 9 + 2
   48 + 40 − 8   53 + 30 − 53   56 + 7 − 6   37 − 8 + 3
   26 + 50 − 6   38 + 50 − 38   48 + 5 − 3   19 − 9 + 9

   34 − 4 + 20   26 + 60 − 16   35 + 6 − 6   45 − 7 + 5
   87 − 7 + 10   14 + 14 − 28   66 + 7 − 3   26 − 8 + 4
   76 − 6 + 30   31 + 40 − 40   43 + 7 − 9   54 − 7 + 6

4
a) Ich denke mir eine Zahl. Sie ist 23 kleiner als 75.
b) Meine Zahl ist 65 kleiner als 100.
c) Wenn du zu 51 die Zahl 24 dazurechnest, bekommst du meine Zahl.
d) Meine Zahl erhältst du, wenn du 43 zu 36 dazurechnest.
e) Wenn du zu 53 erst 21 dazurechnest und dann 4 abziehst, hast du meine Zahl.

5 Knobeln
a) 43 30 26 / 25 20 34 / 64 10 15 → 89
b) 45 60 4 / 33 2 20 / 77 50 6 → 99
c) 18 50 8 / 27 30 9 / 36 40 7 → 75

6 Viel zu rechnen. Immer das Gleiche. *Geht das nicht kürzer?*
a) 5 + 5 + 5 + 5   b) 8 + 8 + 8   c) 2 + 2 + 2 + 2
   3 + 3 + 3   5 + 5 + 5 + 5 + 5   5 + 5 + 5
   4 + 4 + 4 + 4   9 + 9 + 9   6 + 6 + 6 + 6

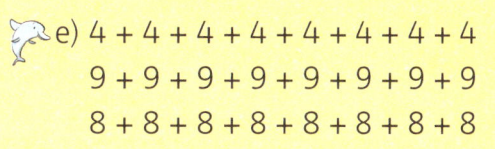

d) 8 + 8 + 8 + 8 + 8   e) 4 + 4 + 4 + 4 + 4 + 4 + 4 + 4 + 4
   7 + 7 + 7 + 7 + 7 + 7   9 + 9 + 9 + 9 + 9 + 9 + 9 + 9
   5 + 5 + 5 + 5 + 5 + 5 + 5   8 + 8 + 8 + 8 + 8 + 8 + 8 + 8

8	9	15
16	20	24
24	25	27
32	35	40
42	64	72

1 Erzählen. Problemstellungen finden, rechnen, angemessen antworten.
3 Durch Vertauschen z. T. das Rechnen erleichtern oder ersparen.
5 Passend kombinieren.   **6** Motivieren für ein verkürztes (multiplikatives) Rechnen.

Multiplizieren

1

5 + 5 + 5 + 5 = ___

4 · 5 = 20
4 mal 5 gleich 20

Heute! Klassenfest in der 2b

2 Welche Malaufgaben siehst du?

3 Sucht selbst Malaufgaben.

Rechengeschichten erzählen. Malaufgaben als verkürzte Plusaufgaben einführen.
2 Zeitlichen und räumlichen Aspekt der Multiplikation besprechen.
3 Selbst Malaufgaben suchen und evtl. ein Malaufgabenbuch anlegen.

❹

a) 5 + 5 + 5 + 5 + 5 = ___
   5 · 5 = ___

b) 4 + ___ + ___ = ___
   ___ · 4 = ___

c) 2 + ___ + ___ + ___ + ___ = ___
   ___ · 2 = ___

d) ___ + ___ + ___ + ___ + ___ + ___ = ___
   ___ · ___ = ___

e) ___ + ___ + ___ = ___
   ___ · ___ = ___

f) 2 + ___ + ___ + ___ + ___ + ___ = ___
   ___ · 2 = ___

g) _____
   _____

h) _____
   _____

Multiplizieren am Punktefeld

1 Welche Plus- und Malaufgaben siehst du? Schreibe und rechne.

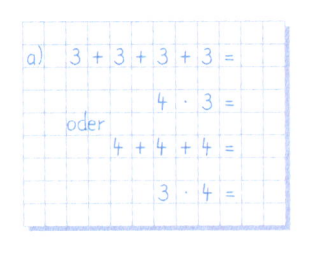

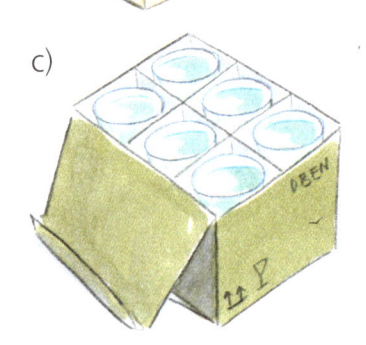

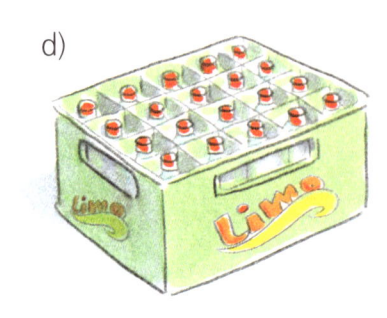

a) 3 + 3 + 3 + 3 =
    4 · 3 =
oder
    4 + 4 + 4 =
    3 · 4 =

b)
c)
d)
e)

2 Schreibe zu jedem Punktefeld eine Plusaufgabe und eine Malaufgabe.
a) b) c) d) e) f) g) h) i)

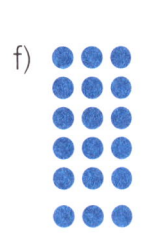

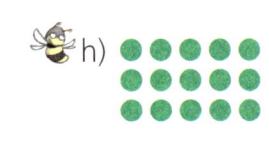

3 Zeichne Punktefelder und rechne.
a) 2 · 7
b) 4 · 5
c) 3 · 5
d) 3 · 6
e) 6 · 3
f) 4 · 7
g) 6 · 4
h) 3 · 8

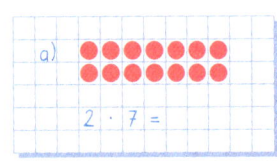

14 15 18 18 20 24 24 28

W

4
a) 20 − 5	b) 21 − 2	c) 72 − 3	d) 95 − 6	e) 32 − 7
30 − 6	31 − 3	62 − 4	85 − 7	43 − 7
40 − 7	41 − 4	52 − 5	75 − 8	54 − 7
50 − 8	51 − 5	42 − 6	65 − 9	65 − 7

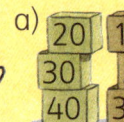

Starke Päckchen 2

5 zum Knobeln / Probiere Radiere

a) 20 15 6 / 30 27 3 / 40 34 5 → 60
b) 50 17 6 / 30 42 8 / 60 24 3 → 80
c) 40 26 6 / 50 17 8 / 60 35 7 → 83

Tauschaufgaben

1 Ich sehe 5 Reihen mit je 3 Steckwürfeln.

Ich sehe 3 Reihen mit je 5.

Warum sind die Ergebnisse gleich?

2 Male, kreise ein und rechne Aufgabe und Tauschaufgabe.

a) 4 · 2 =   2 · 4 =

b)   c)   d)   e)   f)

3 Rechne Aufgabe und Tauschaufgabe.

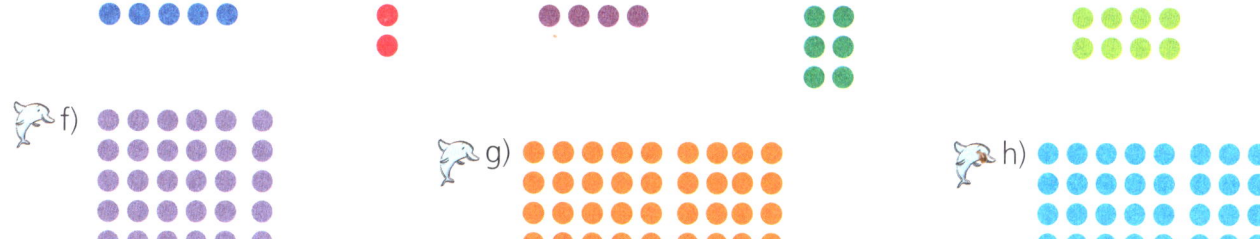

a)   b)   c)   d)   e)   f)   g)   h)

4 Zeichne als Punktefeld und rechne Aufgabe und Tauschaufgabe.

a) 3 · 6   b) 4 · 7   c) 8 · 2   d) 7 · 3   e) 5 · 4
f) 5 · 1   g) 3 · 5   h) 6 · 4   i) 6 · 9   j) 9 · 4

5 Erzähle und rechne.

❶ Tauschaufgaben thematisieren. Unterschiedliche Sichtweisen besprechen.
❺ Gruppenbildung erkennen. Rechengeschichten erzählen.

Multiplizieren am Hunderterfeld, Rechenwege

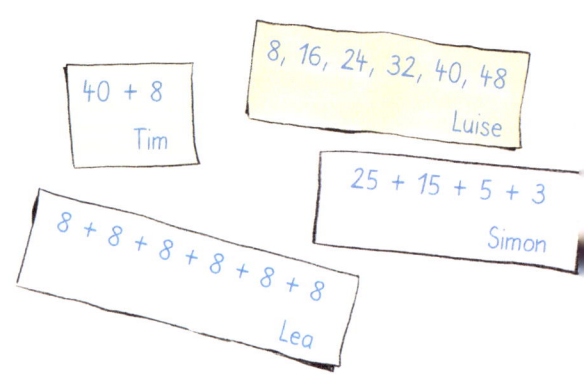

1 6 · 8

Rechen-konferenz

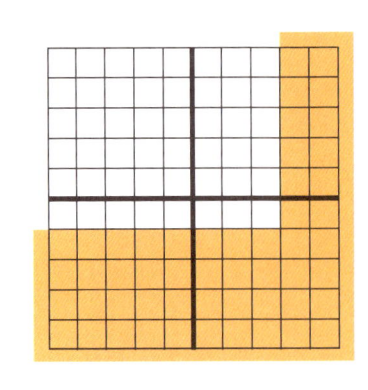

40 + 8 Tim

8, 16, 24, 32, 40, 48 Luise

25 + 15 + 5 + 3 Simon

8 + 8 + 8 + 8 + 8 + 8 Lea

2 Wie rechnest du?

a) 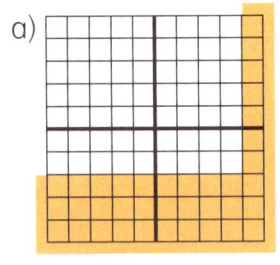 7 · 9   b) 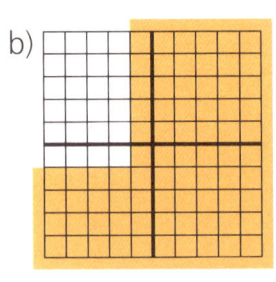 6 · 4   c) 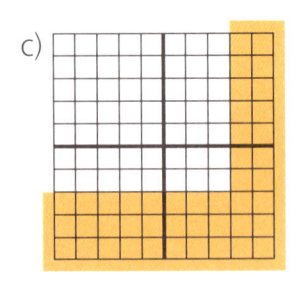 7 · 8   d) 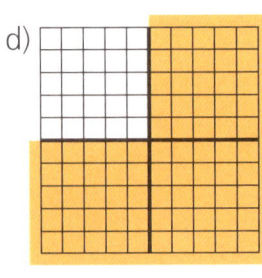 5 · 5

e) 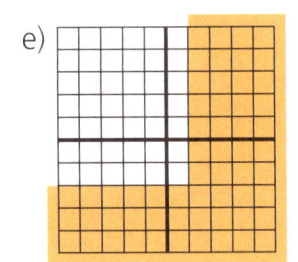   f) 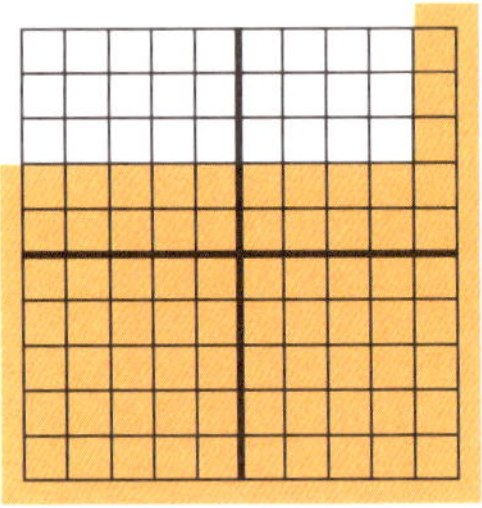   g) 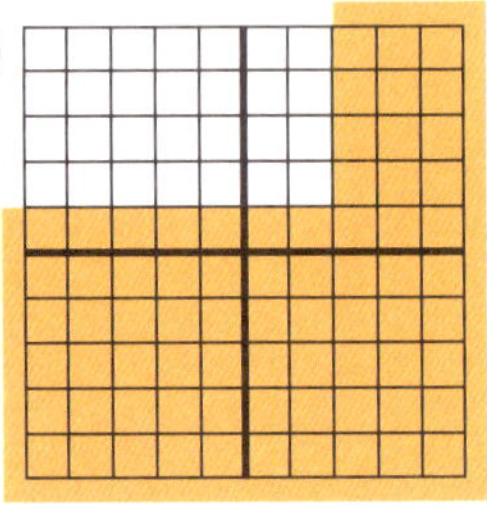   h)

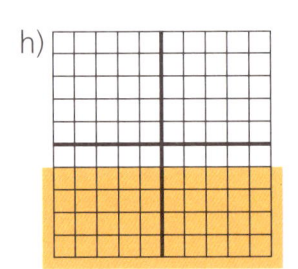

3 Zeige mit dem Abdeckwinkel am Hunderterfeld und rechne.

starke Päckchen

a) 3 · 4	b) 2 · 5	c) 2 · 3	d) 1 · 6	e) 6 · 7	f) 7 · 9
4 · 4	3 · 5	3 · 3	2 · 6	7 · 7	8 · 9
5 · 4	4 · 5	4 · 3	3 · 6	8 · 7	9 · 9
4 · 3	5 · 2	6 · 4	5 · 5	4 · 8	9 · 7
5 · 3	6 · 2	7 · 4	6 · 5	5 · 8	9 · 6
6 · 3	7 · 2	8 · 4	7 · 5	6 · 8	9 · 5

W

4

a) 30 – 5	b) 22 – 5	c) 73 – 3	d) 91 – 6	e) 32 – 8
40 – 6	32 – 4	63 – 4	81 – 7	43 – 8
50 – 7	42 – 3	53 – 5	71 – 8	54 – 8
50 – 9	54 – 5	43 – 6	66 – 6	65 – 8
60 – 8	64 – 6	33 – 7	56 – 7	76 – 8
70 – 7	74 – 7	23 – 8	46 – 8	87 – 8

1 Erst auf eigenem Weg rechnen. Verschiedene Lösungswege am Hunderterfeld besprechen.
1 bis **3** Kopiervorlage: Abdeckwinkel herstellen.

Kernaufgaben

1

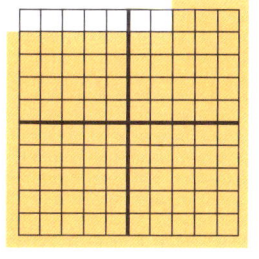

1 · 7 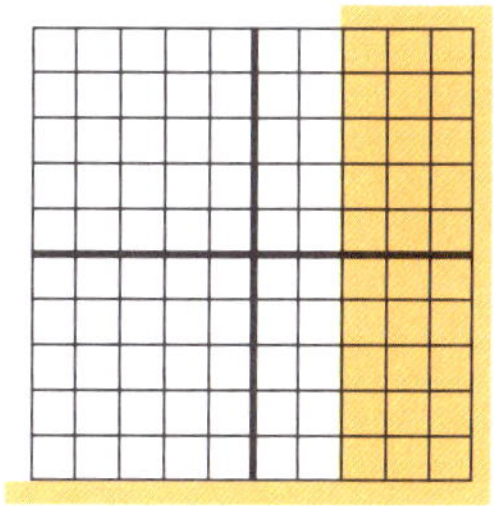 → 10 · 7 das Zehnfache → 5 · 7 die Hälfte

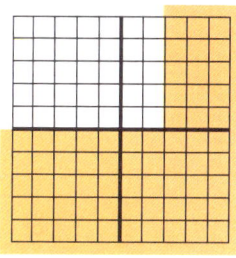

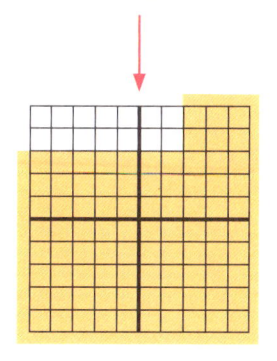

2 · 7 das Doppelte

Rechne.

1 · 7 = ___   10 · 7 = ___
2 · 7 = ___   5 · 7 = ___

1 · ___
2 · ___
5 · ___
10 · ___

Das sind die Kernaufgaben. Sie helfen beim Lösen der anderen Aufgaben.

2

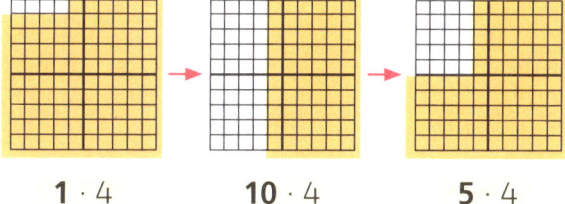

1 · 4   10 · 4   5 · 4

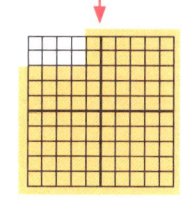

2 · 4

1 · 4 = ___   10 · 4 = ___
2 · 4 = ___   5 · 4 = ___

3

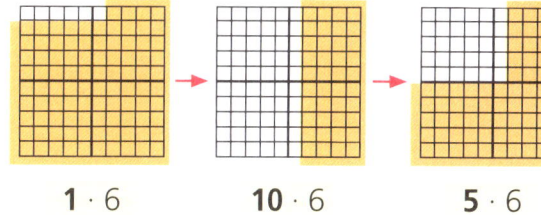

1 · 6   10 · 6   5 · 6

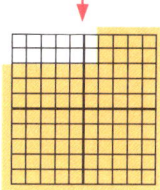

2 · 6

1 · 6 = ___   10 · 6 = ___
2 · 6 = ___   5 · 6 = ___

4 Rechne die Kernaufgaben.

a) 1 · 1
   2 · 1
   5 · 1
   10 · 1

b) 1 · 2
   2 · 2
   5 · 2
   10 · 2

c) 1 · 3
   2 · 3
   5 · 3
   10 · 3

d) 1 · 4
   2 · 4
   5 · 4
   10 · 4

e) 1 · 5
   2 · 5
   5 · 5
   10 · 5

f) 1 · 6
   2 · 6
   5 · 6
   10 · 6

g) 1 · 7
   2 · 7
   5 · 7
   10 · 7

h) 1 · 8
   2 · 8
   5 · 8
   10 · 8

i) 1 · 9
   2 · 9
   5 · 9
   10 · 9

j) 1 · 10
   2 · 10
   5 · 10
   10 · 10

Kernaufgaben herleiten: das Zehnfache, die Hälfte, das Doppelte.

Einmaleins mit 2

1 Erzähle und rechne.

2
a) 2 + 2 + 2 + 2 + 2
___ · 2

b) 2 + 2 + 2 + 2
___ · 2

c)

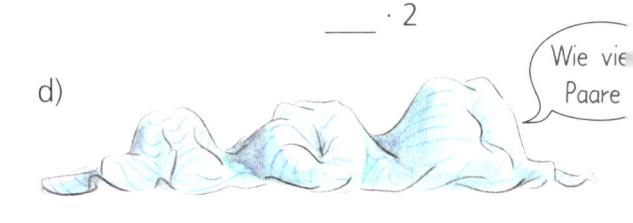

d) Wie viele Paare

3 Wie viele einzelne Schuhe sind es?
a) 4 Paare
b) 7 Paare
c) 6 Paare
d) 5 Paare
e) 3 Paare
f) 2 Paare
g) 9 Paare
h) 10 Paare
i) 8 Paare
j) 1 Paar

4 Löse die Kernaufgaben am Hunderterfeld.

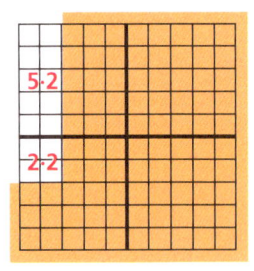

1 · 2 = ___
2 · 2 = ___
5 · 2 = ___
10 · 2 = ___

5 · 2 = ___
2 · 2 = ___
―――――――
7 · 2 = ___

5 Von den Kernaufgaben zu den anderen Aufgaben.

2 · 2	5 · 2	5 · 2	5 · 2	10 · 2	10 · 2
1 · 2	1 · 2	1 · 2	2 · 2	2 · 2	1 · 2
3 · 2	**4 · 2**	**6 · 2**	**7 · 2**	**8 · 2**	**9 · 2**

10 − 2   10 + 2

6
a) 1 · 2
   2 · 2
   4 · 2

b) 2 · 2
   4 · 2
   8 · 2

c) 3 · 2
   6 · 2
   9 · 2

d) 1 · 2
   10 · 2
   5 · 2

e) 7 · 2
   8 · 2
   9 · 2

f) 9 · 2
   6 · 2
   3 · 2

5 Zahlensätze des Einmaleins aus den Kernaufgaben ableiten.

Einmaleins mit 2

1 +2 +2 +2

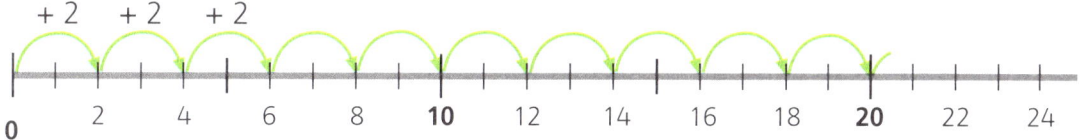

0 2 4 6 8 **10** 12 14 16 18 **20** 22 24

a) 2 · 2   b) 6 · 2   c) 9 · 2   d) 7 · 2   e) 8 · 2   f) 4 · 2   g) 12 · 2
   3 · 2   5 · 2   10 · 2   5 · 2   10 · 2   5 · 2   11 · 2

2 Wie oft? Prüfe am Zahlenstrahl

a) 10 = ___ · 2   b) 16 = ___ · 2   c) 18 = ___ · 2   d) 10 = ___ · 2   e) 20 = ___ · 2
   12 = ___ · 2   8 = ___ · 2   16 = ___ · 2   20 = ___ · 2   22 = ___ · 2
   14 = ___ · 2   4 = ___ · 2   14 = ___ · 2   40 = ___ · 2   24 = ___ · 2

3 a) ___ · 2 = 4   b) ___ · 2 = 8   c) ___ · 2 = 18   d) ___ · 2 = 6   e) ___ · 2 = 40
       ___ · 2 = 8   ___ · 2 = 10   ___ · 2 = 16   ___ · 2 = 12   ___ · 2 = 20
       ___ · 2 = 16   ___ · 2 = 12   ___ · 2 = 14   ___ · 2 = 24   ___ · 2 = 10

4 Wie viele Einzelne sind es jeweils?

a) 4 Paar Socken
b) 1 Paar Sandalen
c) 6 Paar Gummistiefel
d) 9 Paar Kniestrümpfe
e) 3 Paar Handschuhe
f) 12 Paar Hausschuhe

a) 2 + 2 + 2 + 2 =
   4 · 2 =
   Es sind ___ Socken.

5
1 · 2 = ___
2 · 2 = ___
3 · 2 = ___
4 · 2 = ___
5 · 2 = ___
6 · 2 = ___
7 · 2 = ___
8 · 2 = ___
9 · 2 = ___
10 · 2 = ___

Übe immer wieder.

6 < oder = oder >

a) 2 · 2 < 5   b) 4 · 2 ○ 10   c) 11 · 2 ○ 18   d) 6 · 2 ○ 14
   3 · 2 ○ 5   5 · 2 ○ 10   7 · 2 ○ 18   12 · 2 ○ 14
   5 · 2 ○ 5   6 · 2 ○ 10   9 · 2 ○ 18   8 · 2 ○ 14
   1 · 2 ○ 5   7 · 2 ○ 10   10 · 2 ○ 18   7 · 2 ○ 14

7 Halbiere

a) 18 = 9 + ___   b) 30 = ___ + ___   c) 68 = ___ + ___   d) 84 = ___ + ___
   24 = 12 + ___   36 = ___ + ___   62 = ___ + ___   88 = ___ + ___
   16 = ___ + ___   44 = ___ + ___   64 = ___ + ___   82 = ___ + ___
   14 = ___ + ___   48 = ___ + ___   66 = ___ + ___   100 = ___ + ___
   12 = ___ + ___   38 = ___ + ___   70 = ___ + ___   96 = ___ + ___

2 Multiplikative Zerlegung.   **6** Terme mit Zahlen vergleichen.

Einmaleins mit 10

1 Wie viele Eier können es sein?

2 Löse die Kernaufgaben.

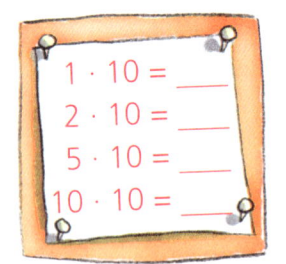

1 · 10 = ___
2 · 10 = ___
5 · 10 = ___
10 · 10 = ___

3 + 10   + 10

0   50   100

Gehe in Zehnerschritten.   a) 10, 20, …   b) 100, 90, …

4
a) 1 · 10
   2 · 10
   3 · 10
   4 · 10
   5 · 10

b) 2 · 10
   4 · 10
   6 · 10
   8 · 10
   10 · 10

c) 9 · 10
   7 · 10
   5 · 10
   3 · 10
   1 · 10

d) 9 · 10
   10 · 10
   11 · 10
   12 · 10
   20 · 10

5
1 · 10 = ___
2 · 10 = ___
3 · 10 = ___
4 · 10 = ___
5 · 10 = ___
6 · 10 = ___
7 · 10 = ___
8 · 10 = ___
9 · 10 = ___
10 · 10 = ___

6 Wie oft? 
a) 10 = ___ · 10
   20 = ___ · 10
   40 = ___ · 10
   80 = ___ · 10

b) 30 = ___ · 10
   60 = ___ · 10
   90 = ___ · 10
   100 = ___ · 10

c) 70 = ___ · 10
   30 = ___ · 10
   50 = ___ · 10
   100 = ___ · 10

7
a) ___ · 10 = 10
   ___ · 10 = 20
   ___ · 10 = 40

b) ___ · 10 = 30
   ___ · 10 = 60
   ___ · 10 = 90

c) ___ · 10 = 50
   ___ · 10 = 70
   ___ · 10 = 80

d) ___ · 10 = 100
   ___ · 10 = 110
   ___ · 10 = 120

8

WAFFELN
Grundrezept
500 g Butter, 10 Eier,
400 g Zucker, 1 kg Mehl,
3/4 L Milch

Wir backen Waffeln für das Schulfest.
Wie viele Eier werden jeweils verarbeitet?
a) Frau Schulz bringt die fünffache Menge Teig mit.
b) Herr Fuchs hat die siebenfache Menge Teig vorbereitet.
c) Monas Familie bereitet die vierfache Menge zu.
d) Frau Sommer hat die sechsfache Menge mitgebracht.

9 Schnelles Rechnen

Übt das Einmaleins mit der 2.

7 · 2   14

4 Zusammenhänge erarbeiten.

Einmaleins mit 5

1 Erzähle. Rechne.

2 Wie viele Finger sind es?
a)   c)
b)   d)

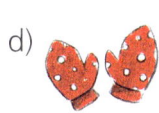

Die Kernaufgaben

1 · 5 = ___
2 · 5 = ___
5 · 5 = ___
10 · 5 = ___

3 Von den Kernaufgaben zu den anderen Aufgaben.

2 · 5	5 · 5	5 · 5	5 · 5	10 · 5	10 · 5
1 · 5	1 · 5	1 · 5	2 · 5	2 · 5	1 · 5
3 · 5	**4 · 5**	**6 · 5**	**7 · 5**	**8 · 5**	**9 · 5**

4 +5 +5 +5
0 5 10 20 30 40 50 60

Gehe in Fünferschritten a) 5, 10 … b) 50, 45 …

5
a) 2 · 5   b) 5 · 5   c) 10 · 5   d) 10 · 5   e) 5 · 5
   3 · 5   7 · 5   9 · 5   11 · 5   10 · 5
   4 · 5   6 · 5   8 · 5   12 · 5   20 · 5

6
1 · 5 = ___
2 · 5 = ___
3 · 5 = ___
4 · 5 = ___
5 · 5 = ___
6 · 5 = ___
7 · 5 = ___
8 · 5 = ___
9 · 5 = ___
10 · 5 = ___

7 Wie oft?
a) 10 = ___ · 5   b) 5 = ___ · 5   c) 45 = ___ · 5
   20 = ___ · 5   15 = ___ · 5   55 = ___ · 5
   30 = ___ · 5   25 = ___ · 5   60 = ___ · 5
   40 = ___ · 5   35 = ___ · 5   100 = ___ · 5

8
a) ___ · 5 = 5   b) ___ · 5 = 50   c) ___ · 5 = 45   d) ___ · 5 = 20
   ___ · 5 = 15   ___ · 5 = 30   ___ · 5 = 55   ___ · 5 = 40
   ___ · 5 = 25   ___ · 5 = 20   ___ · 5 = 100   ___ · 5 = 60
   ___ · 5 = 35   ___ · 5 = 10   ___ · 5 = 200   ___ · 5 = 80
   ___ · 5 = 45   ___ · 5 = 0   ___ · 5 = 500   ___ · 5 = 100

7 Multiplikative Zerlegung.

Einmaleins mit 5 und 10

1 Rechne und vergleiche am Hunderterfeld.

1 · 5	1 · 10
2 · 5	2 · 10
3 · 5	3 · 10
4 · 5	4 · 10
5 · 5	5 · 10
6 · 5	6 · 10
7 · 5	7 · 10
8 · 5	8 · 10
9 · 5	9 · 10
10 · 5	10 · 10

Was fällt dir auf?

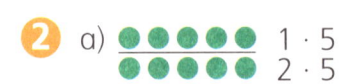

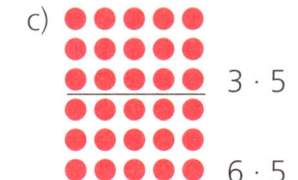

2 a) 1 · 5   2 · 5   b) 2 · 5   4 · 5   c) 3 · 5   6 · 5   d) Setze fort.

Verdoppele.

3 Aufgabenpaare mit gleichen Ergebnissen.

a) 1 · 10 = 10
   ___ · 5 = 10

b) 2 · 10 = ___
   ___ · 5 = ___

c) 4 · 10 = ___
   ___ · 5 = ___

d) 5 · 10 = ___
   ___ · 5 = ___

e) ___ · 10 = ___
   6 · 5 = ___

f) ___ · 10 = ___
   8 · 5 = ___

g) 10 · 10 = ___
   ___ · 5 = ___

h) 6 · 10 = ___
   ___ · 5 = ___

4 Eine Schulwoche hat 5 Tage.
a) 3 Schulwochen
b) 5 Schulwochen
c) 6 Schulwochen
d) 8 Schulwochen
e) 4 Schulwochen
f) 9 Schulwochen
g) 20 Schulwochen
h) 12 Schulwochen
i) 11 Schulwochen

5 Stundenplan für Lisa
Mo Di Mi Do Fr
Mathe Kunst Sport Mathe Musik

Wie viele Schulwochen sind es jeweils?
a) Bis zu den Ferien sind es noch 35 Schultage.
b) Die Klasse 2 b arbeitet 20 Schultage an dem Thema Ritter.
c) Bis zur Klassenfahrt sind es noch 42 Schultage.

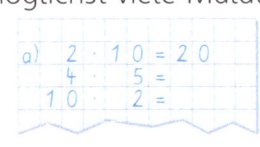

6 Finde möglichst viele Malaufgaben.

a) 20   a) 2 · 10 = 20
         4 · 5 =
         10 · 2 =

b) 30   c) 45   d) 50   e) 80

1 Abdeckwinkel verwenden. Zusammenhang zwischen Fünfer- und Zehnerreihe erarbeiten: Verdoppeln und halbieren.   **5** c) Aufgabe mit Rest.

Rechnen mit Geld

1 Jedes Buch 50 ct. Wie könnte Tim bezahlen?

2 Wie viel Geld ist es? Vergleiche.

a) 1 · 10 ct =
   2 · 5 ct =

b) c) d)

3
a) 3 · 5 ct = ___ ct
   3 · 10 ct = ___ ct
   6 · 5 ct = ___ ct
   6 · 10 ct = ___ ct

b) 2 · 5 ct = ___ ct
   2 · 10 ct = ___ ct
   4 · 5 ct = ___ ct
   4 · 10 ct = ___ ct

c) 5 · 5 ct = ___ ct
   5 · 10 ct = ___ ct
   8 · 5 ct = ___ ct
   8 · 10 ct = ___ ct

d) 10 · 5 ct = ___ ct
   10 · 10 ct = ___ ct
   9 · 5 ct = ___ ct
   9 · 10 ct = ___ ct

4
a) 4 · 10 ct + 5 ct =
b) c) d) e) f) g)

5
a) 4 · 5 ct + 5 ct
   4 · 10 ct + 5 ct
   3 · 5 ct + 4 ct
   3 · 10 ct + 4 ct

b) 8 · 5 ct + 2 ct
   8 · 10 ct + 2 ct
   6 · 5 ct + 3 ct
   6 · 10 ct + 5 ct

c) 7 · 5 ct + 4 ct
   7 · 10 ct + 5 ct
   5 · 5 ct + 6 ct
   5 · 10 ct + 8 ct

d) 12 · 5 ct + 8 ct
   12 · 10 ct + 9 ct
   11 · 5 ct + 5 ct
   11 · 10 ct + 7 ct

19 ct 25 ct 31 ct 33 ct 34 ct 39 ct 42 ct 45 ct 58 ct 60 ct 65 ct 68 ct 75 ct 82 ct 117 ct 129 ct

6 Du hast 5-€-Scheine und 10-€-Scheine. Wie bezahlst du?
a) Englisch   b) Mathe 2
c) Denkspiele und ABC-Trainer.

7 Was könnten die Kinder kaufen?
a) Jana hat 40 € gespart.
b) Isa will für 2 CD-ROMs nicht mehr als 35 € ausgeben.

1 bis 5 Zusammenhang zwischen Fünferreihe und Zehnerreihe.
4 und 5 Verknüpfung von Multiplikation und Addition.   7 a) 12 Möglichkeiten b) 5 Möglichkeiten.

Dividieren

1 *Wir bilden Gruppen* — 15

Denn 3 · 5 = 15

15 : 5 = ___
geteilt durch

Erzähle und rechne.

2 Immer 12 Kinder. Teile verschieden auf.

a) In Sechsergruppen

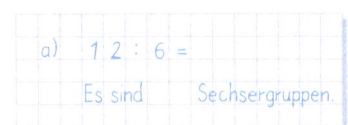

b) In Vierergruppen

a) 1 2 : 6 =
Es sind ___ Sechsergruppen.

c) In Dreiergruppen

d) In Zweiergruppen

3 Wie viele Gruppen?
a) 14 Kinder bilden Zweiergruppen.
b) 15 Kinder bilden Dreiergruppen.
c) 30 Kinder bilden Zehnergruppen.
d) 18 Kinder bilden Sechsergruppen.
e) 50 Kinder bilden Fünfergruppen.
f) 100 Kinder bilden Fünfergruppen.

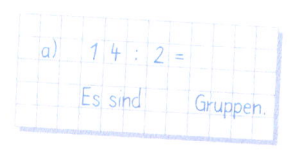

a) 1 4 : 2 =
Es sind ___ Gruppen.

W 4 a) 25 36 44 − 3 5 8   b) 16 45 37 + 4 6

17	20	20
22	22	28
31	33	36
39	41	41
43	49	51

Einführung des Dividierens in Aufteilsituationen. Handelnd und zeichnerisch lösen.
1 Verschiedene Gruppenbildungen besprechen.

Dividieren

1 Findet verschiedene Möglichkeiten.

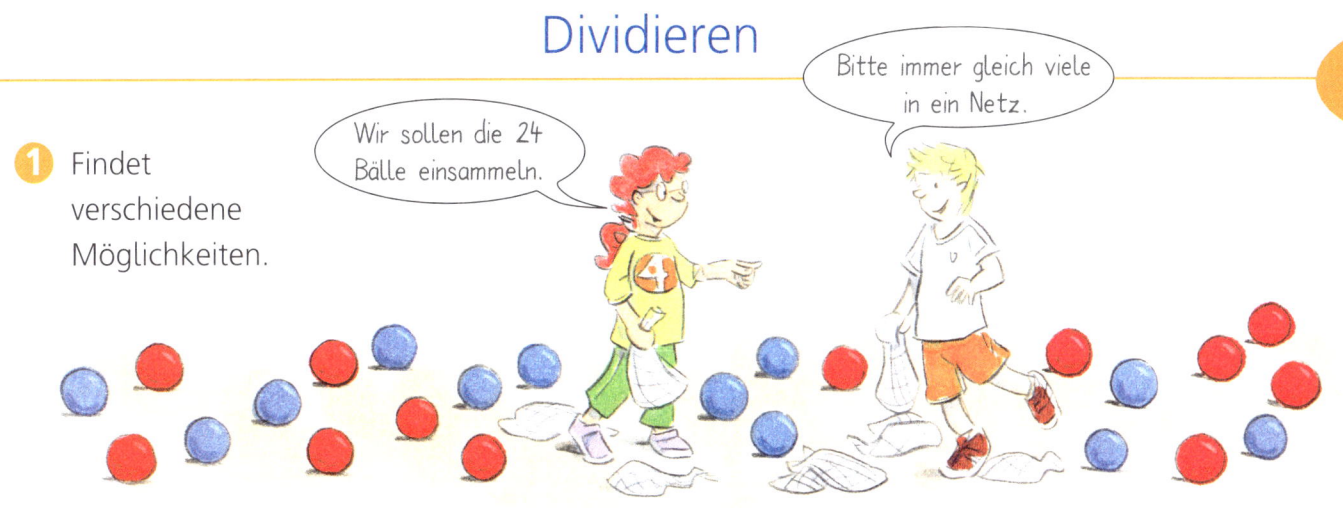

Wir sollen die 24 Bälle einsammeln.

Bitte immer gleich viele in ein Netz.

2 a) Immer 3 Bälle in ein Netz.

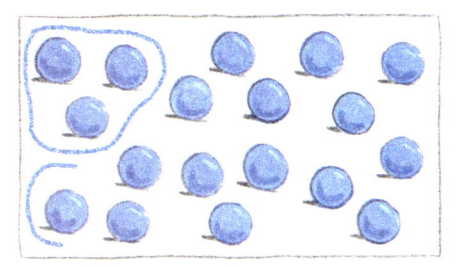

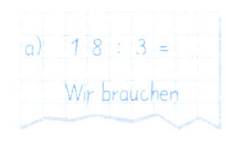

a) 1 8 : 3 =
Wir brauchen

b) Immer 4 Bälle in ein Netz.

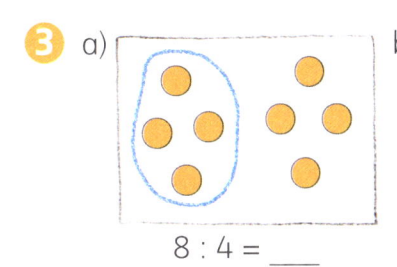

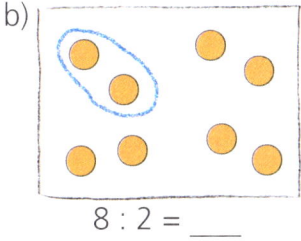

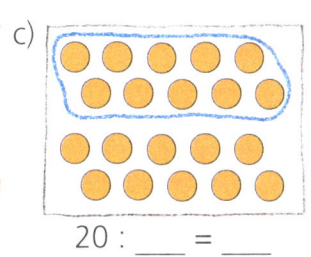

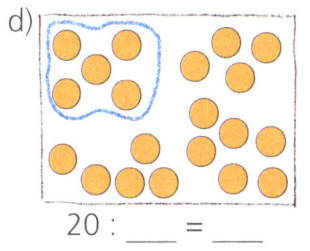

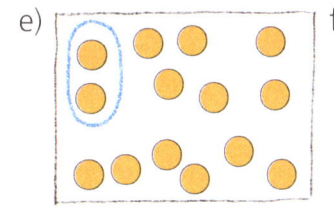

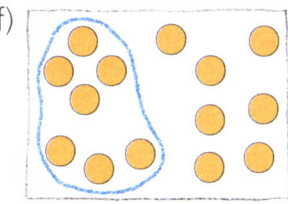

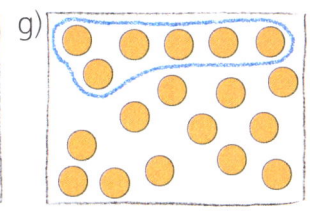

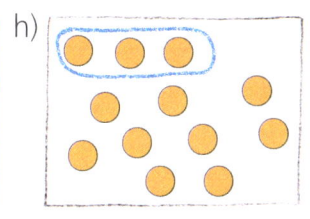

3
a) 8 : 4 = ___
b) 8 : 2 = ___
c) 20 : ___ = ___
d) 20 : ___ = ___

e) f) g) h)

4 Wie willst du aufteilen? Rechne.
a) b) c) d)

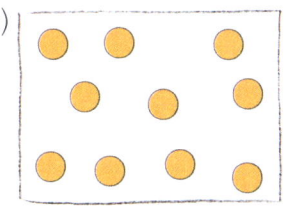

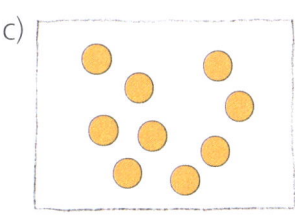

5 Male und teile.

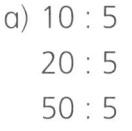

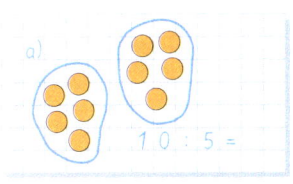

a) 10 : 5
20 : 5
50 : 5
15 : 5

a) 1 0 : 5 =

b) 35 : 5
40 : 5
45 : 5
25 : 5

c) 30 : 10
50 : 10
20 : 10
40 : 10

d) 18 : 2
14 : 2
10 : 2
6 : 2

1 Die verschiedenen Möglichkeiten des Aufteilens sammeln und thematisieren.
2 und **3** Aufteilen. Divisionsaufgaben notieren. **4** Offene Aufgaben.

Dividieren und Multiplizieren – Umkehraufgaben

1

12 : 3 = ___   denn   **___ · 3 = 12**

Umkehraufgaben rechne ich als Probe.

2 a) 12 : 4 = ___   denn   ___ · 4 = 12

b) 8 : 4 = ___   denn   ___ · 4 = 8

c) 10 : 2 = ___   denn   ___ · 2 = 10

d) 9 : 3 = ___   denn   ___ · 3 = 9

3 a) 15 : 5 = ___   denn   ___ · 5 = 15
    25 : 5 = ___   denn   ___ · 5 = 25
    10 : 5 = ___   denn   ___ · 5 = 10

    30 : 5 = ___   denn   ___ · 5 = 30
    25 : 5 = ___   denn   ___ · 5 = 25
    45 : 5 = ___   denn   ___ · 5 = 45

b) 40 : 5 = ___   denn   ___ · 5 = 40
    35 : 5 = ___   denn   ___ · 5 = 35
    50 : 5 = ___   denn   ___ · 5 = 50

🐬 100 : 5 = ___   denn   ___ · 5 = 100
🐬 55 : 5 = ___   denn   ___ · 5 = 55
🐬 60 : 5 = ___   denn   ___ · 5 = 60

4 a) 16 Kinder wollen Fußball spielen. Sie bilden 2 Mannschaften.

b) 9 Kinder treffen sich. Sie wollen immer zu dritt seilspringen.

🐬 c) 18 Kinder wollen Handball spielen. Dazu wählen sie 2 Mannschaften. 4 Kinder kommen später dazu.

🐬 d) 13 Kinder wollen zwei Mannschaften bilden.

Kontrolliert mit der Umkehraufgabe.

1 bis **3** Division und Multiplikation als Umkehroperationen.   **4** d) Aufgabe mit Rest.

Einmaleins mit 1 und 0

1

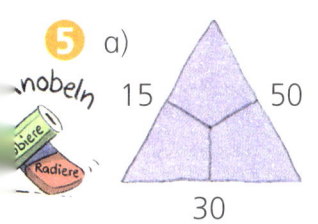

2 + 2 + 2   1 + 1 + 1   0 + 0 + 0
___ · 2   ___ · 1   ___ · 0

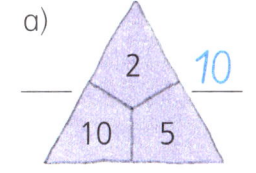

Die Teller sind leer.

2 Zeichne und rechne.
a) 2 · 2   b) 5 · 3   c) 10 · 0   d) 4 · 2
   2 · 1   5 · 0   10 · 1   4 · 0
   2 · 0   5 · 1   10 · 2   4 · 1

3
a) · 2: 3, 2, 4, 6, 1, 0
b) · 1: 3, 7, 6, 9, 0, 10
c) · 0: 4, 8, 1, 7, 0, 5
d) · 10: 7, 6, 4, 8, 10, 0
e) · 5: 0, 8, 5, 10, 1, 7

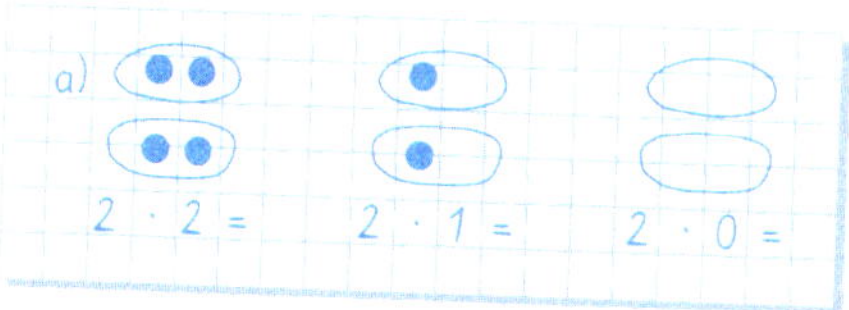

Nullmal

4
a) 2, 10; 10, 5   — 2·5=, 10·2=, 10·5=
b) 7; 5, 0
c) 2; 6, 5
d) 1; 8, 10
e) 4; 2, 5
f) 9; 0, 10
g) 7; 2, 5
h) 6; 10, 2

5
a) 15, 50; 30
b) 20, 32; 40
c) 0, 0; 30
d) 30, 10; 12
e) 90, 45; 50

knobeln
Probiere
Radiere

1 Anzahl der Muffins beachten.   **3** bis **5** Kopiervorlagen nutzen oder im Heft rechnen.

Einmaleins mit 4

1 Berechne den Materialbedarf für 9 Wagen.

Materialbedarf
___ Brettchen
___ Holzräder
___ Schrauben

Werkzeug
Säge, Handbohrer, Schmirgelpapier

2 Wie viele Räder brauchen wir für:
a) 2 Wagen
b) 5 Wagen
c) 10 Wagen
d) 7 Wagen   e) 4 Wagen
f) 3 Wagen   g) 6 Wagen
🐬 h) 11 Wagen   🐬 i) 12 Wagen
🐬 j) 20 Wagen   🐬 k) 100 Wagen

a) 4 + 4 = 8
2 · 4 = 8

3 Löse die Kernaufgaben mit Hilfe der Tauschaufgaben.

1 · 4 = ___
2 · 4 = ___
5 · 4 = ___
10 · 4 = ___

(4 · 2)
(4 · 10)

4 Von den Kernaufgaben zu den anderen Aufgaben.

2 · 4	5 · 4	5 · 4	5 · 4	10 · 4	10 · 4
1 · 4	1 · 4	1 · 4	2 · 4	2 · 4	1 · 4
3 · 4	**4 · 4**	**6 · 4**	**7 · 4**	**8 · 4**	**9 · 4**

5 +4 +4 +4

0 4 8 10   20   30   40   50

Gehe in Viererschritten.   a) 4, 8, …   b) 40, 36, …

6 a) 3 · 4   b) 1 · 4   c) 0 · 4   d) 2 · 4   🐬 e) 3 · 4   🐬 f) 9 · 4
   6 · 4   2 · 4   5 · 4   4 · 4   6 · 4   10 · 4
   9 · 4   4 · 4   10 · 4   8 · 4   12 · 4   11 · 4

starke Päckchen

7 a) ___ · 4 = 4   b) ___ · 4 = 0   c) ___ · 4 = 8   🐬 d) ___ · 4 = 12   🐬 e) ___ · 4 = 28
   ___ · 4 = 8   ___ · 4 = 20   ___ · 4 = 16   ___ · 4 = 24   ___ · 4 = 36
   ___ · 4 = 12   ___ · 4 = 40   ___ · 4 = 32   ___ · 4 = 48   ___ · 4 = 44

8 a) 40 = ___ · 4   b) 36 = ___ · 4   c) 32 = ___ · 4   🐬 d) 28 = ___ · 4   🐬 e) 0 = ___ · 4
   20 = ___ · 4   24 = ___ · 4   16 = ___ · 4   36 = ___ · 4   40 = ___ · 4
   4 = ___ · 4   12 = ___ · 4   8 = ___ · 4   44 = ___ · 4   80 = ___ · 4

3 Kernaufgaben über Tauschaufgaben erschließen.

Einmaleins mit 4

1 Immer vier Karten sind ein Quartett.

Wie viele Quartette sind es?
a) 12 Karten
b) 24 Karten
c) 36 Karten
d) 32 Karten
e) 16 Karten

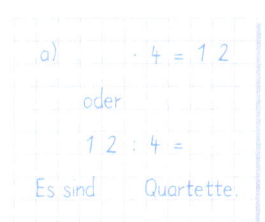

a) ___ · 4 = 1 2
oder
1 2 : 4 = ___
Es sind ___ Quartette.

f) 20 Karten
g) 40 Karten
h) 44 Karten
i) 48 Karten
j) 80 Karten

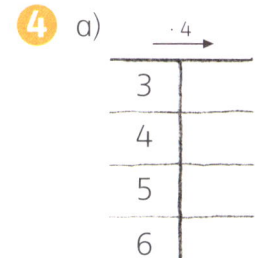

2
a) 4 : 4
8 : 4
12 : 4
16 : 4

b) 28 : 4
24 : 4
20 : 4
16 : 4

c) 12 : 4
16 : 4
24 : 4
32 : 4

d) 8 : 4
16 : 4
24 : 4
48 : 4

e) 4 : 4
20 : 4
40 : 4
80 : 4

f) 32 : 4
36 : 4
44 : 4
48 : 4

3 Rechne zur Probe die Umkehraufgabe.

a) 20 : 4 = 5
    5 · 4 = 20

b) 8 : 4 = ___
   ___ · 4 = 8

c) 16 : 4 = ___
   ___ · 4 = 16

d) 24 : 4 = ___
   ___ · 4 = 24

e) 32 : 4 = ___
   ___ · 4 = 32

f) 28 : 4 = ___
   ___ · 4 = ___

g) 36 : 4 = ___
   ___ · 4 = ___

h) 4 : 4 = ___
   ___ · 4 = ___

i) 40 : 4 = ___
   ___ · 4 = ___

j) 80 : 4 = ___
   ___ · 4 = ___

4
a) · 4
3	
4	
5	
6	
8	
7	

b) : 4
36	
32	
24	
16	
12	
8	

c) · 2
6	
12	
18	
24	
0	
22	

d) : 2
12	
16	
20	
22	
24	
40	

5
0 · 4 = ___
1 · 4 = ___
2 · 4 = ___
3 · 4 = ___
4 · 4 = ___
5 · 4 = ___
6 · 4 = ___
7 · 4 = ___
8 · 4 = ___
9 · 4 = ___
10 · 4 = ___

6 Rechne mit Viererzahlen. Untersuche die Ergebnisse.

a) 4 + 4
8 + 8
12 + 12
16 + 16

b) 20 + 20
24 + 24
28 + 28
32 + 32

c) 24 − 8
32 − 8
36 − 8
40 − 8

d) 24 − 12
28 − 12
32 − 12
36 − 12

e) 44 − 28
28 − 24
32 − 16
48 − 24

f) Rechne eigene Aufgaben mit Viererzahlen.

7 Ich denke mir eine Zahl.

a) Meine Zahl ist viermal so groß wie 5.

b) Meine Zahl ist halb so groß wie 48.

c) Meine Zahl ist 16 größer als 28.

d) Meine Zahl ist eine Viererzahl, eine Dreierzahl und eine Zweierzahl.

1 Evtl. handelnd lösen. **6** Entdecken: Ergebnisse sind wieder Viererzahlen.
7 d) Mehrere Lösungen sind möglich (alle Vielfache von 12).

Einmaleins mit 2 und 4

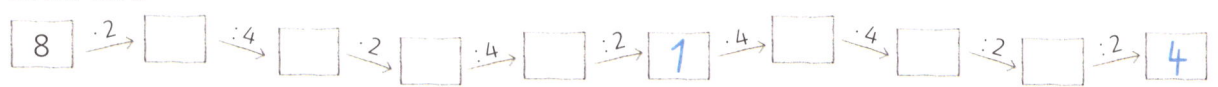

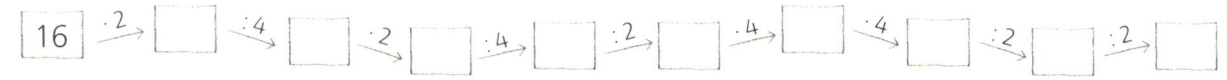

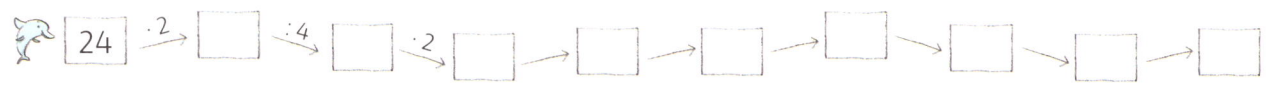

1 Erzähle und rechne.

2 Die Kinder teilen sich in Zweiergruppen oder Vierergruppen auf.
a) 12 Kinder   c) 20 Kinder   e) 4 Kinder
b) 8 Kinder   d) 16 Kinder   f) 24 Kinder

a) 1 2 : 2 =

3

Kinder	4	8	16	12	20	24	36	32	28	40
Zweiergruppen	2									
Vierergruppen	1									

4
a) 8 = ___ · 2   b) 12 = ___ · 2   c) 4 = ___ · 2   d) 20 = ___ · 4   e) 16 = ___ · 4
   8 = ___ · 4   12 = ___ · 4   4 = ___ · 4   20 = ___ · 2   16 = ___ · 2

5
a) 20 : ___ = 4   b) 16 : ___ = 4   c) 12 : ___ = 2   d) 40 : ___ = 2   e) 24 : ___ = 2
   20 : ___ = 2   16 : ___ = 2   12 : ___ = 4   40 : ___ = 4   24 : ___ = 4

6 Setze ein: < oder = oder >.

a) 3 · 4 ◯< 20   b) 3 · 2 ◯ 10   c) 6 · 4 ◯ 40   d) 10 · 4 ◯ 40   e) 7 · 4 ◯ 25
   4 · 4 ◯ 20   4 · 2 ◯ 10   7 · 4 ◯ 40   20 · 2 ◯ 40   11 · 4 ◯ 48
   5 · 4 ◯ 20   5 · 2 ◯ 10   8 · 4 ◯ 40   6 · 4 ◯ 20   12 · 2 ◯ 20
   6 · 4 ◯ 20   6 · 2 ◯ 10   9 · 4 ◯ 40   12 · 2 ◯ 20   12 · 4 ◯ 50
   7 · 4 ◯ 20   7 · 2 ◯ 10   10 · 4 ◯ 40   11 · 2 ◯ 20   20 · 4 ◯ 50

7 Setze fort.

8 →·2→ ☐ →:4→ ☐ →·2→ ☐ →:4→ ☐ →·2→ 1 →·4→ ☐ →·4→ ☐ →:2→ ☐ →:2→ 4

16 →·2→ ☐ →:4→ ☐ →·2→ ☐ →:4→ ☐ →·2→ ☐ →·4→ ☐ →·4→ ☐ →:2→ ☐ →:2→ ☐

24 →·2→ ☐ →:4→ ☐ →·2→ ☐ → ☐ → ☐ → ☐ → ☐ → ☐ → ☐

Zusammenhänge zwischen Zweier- und Viererreihe erkennen und nutzen.
1 Gleiche Kinderzahl bei den Vierergruppen und Zweiergruppen.

Einmaleins mit 8

1 Erzähle und rechne.

Ruderclub 05 — Training im Achterboot

2 Wie viele Achterboote werden gebraucht?
- a) 16 Ruderer
- b) 40 Ruderer
- c) 8 Ruderer
- d) 80 Ruderer
- e) 24 Ruderer
- f) 48 Ruderer
- g) 32 Ruderer
- h) 64 Ruderer
- i) 56 Ruderer
- j) 72 Ruderer
- k) 96 Ruderer
- l) 88 Ruderer

3 Löse die Kernaufgaben mit Hilfe der Tauschaufgaben.

$1 \cdot 8 =$ ___   (8 · 2)
$2 \cdot 8 =$ ___
$5 \cdot 8 =$ ___   (8 · 5)
$10 \cdot 8 =$ ___

4 Von den Kernaufgaben zu den anderen Aufgaben.

2 · 8	5 · 8	5 · 8	5 · 8	10 · 8	10 · 8
1 · 8	1 · 8	1 · 8	2 · 8	2 · 8	1 · 8
3 · 8	4 · 8	6 · 8	7 · 8	8 · 8	9 · 8

5 Gehe in Achterschritten.   a) 8, 16, …   b) 80, 72, …

6
- a) 2 · 8 / 4 · 8 / 8 · 8
- b) 1 · 8 / 5 · 8 / 10 · 8
- c) 3 · 8 / 6 · 8 / 9 · 8
- d) 5 · 8 / 6 · 8 / 7 · 8
- e) 12 · 8 / 6 · 8 / 3 · 8
- f) 5 · 8 / 10 · 8 / 20 · 8

7
- a) ___ · 8 = 72 / ___ · 8 = 64 / ___ · 8 = 56 / ___ · 8 = 48
- b) ___ · 8 = 80 / ___ · 8 = 40 / ___ · 8 = 8 / ___ · 8 = 0
- c) ___ · 8 = 72 / ___ · 8 = 56 / ___ · 8 = 40 / ___ · 8 = 24
- d) ___ · 8 = 88 / ___ · 8 = 80 / ___ · 8 = 72 / ___ · 8 = 64
- e) ___ · 8 = 16 / ___ · 8 = 32 / ___ · 8 = 64 / ___ · 8 = 96

8 Ruderclub 05 — Training im Achterboot — 14 Uhr, 15 Uhr, 17 Uhr, 18 Uhr — Heute nur 5 Boote frei
- a) Um 14 Uhr kommen 24 Kinder.
- b) Um 15 Uhr kommen 32 Kinder.
- c) Um 17 Uhr kommen 18 Kinder.
- d) 13 Jungen und 9 Mädchen möchten ab 18 Uhr rudern.

8 c) und d) Aufgaben mit Rest.

Einmaleins mit 8

1 Der Autozug hat 7 Waggons.

2 Wie viele Waggons werden benötigt?
- a) für 16 Autos
- b) für 24 Autos
- c) für 48 Autos
- d) für 64 Autos
- e) für 40 Autos
- f) für 32 Autos
- g) für 56 Autos
- h) für 72 Autos
- i) für 88 Autos
- j) für 96 Autos
- k) für 36 Autos
- l) für 50 Autos

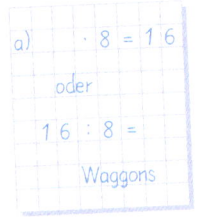

a) ___ · 8 = 16
oder
16 : 8 = ___
Waggons

3 Rechne zur Probe auch die Umkehraufgabe.

a)	b)	c)	d)	e)
24 : 8	80 : 8	32 : 8	32 : 4	96 : 8
16 : 8	72 : 8	40 : 8	40 : 5	44 : 4
8 : 8	64 : 8	56 : 8	16 : 2	40 : 2
0 : 8	24 : 8	48 : 8	72 : 8	160 : 8

4
0 · 8 = ___
1 · 8 = ___
2 · 8 = ___
3 · 8 = ___
4 · 8 = ___
5 · 8 = ___
6 · 8 = ___
7 · 8 = ___
8 · 8 = ___
9 · 8 = ___
10 · 8 = ___

5 Rechne mit Achterzahlen. Untersuche die Ergebnisse.

a)	b)	c)	d)
40 + 8	48 + 32	48 − 8	72 − 32
24 + 8	16 + 40	56 − 8	56 − 24
16 + 8	56 + 24	16 − 8	64 − 32
48 + 8	32 + 16	24 − 8	48 − 24

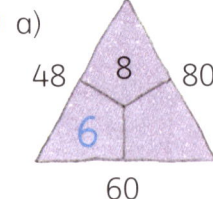

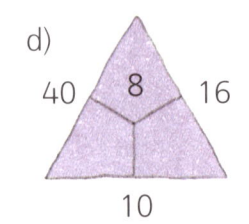

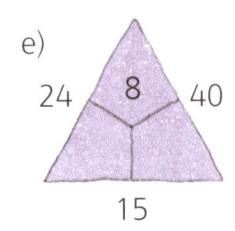

6 < oder = oder >.

a)	b)	c)	d)	e)
6 · 4 < 30	3 · 8 ◯ 40	9 · 8 ◯ 60	9 · 8 ◯ 80	2 · 8 ◯ 10
7 · 4 ◯ 30	4 · 8 ◯ 40	8 · 8 ◯ 60	10 · 8 ◯ 80	1 · 8 ◯ 10
8 · 4 ◯ 30	5 · 8 ◯ 40	7 · 8 ◯ 60	11 · 8 ◯ 80	0 · 8 ◯ 10

7
- a) 48 / 8 / 80, 6, 60
- b) 56 / 8 / 32, 28
- c) 72 / 8 / 40, 45
- d) 40 / 8 / 16, 10
- e) 24 / 8 / 40, 15

8 zum Knobeln (Probiere, Radiere)
- a) 24 / 12, 32
- b) 16 / 8, 32
- c) 48 / 96, 32
- d) 22 / 44, 8
- e) 32 / 56, 28

2 k) und l) Aufgaben mit Rest. Realitätsbezug herstellen: Auch für weniger als 8 Autos wird ein Waggon benötigt.

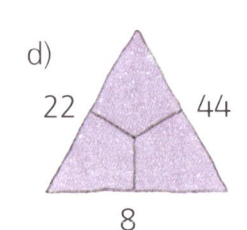

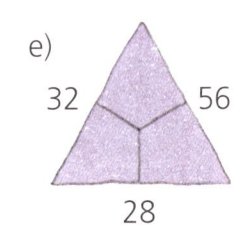

Einmaleins mit 2, 4 und 8

1

ANMELDUNG
- 9 Uhr 16 Pers.
- 13 Uhr 32 Pers.
- 15 Uhr 24 Pers.
- 17 Uhr 28 Pers.

Wir sind 16.

Welche Boote werden gebraucht?

2
a) 3 · 2   b) 6 · 2   c) 4 · 8   d) 5 · 8   e) 7 · 4   f) 8 · 2
   3 · 4   6 · 4   4 · 4   5 · 4   7 · 2   8 · 8
   3 · 8   6 · 8   4 · 2   5 · 2   7 · 8   8 · 4

Was fällt dir auf?

3 Schreibe Aufgaben mit diesen Ergebnissen.

a) 24
b) 40
c) 32
d) 48
e) 72
f) 56
g) 96
h) 88

a) 2 4 = 3 · 8
   2 4 = 6 · 4
   2 4 = 8 +

4

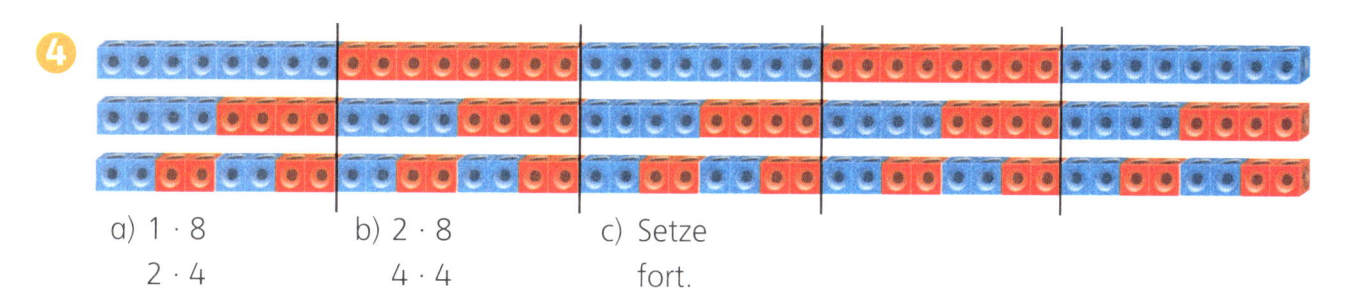

a) 1 · 8   b) 2 · 8   c) Setze
   2 · 4   4 · 4   fort.
   4 · 2   8 · 2

5 Welche Rechenzeichen passen?

a) 5 ⊕ 4 = 9   b) 8 ○ 8 = 16   c) 10 ○ 2 = 20   d) 4 ○ 4 = 16   e) 8 ○ 2 = 16
   5 ○ 4 = 20   8 ○ 8 = 64   10 ○ 4 = 40   4 ○ 4 = 1   4 ○ 4 = 16
   5 ○ 4 = 1   8 ○ 8 = 0   10 ○ 8 = 18   4 ○ 4 = 8   2 ○ 8 = 16

   6 ○ 2 = 3   8 ○ 4 = 2   10 ○ 5 = 50   4 ○ 2 = 2   3 ○ 4 = 12
   6 ○ 2 = 4   8 ○ 4 = 32   10 ○ 5 = 15   4 ○ 2 = 6   16 ○ 4 = 12
   6 ○ 2 = 12   8 ○ 4 = 12   10 ○ 5 = 2   4 ○ 2 = 8   6 ○ 2 = 12

6 48 36 56 88 100 − 8 16 24 12 22

12	14	20	24	24
26	28	32	32	34
36	40	40	44	48
64	66	72	76	76
78	80	84	88	92

W

1 Aufteilen für die Achter-, Vierer- oder Zweierboote. Diff.: Achter-, Vierer- oder Zweierboote kombinieren.
2 Verdoppeln und Halbieren. Die Auswirkungen auf das Ergebnis feststellen.

Körper

1

A Schuhkarton
B Fußball
C Schwamm
D Schrank
E Computer

Quader — Würfel — Kugel

F Tennisball
G Spielwürfel
H Laterne
I Zettelblock
J Ziegelstein

a) Beschreibt die Gegenstände und ordnet sie zu. Legt eine Tabelle an.
b) Sucht Quader, Würfel und Kugeln in der Umwelt.

	Quader	Würfel	Kugel
A	X		

2

Materialbedarf: Zahnstocher, Schaschlikstäbe, Knete für kleine Kugeln

a) Baut die Körper.
b) Wie viele Stäbe und Kugeln braucht ihr jeweils?

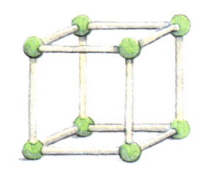

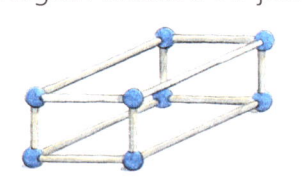

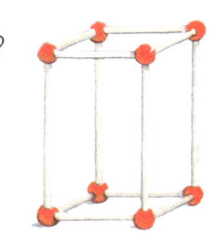

3 Kann das stimmen? Überprüfe.

a) „Ein Quader hat 6 Ecken."
b) „Ein Würfel hat 8 Ecken."
c) „Würfel haben 12 Kanten."
d) „Ein Würfel hat 8 gleich große Flächen."
e) „Quader haben 6 Flächen."
f) „Ein Quader hat 24 Kanten."
g) „Eine Kugel hat keine Ecken und Kanten."
h) „Kugeln können rollen."
i) „Ein Quader kann rollen."

1 Arbeit in Gruppen. Evtl. auch Schachteln sammeln und sortieren.
3 Vier Aussagen treffen nicht zu.

Bauen und Rechnen

1 Baut die Mauer.
a) Wie viele Würfel braucht ihr?

Wie rechnet ihr?

b) Wie viele Würfel müssten es bei 14 Schichten sein?

2 a) Baut und rechnet.

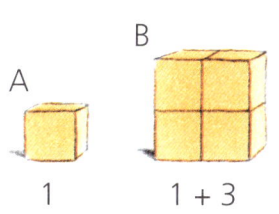

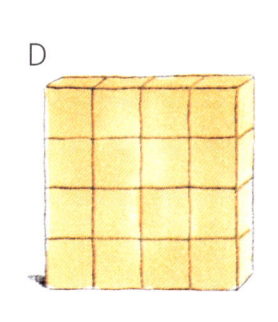

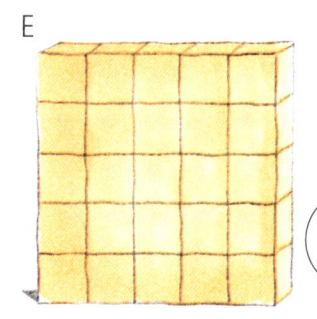

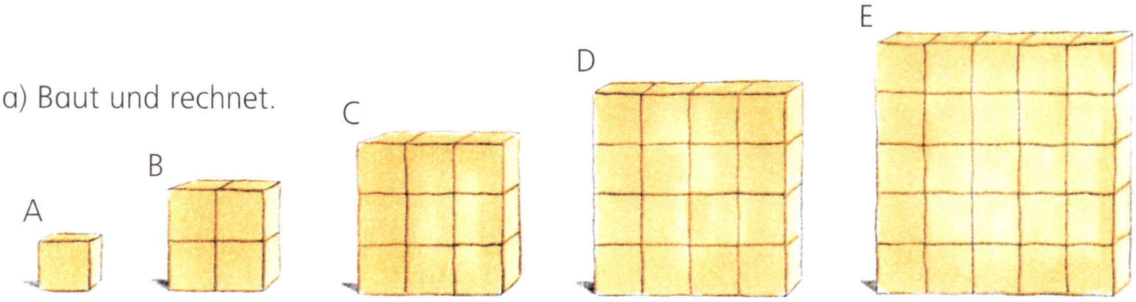

A: 1
B: 1 + 3
C: 1 + 3 + ___
D
E

Setzt fort.

b) Gibt es eine solche Mauer aus genau 100 Würfeln? Vermutet. Überprüft.

3 a) Baut die Mauern. Wie viele Würfel braucht ihr jeweils?

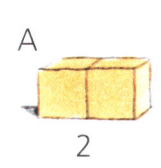

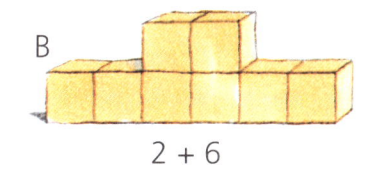

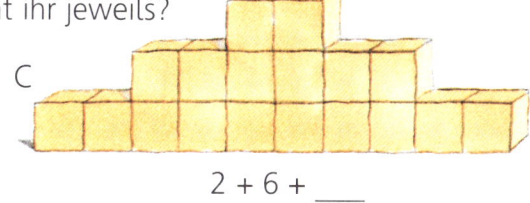

A: 2
B: 2 + 6
C: 2 + 6 + ___

Setzt fort.

b) Wie viele Würfel werden es bei 7 Schichten sein? Rechnet.

4 Fasse die Zahlen geschickt zusammen.

a) 1 + 2 + 3 + 4
1 + 2 + 3 + 4 + 5
1 + 2 + 3 + 4 + 5 + 6
1 + 2 + 3 + 4 + 5 + 6 + 7
1 + 2 + 3 + 4 + 5 + 6 + 7 + 8
1 + 2 + 3 + 4 + 5 + 6 + 7 + 8 + 9
1 + 2 + 3 + 4 + 5 + 6 + 7 + 8 + 9 + 10

b) 2 + 4 + 6 + 8 + 10 + 12 + 14 + 16 + 18
3 + 5 + 7 + 9 + 11 + 13 + 15 + 17
4 + 6 + 8 + 10 + 12 + 14 + 16
5 + 7 + 9 + 11 + 13 + 15
6 + 8 + 10 + 12 + 14
7 + 9 + 11 + 13
8 + 10 + 12

c) Setze fort.

1 bis **3** Kopfgeometrie – Schulung des Vorstellungsvermögens.
Rechnerisch lösen. Evtl. überprüfen durch Nachbauen.

Dividieren

1 Anna verteilt 24 Karten. Wie viele Karten bekommt jedes Kind?

(24 : 3)

2 a) 15 : ___   b) 15 : ___

3 Vier Kinder spielen. Wie viele Karten bekommt jedes Kind? Verteile.

a) 20 Karten
b) 36 Karten 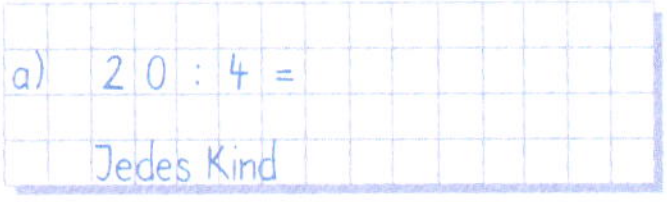
c) 16 Karten
d) 12 Karten
e) 24 Karten
f) 30 Karten

a) 20 : 4 =
Jedes Kind

4 Wie viele Karten bekommt jedes Kind? Verteile.

a) 12 Karten an 2 Kinder
   12 Karten an 4 Kinder

b) 8 Karten an 2 Kinder
   8 Karten an 4 Kinder

c) 40 Karten an 8 Kinder
   40 Karten an 10 Kinder

d) 30 Karten an 5 Kinder
   30 Karten an 10 Kinder

e) 20 Karten an 5 Kinder
   20 Karten an 2 Kinder

f) 32 Karten an 8 Kinder
   32 Karten an 4 Kinder

g) 48 Karten an 4 Kinder
   48 Karten an 2 Kinder

h) 104 Karten an 4 Kinder
   120 Karten an 4 Kinder

i) 32 Karten an 3 Kinder
   110 Karten an 4 Kinder

5
a) 10 : 5
   10 : 2

b) 20 : 5
   20 : 4

c) 30 : 5
   30 : 10

d) 40 : 5
   40 : 8

e) 24 : 4
   24 : 8

f) 20 : 10
   20 : 2

g) 100 : 10
   90 : 10

h) 40 : 10
   40 : 4

i) 50 : 10
   50 : 5

j) 32 : 8
   32 : 4

6 *Schnelles Rechnen* — Übt das Einmaleins mit der 4 und der 8.

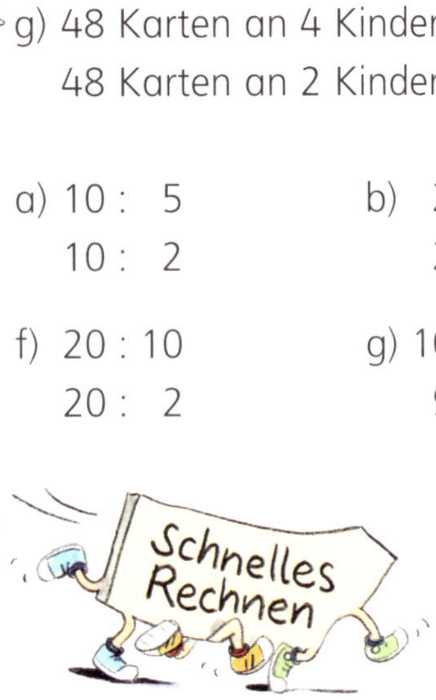

(3 · 4) (6 · 8)

1 bis **4** Karten gleichmäßig verteilen. Divisionsaufgaben schreiben. Zur Probe die Malaufgabe rechnen.
3 f) mit Rest. **4** i) mit Rest.

Dividieren

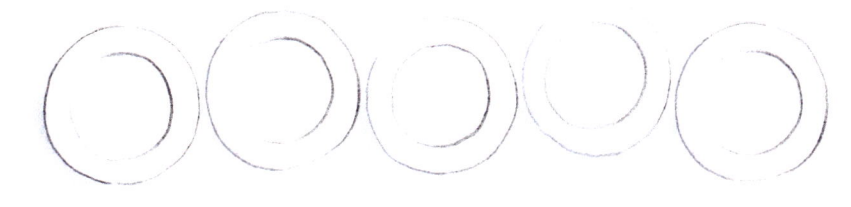

1 Verteile die Plätzchen gleichmäßig.

2 a) Die Kinder haben sich Rechengeschichten ausgedacht.

Ich verteile die Kekse an 5 Kinder. Jedes Kind bekommt ___ Kekse. Tim

Ich verteile die Kekse an 4 Kinder. Jedes Kind bekommt ___ Kekse. Mona

b) Kannst du noch weitere Rechengeschichten schreiben?

3 Verteile die Kekse gleichmäßig. Wie viele Möglichkeiten findest du?
a)   b)   c)

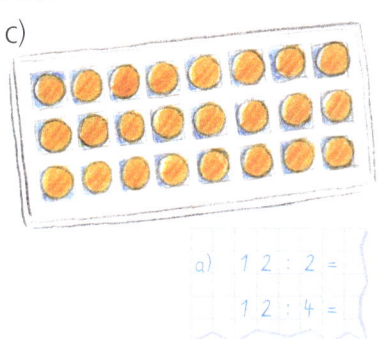

a) 12 : 2 =
   12 : 4 =

4 Erfinde Rechengeschichten.
a) 8 : 4   b) 18 : 2   c) 15 : 5   d) 20 : 10
e) 24 : 4   f) 45 : 5   g) 28 : 4   h) 5 : 5

5
a) 40 : 4   b) 16 : 2   c) 20 : 2   d) 8 : 4   e) 10 : 10
   40 : 8   16 : 4   20 : 5   8 : 2   10 : 5
   40 : 5   16 : 8   20 : 10   8 : 1   10 : 2

6
a) 4 : ___ = ___   b) 24 : ___ = ___   c) 40 : ___ = ___   d) 18 : ___ = ___
   12 : ___ = ___   28 : ___ = ___   30 : ___ = ___   15 : ___ = ___
   16 : ___ = ___   32 : ___ = ___   20 : ___ = ___   6 : ___ = ___
   20 : ___ = ___   36 : ___ = ___   10 : ___ = ___   2 : ___ = ___

7 a) 15 37 26 49 + 6 8   b) 15 37 26 49 − 5 8

1 bis **3** Divisionsaufgabe schreiben.   **6** Offene Aufgaben.

Einmaleins mit 3

1 Wie viele Stäbchen brauchst du jeweils? Lege und schreibe Malaufgaben.

a)
b)
c)
d)
e)
f)

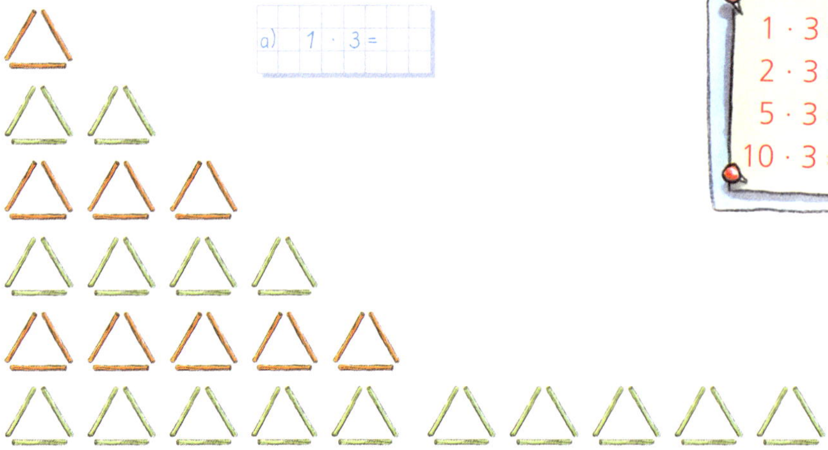

a) 1 · 3 =

2 Rechne die Kernaufgaben.

1 · 3 = ___
2 · 3 = ___
5 · 3 = ___
10 · 3 = ___

3 · 2
3 · 5

3 Von den Kernaufgaben zu den anderen Aufgaben.

2 · 3	2 · 3	5 · 3	5 · 3	10 · 3	10 · 3
1 · 3	2 · 3	1 · 3	2 · 3	2 · 3	1 · 3
3 · 3	**4 · 3**	**6 · 3**	**7 · 3**	**8 · 3**	**9 · 3**

4 A B C D E F

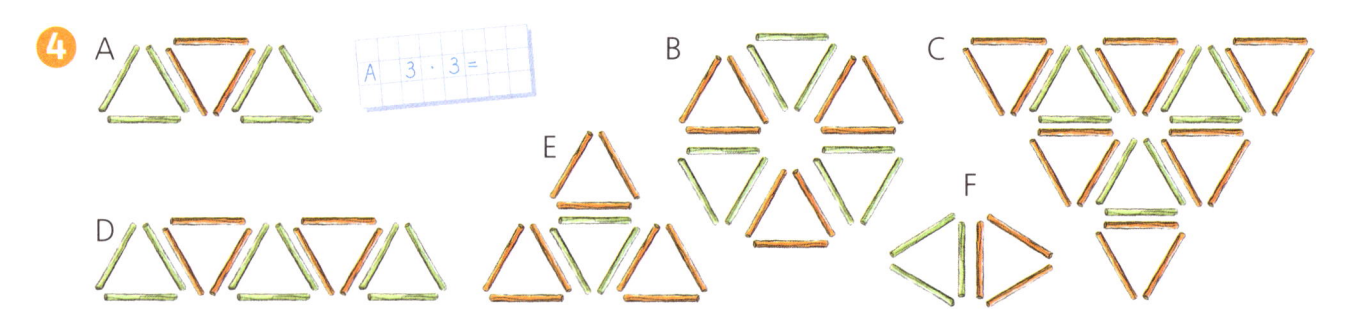

A 3 · 3 =

5 Wie viele Stäbchen brauchst du? Schreibe Malaufgaben.

a) 4 Dreiecke
b) 5 Dreiecke
c) 7 Dreiecke
d) 8 Dreiecke
e) 2 Dreiecke
f) 6 Dreiecke
g) 10 Dreiecke
h) 9 Dreiecke

a) 4 · 3 =

6 Wie viele Dreiecke kannst du legen?

a) 12 Stäbchen
b) 18 Stäbchen
c) 27 Stäbchen
d) 6 Stäbchen
e) 15 Stäbchen
f) 21 Stäbchen
g) 24 Stäbchen
h) 9 Stäbchen
i) 30 Stäbchen

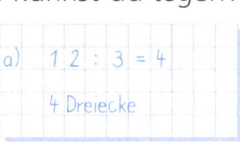

a) 12 : 3 = 4
4 Dreiecke

7

a) 6 : 3	b) 27 : 3	c) 18 : 3	d) 15 : 5	e) 60 : 3
12 : 3	21 : 3	9 : 3	15 : 3	60 : 2
18 : 3	15 : 3	24 : 3	24 : 8	60 : 5
24 : 3	9 : 3	12 : 3	24 : 3	33 : 3
30 : 3	3 : 3	6 : 3	24 : 4	36 : 3

Stäbchen legen und dann rechnen.
1 Diff.: Fortsetzen. **4** Malaufgaben schreiben.

Einmaleins mit 3

1 Schreibe die Malaufgaben.

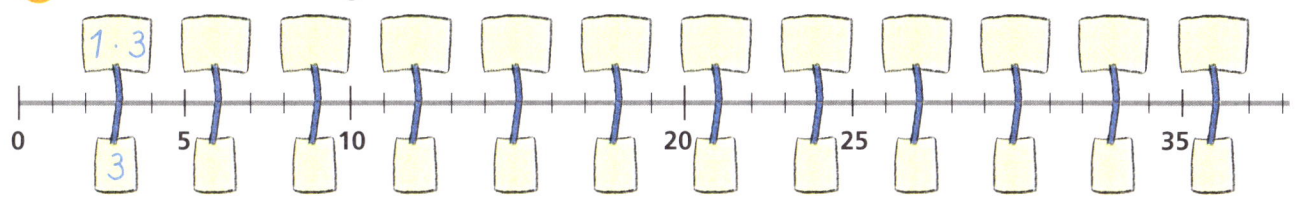

1 · 3 ... 3 ... (Zahlenstrahl 0 bis 35)

2 Verdoppeln, Halbieren, Nachbaraufgaben.

a) 0 · 3	b) 10 · 3	c) 6 · 3	d) 10 · 3	e) 3 · 3
1 · 3	5 · 3	5 · 3	9 · 3	6 · 3
2 · 3	6 · 3	4 · 3	8 · 3	12 · 3
3 · 3	7 · 3	2 · 3	7 · 3	11 · 3

3 Wie oft?

a) ___ · 3 = 30
___ · 3 = 15
___ · 3 = 24
___ · 3 = 12
___ · 3 = 0

b) ___ · 3 = 21
___ · 3 = 18
___ · 3 = 27
___ · 3 = 9
___ · 3 = 6

c) ___ · 4 = 24
___ · 3 = 24
___ · 5 = 15
___ · 3 = 15
___ · 3 = 27

d) ___ · 3 = 30
___ · 3 = 60
___ · 3 = 90
___ · 3 = 33
___ · 3 = 36

4 Übe.

0 · 3 = ___
1 · 3 = ___
2 · 3 = ___
3 · 3 = ___
4 · 3 = ___
5 · 3 = ___
6 · 3 = ___
7 · 3 = ___
8 · 3 = ___
9 · 3 = ___
10 · 3 = ___

5
a) 3 · 3 + 1
2 · 3 + 4
1 · 3 + 7
4 · 3 + 2
5 · 3 + 3
9 · 3 + 1

b) 5 · 3 + 4
5 · 3 + 5
7 · 3 + 8
8 · 3 + 5
6 · 3 + 6
2 · 3 + 9

c) 8 · 3 + 2
8 · 3 + 4
6 · 3 + 2
10 · 3 + 3
11 · 3 + 2
12 · 3 + 1

d) 9 · 3 + 2
9 · 3 + 1
4 · 3 + 3
2 · 3 + 5
10 · 3 + 1
20 · 3 + 1

10 10 10 11 14 15 15 18 19 20 20 24 26 28 28 28 29 29 29 31 33 35 37 61

6
1 →·3→ ___ →+3→ ___ →:3→ ___ →·4→ ___ →+4→ ___ →:4→ ___ →·3→ ___ →+12→ ___ →:3→ ___

2 →·3→ ___ →+6→ ___ →:3→ ___ →·4→ ___ →+8→ ___ →:4→ ___ →·3→ ___ →+9→ ___ →:3→ ___

3 →·3→ ___ →+9→ ___ →:3→ ___ →·4→ ___ →+12→ ___ →:4→ ___ →·3→ ___ →+6→ ___ →:3→ ___

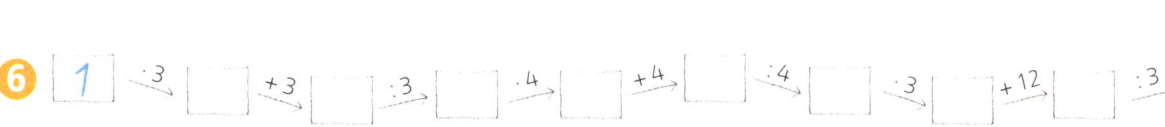

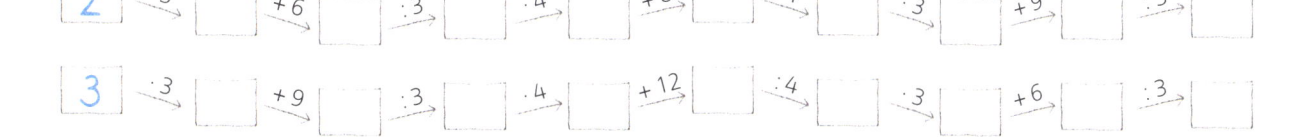

7

Lege mit 9 Stäbchen nach: Nimm 2 Stäbchen weg. Es sollen ein großes und ein kleines Dreieck übrig bleiben.

Lege nach: Lege 2 Stäbchen um. Es entstehen 3 gleich große Dreiecke.

Lege nach: Lege 2 Stäbchen um. Es entstehen 4 kleine Dreiecke.

6 Rechenketten: Muster besprechen. Diff.: Fortsetzen. Kopiervorlage nutzen.

Einmaleins mit 6

1 Wie viele Kinder können sitzen?
a) an 3 Gruppentischen b) an 2 Gruppentischen
c) an 5 Gruppentischen d) an 4 Gruppentischen

2 Für wie viele Gruppentische reichen die Stühle?
a) 36 Stühle b) 48 Stühle c) 24 Stühle
d) 42 Stühle e) 54 Stühle f) 72 Stühle

3 4 · 6
Zeigt und rechnet weitere Aufgaben am Hunderterfeld.

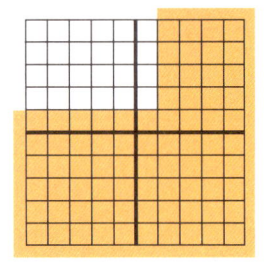

4 Kernaufgaben
1 · 6 = ___
2 · 6 = ___
5 · 6 = ___
10 · 6 = ___

6 · 2
6 · 5

5 Von den Kernaufgaben zu den anderen Aufgaben.

| 2 · 6 | 2 · 6 | 5 · 6 | 5 · 6 | 10 · 6 | 10 · 6 |
1 · 6	2 · 6	1 · 6	2 · 6	2 · 6	1 · 6
3 · 6	**4 · 6**	**6 · 6**	**7 · 6**	**8 · 6**	**9 · 6**

6
a) 6 · 2   b) 6 · 4   c) 6 · 8   d) 6 · 1   e) 9 · 6
   2 · 6   4 · 6   8 · 6   1 · 6   6 · 9

   6 · 3   6 · 5   6 · 10   0 · 6   6 · 7
   3 · 6   5 · 6   10 · 6   6 · 0   7 · 6

Tauschaufgaben können helfen.

7 Verdoppeln, Halbieren, Nachbaraufgaben.
a) 1 · 6   b) 10 · 6   c) 5 · 6   d) 10 · 6   e) 3 · 6   f) 10 · 6
   2 · 6   5 · 6   4 · 6   9 · 6   6 · 6   11 · 6
   4 · 6   6 · 6   3 · 6   8 · 6   9 · 6   12 · 6
   8 · 6   7 · 6   2 · 6   7 · 6   8 · 6   20 · 6

8
a) 30 = ___ · 6   b) 6 = ___ · 6   c) 54 = ___ · 6   d) 30 = ___ · 6   e) 33 = ___ · 3
   60 = ___ · 6   12 = ___ · 6   42 = ___ · 6   30 = ___ · 3   66 = ___ · 3
   18 = ___ · 6   24 = ___ · 6   0 = ___ · 6   18 = ___ · 6   36 = ___ · 3
   36 = ___ · 6   48 = ___ · 6   66 = ___ · 6   18 = ___ · 3   72 = ___ · 3

W

9 a) 4 6 8 | 2 4 5   b) 7 9 5 | 3 4 8

Einmaleins mit 6

1
a) Der Aufzug fuhr 6-mal. Immer war er voll besetzt.

b) 30 Personen fahren mit dem Aufzug. Er ist jedes Mal voll besetzt.

c) Zwischen 8 Uhr und 9 Uhr fuhr der Aufzug 8-mal. Er war jedesmal voll besetzt.

d) 26 Kinder wollen mit dem Aufzug fahren.

e) Erfinde eigene Aufgaben.

2
a)	b)	c)	d)	e)
6 : 6	60 : 6	42 : 6	30 : 3	66 : 6
12 : 6	30 : 6	54 : 6	27 : 3	60 : 3
24 : 6	36 : 6	0 : 6	24 : 3	120 : 6
48 : 6	18 : 6	48 : 6	24 : 6	72 : 6
54 : 6	24 : 6	36 : 6	24 : 8	36 : 3

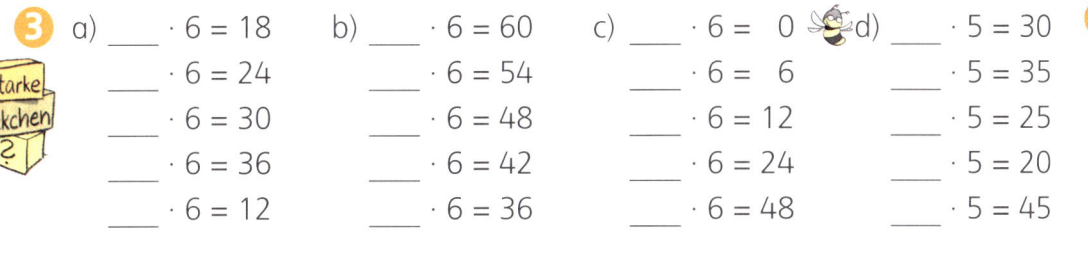

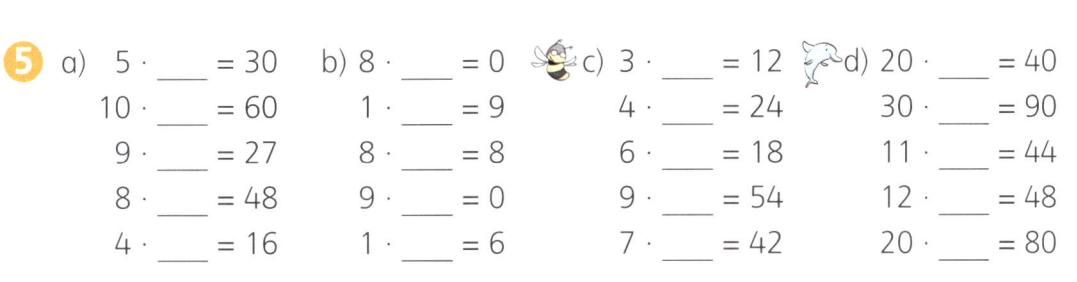

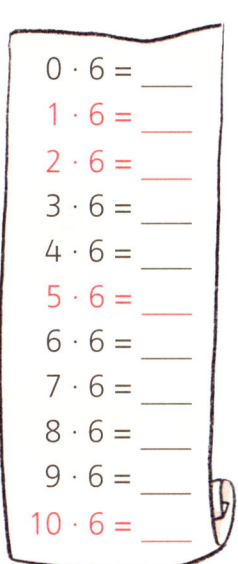

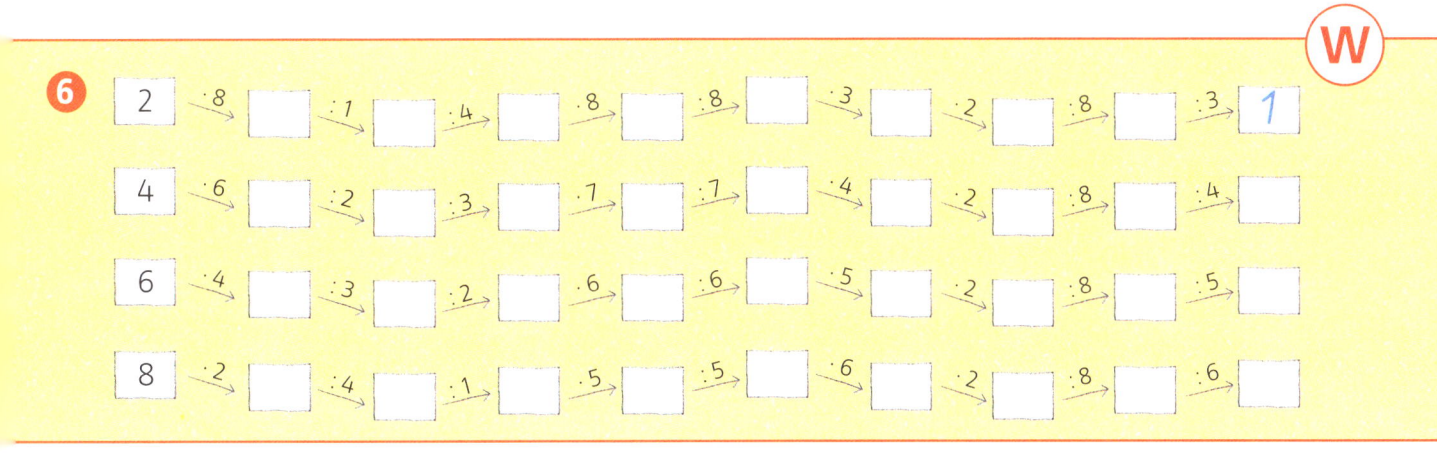

3
a) ___ · 6 = 18
___ · 6 = 24
___ · 6 = 30
___ · 6 = 36
___ · 6 = 12

b) ___ · 6 = 60
___ · 6 = 54
___ · 6 = 48
___ · 6 = 42
___ · 6 = 36

c) ___ · 6 = 0
___ · 6 = 6
___ · 6 = 12
___ · 6 = 24
___ · 6 = 48

d) ___ · 5 = 30
___ · 5 = 35
___ · 5 = 25
___ · 5 = 20
___ · 5 = 45

4
0 · 6 = ___
1 · 6 = ___
2 · 6 = ___
3 · 6 = ___
4 · 6 = ___
5 · 6 = ___
6 · 6 = ___
7 · 6 = ___
8 · 6 = ___
9 · 6 = ___
10 · 6 = ___

5
a) 5 · ___ = 30
10 · ___ = 60
9 · ___ = 27
8 · ___ = 48
4 · ___ = 16

b) 8 · ___ = 0
1 · ___ = 9
8 · ___ = 8
9 · ___ = 0
1 · ___ = 6

c) 3 · ___ = 12
4 · ___ = 24
6 · ___ = 18
9 · ___ = 54
7 · ___ = 42

d) 20 · ___ = 40
30 · ___ = 90
11 · ___ = 44
12 · ___ = 48
20 · ___ = 80

6
2 →·8 ☐ →:1 ☐ →:4 ☐ →·8 ☐ →·8 ☐ →:3 ☐ →·2 ☐ →·8 ☐ →:3 1

4 →·6 ☐ →:2 ☐ →·3 ☐ →·7 ☐ →:7 ☐ →·4 ☐ →·2 ☐ →·8 ☐ →:4 ☐

6 →·4 ☐ →:3 ☐ →·2 ☐ →·6 ☐ →:6 ☐ →·5 ☐ →·2 ☐ →·8 ☐ →:5 ☐

8 →·2 ☐ →:4 ☐ →:1 ☐ →·5 ☐ →·5 ☐ →·6 ☐ →·2 ☐ →·8 ☐ →:6 ☐

1 d) Aufgabe mit Rest.

Einmaleins mit 3 und 6

1 Wie viele Stäbe sind es?
Lege und rechne. Was fällt dir auf?

Setze fort.

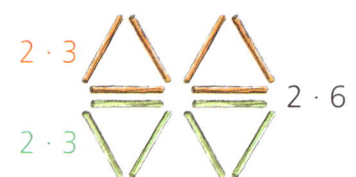

1 · 3
1 · 6
1 · 3

2 · 3
2 · 6
2 · 3

3 · 3
3 · 6
3 · 3

2 a) 6 = __1__ · 6   b) 12 = ___ · 6   c) 18 = ___ · 6   d) 24 = ___ · 6   e) 30 = ___ · 6
6 = ___ · 3   12 = ___ · 3   18 = ___ · 3   24 = ___ · 3   30 = ___ · 3

3 a) 60 = ___ · 6   b) 36 = ___ · 6   c) 42 = ___ · 6   d) 48 = ___ · 6   e) 54 = ___ · 6
60 = ___ · 3   36 = ___ · 3   42 = ___ · 3   48 = ___ · 3   54 = ___ · 3

4 a) 2 · 6 = ___   b) 4 · 6 = ___   c) 5 · 6 = ___   d) 3 · 6 = ___   e) 0 · 6 = ___
___ · 3 = 12   ___ · 3 = 24   ___ · 3 = 30   ___ · 3 = 18   ___ · 3 = 0

5 a) 10 · 6 = ___   b) 6 · 6 = ___   c) 7 · 6 = ___   d) 8 · 6 = ___   e) 9 · 6 = ___
___ · 3 = 60   ___ · 3 = 36   ___ · 3 = 42   ___ · 3 = 48   ___ · 3 = 54

6

0 3 6 9 12 15 18 21 24 27 30

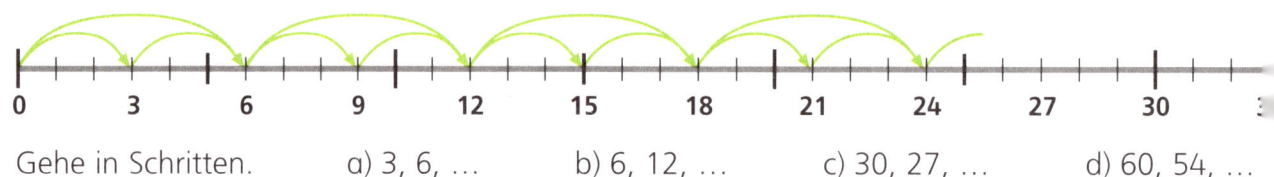

Gehe in Schritten.   a) 3, 6, …   b) 6, 12, …   c) 30, 27, …   d) 60, 54, …

7 Welche Rechenzeichen passen?
a) 30 − 3 = 27   b) 3 ◯ 6 = 18   c) 9 ◯ 3 = 12   d) 10 ◯ 3 = 30   e) 8 ◯ 3 = 24
9 ◯ 3 = 27   24 ◯ 6 = 18   3 ◯ 4 = 12   24 ◯ 6 = 30   18 ◯ 6 = 24
24 ◯ 3 = 27   6 ◯ 3 = 18   2 ◯ 6 = 12   5 ◯ 6 = 30   3 ◯ 8 = 24
5 ◯ 3 = 15   48 ◯ 6 = 42   24 ◯ 3 = 21   10 ◯ 6 = 60   6 ◯ 6 = 36
10 ◯ 5 = 15   7 ◯ 6 = 42   7 ◯ 3 = 21   57 ◯ 3 = 60   30 ◯ 6 = 36

8 a) Meine Zahl kann ich durch 3 und durch 6 teilen. Sie ist kleiner als 30.

b) Meine Zahl ist eine Sechserzahl. Sie ist auch eine Viererzahl und sie ist kleiner als 60.

c) Meine Zahl ist eine Dreierzahl, eine Sechserzahl und eine Achterzahl.

d) Meine Zahl kann ich durch 2, 3, 5 und 6 teilen.

6 Feststellen, dass zwei Dreierschritte einem Sechserschritt entsprechen.

Einmaleins mit 9

1 Diese Aufgaben kennst du schon.

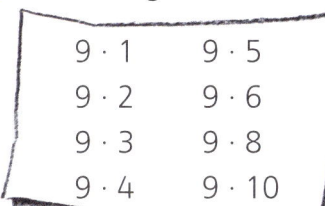

9 · 1	9 · 5
9 · 2	9 · 6
9 · 3	9 · 8
9 · 4	9 · 10

Rechne die Tauschaufgaben.

1 · 9

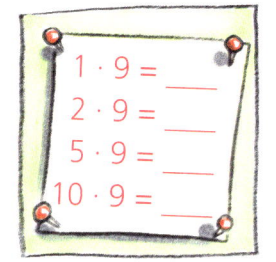

2 Kernaufgaben

1 · 9 = ___
2 · 9 = ___
5 · 9 = ___
10 · 9 = ___

3 Von den Kernaufgaben zu den anderen Aufgaben.

2 · 9	2 · 9	5 · 9	5 · 9	10 · 9	10 · 9
1 · 9	2 · 9	1 · 9	2 · 9	2 · 9	1 · 9
3 · 9	4 · 9	6 · 9	7 · 9	8 · 9	9 · 9

4 Beschreibe. Setze fort. Was entdeckst du?

a)
Dreierzahlen	3	6	9
Sechserzahlen	6	12	18
	9	18	

b)
Neunerzahlen	9	18	27
Sechserzahlen	6	12	18
	3		

c)
Fünferzahlen	50	45	40
Viererzahlen	40	36	32
	90		

d)
Zehnerzahlen	100	90	80
Einerzahlen	10	9	8
	90		

e)
Neunerzahlen	9	18	27
Dreierzahlen	3	6	9
	12		

f)
Zweierzahlen	20	18	16
Neunerzahlen	90	81	72
	110	99	

5 Verdoppeln. Halbieren. Nachbaraufgaben.

a) 9 = ___ · 9
18 = ___ · 9
36 = ___ · 9
72 = ___ · 9
90 = ___ · 9
45 = ___ · 9

b) 27 = ___ · 9
54 = ___ · 9
81 = ___ · 9
72 = ___ · 9
63 = ___ · 9
54 = ___ · 9

c) 30 = ___ · 3
15 = ___ · 3
3 = ___ · 3
6 = ___ · 3
9 = ___ · 3
18 = ___ · 3

d) 6 = ___ · 6
12 = ___ · 6
24 = ___ · 6
48 = ___ · 6
60 = ___ · 6
30 = ___ · 6

e) 50 = ___ · 5
25 = ___ · 5
5 = ___ · 5
10 = ___ · 5
20 = ___ · 5
40 = ___ · 5

6
a) 81 : 9
72 : 9
63 : 9
54 : 9
45 : 9
27 : 9

b) 54 : 6
42 : 6
30 : 6
24 : 6
12 : 6
6 : 6

c) 12 : 3
15 : 3
18 : 3
24 : 3
3 : 3
30 : 3

d) 50 : 5
25 : 5
5 : 5
15 : 5
30 : 5
60 : 5

e) 36 : 9
36 : 6
36 : 3
72 : 6
72 : 9
72 : 8

4 Fortsetzen. Aus zwei gegebenen Einmaleinsreihen eine dritte Reihe herleiten und benennen. Kopiervorlagen nutzen.

Einmaleins mit 9

1 a) Kreise in einer Hundertertafel die Neunerzahlen blau ein.

1	2	3	4	5	6	7	8	9	10
11	12	13	14	15	16	17	18	19	20
21	22	23	24	25	26	27	28	29	30
31	32	33	34	35	36	37	38	39	40
41	42	43	44	45	46	47	48	49	50
51	52	53	54	55	56	57	58	59	60
61	62	63	64	65	66	67	68	69	70
71	72	73	74	75	76	77	78	79	80
81	82	83	84	85	86	87	88	89	90
91	92	93	94	95	96	97	98	99	100

b) Kreise die Ergebnisse rot ein.

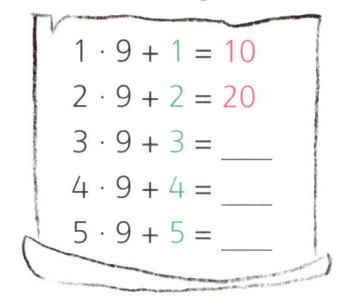

$1 \cdot 9 + 1 = 10$
$2 \cdot 9 + 2 = 20$
$3 \cdot 9 + 3 = \_\_\_$
$4 \cdot 9 + 4 = \_\_\_$
$5 \cdot 9 + 5 = \_\_\_$

Forschungsauftrag

c) Addiere die Ziffern der Neunerzahlen. Setze fort. Was fällt dir auf?

18	27	36
1 + 8 = ___	2 + 7 = ___	3 + 6 = ___

2
a) $4 \cdot 9 + \_\_\_ = 40$
   $3 \cdot 9 + \_\_\_ = 30$
   $5 \cdot 9 + \_\_\_ = 50$
   $2 \cdot 9 + \_\_\_ = 20$
   $6 \cdot 9 + \_\_\_ = 60$

b) $10 \cdot 9 + \_\_\_ = 90$
   $9 \cdot 9 + \_\_\_ = 90$
   $8 \cdot 9 + \_\_\_ = 90$
   $7 \cdot 9 + \_\_\_ = 70$
   $6 \cdot 9 + \_\_\_ = 70$

c) $3 \cdot 9 + \_\_\_ = 29$
   $2 \cdot 9 + \_\_\_ = 19$
   $5 \cdot 9 + \_\_\_ = 49$
   $4 \cdot 9 + \_\_\_ = 39$
   $7 \cdot 9 + \_\_\_ = 69$

3 Übe.

$0 \cdot 9 = \_\_\_$
$1 \cdot 9 = \_\_\_$
$2 \cdot 9 = \_\_\_$
$3 \cdot 9 = \_\_\_$
$4 \cdot 9 = \_\_\_$
$5 \cdot 9 = \_\_\_$
$6 \cdot 9 = \_\_\_$
$7 \cdot 9 = \_\_\_$
$8 \cdot 9 = \_\_\_$
$9 \cdot 9 = \_\_\_$
$10 \cdot 9 = \_\_\_$

4 Vergleiche. Schreibe > oder = oder <.

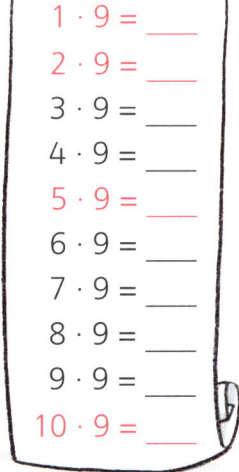

a) $3 \cdot 9 \bigcirc 40$
   $4 \cdot 9 \bigcirc 40$
   $5 \cdot 9 \bigcirc 40$
   $6 \cdot 9 \bigcirc 40$
   $7 \cdot 9 \bigcirc 40$

b) $4 \cdot 9 \bigcirc 45$
   $6 \cdot 9 \bigcirc 45$
   $3 \cdot 9 \bigcirc 45$
   $5 \cdot 9 \bigcirc 45$
   $8 \cdot 9 \bigcirc 45$

c) $8 \cdot 9 \bigcirc 81$
   $7 \cdot 9 \bigcirc 81$
   $9 \cdot 9 \bigcirc 81$
   $6 \cdot 9 \bigcirc 81$
   $10 \cdot 9 \bigcirc 81$

5
a) $9 \cdot 9 + 6$
   $8 \cdot 9 + 6$
   $7 \cdot 9 + 6$
   $5 \cdot 9 + 6$

b) $4 \cdot 9 + 5$
   $7 \cdot 9 + 5$
   $3 \cdot 9 + 5$
   $6 \cdot 9 + 5$

c) $2 \cdot 9 + 7$
   $4 \cdot 9 + 7$
   $8 \cdot 9 + 7$
   $9 \cdot 9 + 7$

d) $5 \cdot 9 + 9$
   $7 \cdot 9 + 9$
   $6 \cdot 9 + 9$
   $3 \cdot 9 + 9$

e) $10 \cdot 9 + 9$
   $20 \cdot 9 + 9$
   $11 \cdot 9 + 7$
   $12 \cdot 9 + 7$

25 32 36 41 43 51 54 59 63 68 69 72 78 79 87 88 99 106 115 189

6 Erforsche den Fingertrick.

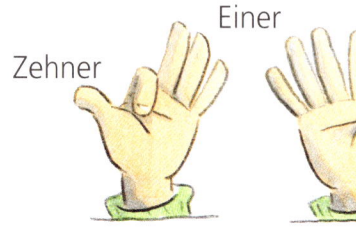

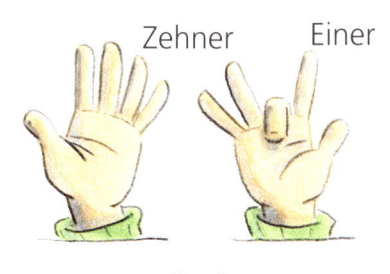

Zehner Einer   Zehner Einer

$2 \cdot 9$ $8 \cdot 9$

---

1 Kopiervorlage. **6** Der umgeknickte Finger zeigt den Multiplikand, die Finger links davon die Zehner des Ergebnisses, die Finger rechts davon die Einer des Ergebnisses.

Einmaleins mit 3, 6 und 9

89

1
1	2	③	4	5	⑥	7	8	9	10
11	12	13	14	15	16	17	18	19	20
21	22	23	24	25	26	27	28	29	30

Kreise in einer Hundertertafel ein:
a) die Dreierzahlen grün
b) die Sechserzahlen rot
c) die Neunerzahlen blau

Welche Zahlen fallen besonders auf?

d) Schreibe Malaufgaben zu den eingekreisten Zahlen.

2 Rechne und vergleiche.

a) 5 · 3 b) 8 · 3 c) 3 · 3 d) 9 · 3 e) 4 · 3 f) 7 · 3
   5 · 6   8 · 6   3 · 6   9 · 6   4 · 6   7 · 6
   5 · 9   8 · 9   3 · 9   9 · 9   4 · 9   7 · 9

3

Decke ab und rechne.   a) 2 · 9   b) 4 · 9   Setze fort.
                          3 · 6   6 · 6
                          6 · 3   12 · 3

4 a) ___ · 9 = 18   b) ___ · 6 = 12   c) ___ · 9 = 9   d) ___ · 6 = 36   e) ___ · 3 = 36
      ___ · 3 = 18   ___ · 3 = 12   ___ · 3 = 9   ___ · 9 = 36   ___ · 9 = 99
      ___ · 6 = 18   ___ · 6 = 24   ___ · 3 = 30   ___ · 9 = 72   ___ · 9 = 108
      ___ · 3 = 27   ___ · 3 = 24   ___ · 6 = 30   ___ · 9 = 81   ___ · 6 = 72
      ___ · 9 = 27   ___ · 9 = 45   ___ · 9 = 54   ___ · 9 = 90   ___ · 6 = 120

5 a) 54 : 9   b) 24 : 3   c) 48 : 6   d) 72 : 9   e) 90 : 9
      81 : 9   36 : 6   18 : 3   30 : 6   99 : 9
      36 : 9   42 : 6   54 : 6   15 : 3   180 : 9
      63 : 9   27 : 9   27 : 3   24 : 6   66 : 6
      45 : 9   18 : 6   18 : 9   21 : 3   72 : 6

6 Welche Rechenzeichen passen?

a) 6 ⊙ 3 = 2   b) 9 ○ 3 = 3   c) 4 ○ 9 = 36   d) 8 ○ 9 = 72   e) 9 ○ 6 = 54
   6 ○ 3 = 18   9 ○ 3 = 27   36 ○ 9 = 45   18 ○ 9 = 2   36 ○ 6 = 6
   6 ○ 3 = 9   9 ○ 3 = 6   45 ○ 9 = 5   28 ○ 4 = 7   18 ○ 6 = 3
   6 ○ 3 = 3   9 ○ 3 = 12   45 ○ 9 = 36   72 ○ 9 = 63   27 ○ 6 = 21

7 a) 20 = _6_ · 3 + _2_   b) 15 = ___ · 3 + ___   c) 24 = ___ · 3 + ___   d) 18 = ___ · 3 + ___
      20 = ___ · 6 + ___   15 = ___ · 6 + ___   24 = ___ · 6 + ___   18 = ___ · 6 + ___
      20 = ___ · 9 + ___   15 = ___ · 9 + ___   24 = ___ · 9 + ___   18 = ___ · 9 + ___

1 Kopiervorlage. **2** und **3** Feststellen: Im Vergleich mit der 3 doppelt so große Ergebnisse bei der 6, dreimal so große bei der 9.

Einmaleins mit 7

①

Woche	Februar 5 6 7 8	März 9 10 11 12 13	April 13 14 15 16 17	Mai 17 18 19 20 21 22
Mo	1 8 15 22	1 8 15 22 29	5 12 19 26	3 10 17 24 31
Di	2 9 16 23	2 9 16 23 30	6 13 20 27	4 11 18 25
Mi	3 10 17 24	3 10 17 24 31	7 14 21 28	5 12 19 26
Do	4 11 18 25	4 11 18 25	1 8 15 22 29	6 13 20 27
Fr	5 12 19 26	5 12 19 26	2 9 16 23 30	7 14 21 28
Sa	6 13 20 27	6 13 20 27	3 10 17 24	1 8 15 22 29
So	7 14 21 28	7 14 21 28	4 11 18 25	2 9 16 23 30

a) 1 Woche hat 7 Tage.
b) 2 Wochen haben ___ Tage.
c) 3 Wochen haben ___ Tage.
d) 4 Wochen haben ___ Tage.
e) 5 Wochen haben ___ Tage.
f) Setze fort.

② Kernaufgaben

1 · 7 = ___
2 · 7 = ___
5 · 7 = ___
10 · 7 = ___

③ Diese Aufgaben kennst du schon.

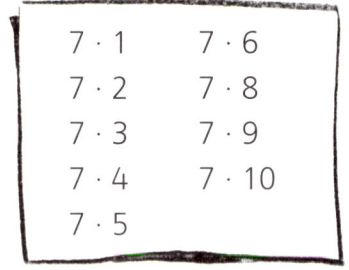

7 · 1   7 · 6
7 · 2   7 · 8
7 · 3   7 · 9
7 · 4   7 · 10
7 · 5

Rechne die Tauschaufgaben.

1 · 7

④

0 · 7 = ___
1 · 7 = ___
2 · 7 = ___
3 · 7 = ___
4 · 7 = ___
5 · 7 = ___
6 · 7 = ___
7 · 7 = ___
8 · 7 = ___
9 · 7 = ___
10 · 7 = ___

⑤ Von den Kernaufgaben zu den anderen Aufgaben.

2 · 7	2 · 7	5 · 7	5 · 7	10 · 7	10 · 7
1 · 7	2 · 7	1 · 7	2 · 7	2 · 7	1 · 7
3 · 7	**4 · 7**	**6 · 7**	**7 · 7**	**8 · 7**	**9 · 7**

⑥
a) 8 · 7   b) 3 · 7   c) 7 · 7   d) 1 · 7   e) 11 · 7   f) 30 · 7
   4 · 7   6 · 7   6 · 7   0 · 7   12 · 7   50 · 7
   2 · 7   9 · 7   5 · 7   10 · 7   20 · 7   100 · 7

starke Päckchen

⑦
a) 21 : 7 = ___   b) 35 : 7 = ___   c) 42 : 7 = ___   d) 14 : 7 = ___   e) 70 : 7 = ___
   70 : 7 = ___   63 : 7 = ___   56 : 7 = ___   7 : 7 = ___   140 : 7 = ___
   28 : 7 = ___   0 : 7 = ___   49 : 7 = ___   0 : 7 = ___   210 : 7 = ___

⑧ Wie viele Wochen sind es?
a) 28 Tage   b) 42 Tage   c) 7 Tage   d) 35 Tage   e) 115 Tage
   21 Tage   49 Tage   70 Tage   77 Tage   140 Tage
   14 Tage   63 Tage   56 Tage   84 Tage   280 Tage

⑨ Wie viele Wochen und Tage sind es?
a) 20 Tage   a) 20 Tage = 2 Wochen 6 Tage   b) 42 Tage   c) 10 Tage   d) 56 Tage
   21 Tage   43 Tage   14 Tage   55 Tage
   22 Tage   44 Tage   18 Tage   53 Tage

---

① Kalender besprechen. **③** Aus bereits bekannten Aufgaben Tauschaufgaben herleiten.
⑨ Aufgaben mit Rest.

Einmaleins mit 7

1 Meine Marienkäfer haben zusammen 28 Punkte. Wie viele Käfer sind es?

2 In unserem Garten haben fünf Siebenschläfer überwintert. Jeder schlief 7 Monate.

3 Ein Igel schläft im Winter 3 Monate. In unserem Garten lebten 2 Igel.

4
a) 70 = ___ · 7
   35 = ___ · 7
   63 = ___ · 7

b) 21 = ___ · 7
   42 = ___ · 7
   49 = ___ · 7

c) 7 = ___ · 7
   14 = ___ · 7
   28 = ___ · 7

d) 14 = ___ · 2
   42 = ___ · 6
   56 = ___ · 8

e) 63 = ___ · 9
   45 = ___ · 9
   72 = ___ · 9

5 Rechne mit Siebenerzahlen.

a) 28 + 7
   42 + 7
   14 + 7
   63 + 7
   49 + 7

b) 42 + 42
   21 + 21
   14 + 14
   35 + 35
   28 + 21

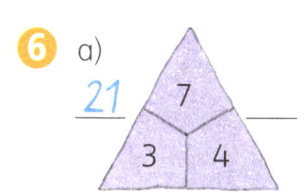

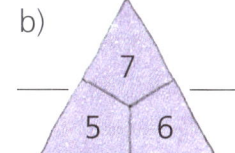

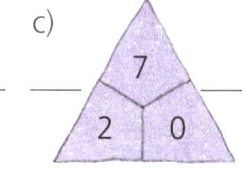

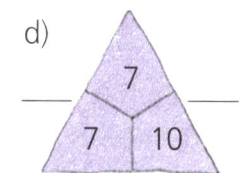

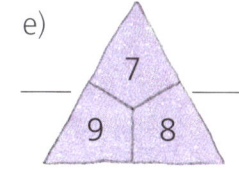

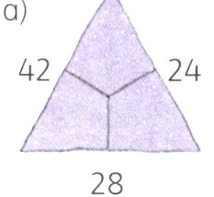

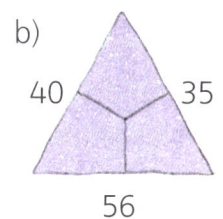

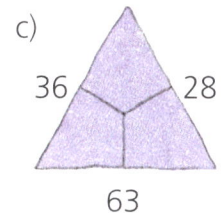

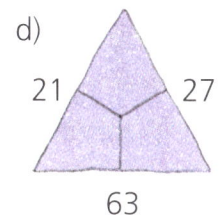

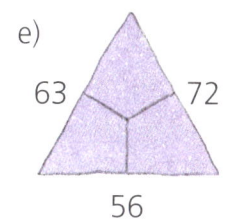

c) 49 − 7
   63 − 7
   56 − 7
   35 − 7
   21 − 7

d) 28 − 14
   84 − 21
   56 − 42
   49 − 35
   70 − 42

e) 14 + 28
   28 + 35
   56 + 28
   49 + 49
   35 + 56

6 (Dreiecke oben: 7 / unten links, unten rechts)
a) 21 | 7 / 3, 4
b) 7 / 5, 6
c) 7 / 2, 0
d) 7 / 7, 10
e) 7 / 9, 8

7 (Dreiecke: links, rechts / unten)
a) 42, 24 / 28
b) 40, 35 / 56
c) 36, 28 / 63
d) 21, 27 / 63
e) 63, 72 / 56

8
a) Nadja hat 10 Haustiere. Sie hat Kaninchen und Wellensittiche. Wenn man alle Beine zusammenzählt, sind es 26. Wie viele Kaninchen und Wellensittiche hat sie?

b) Familie Meyer hat 15 Haustiere. Die Pferde und Hühner haben zusammen 36 Beine. Wie viele Pferde und Hühner sind es?

2 und **3** Scherzfragen.

Wiederholung

1 Wer hat am meisten gespart?

- Ich habe sieben 2-€-Münzen und einen 10-€-Schein.
- Ich habe acht 5-€-Scheine und einen 20-€-Schein.
- Ich habe neun 5-€-Scheine und einen 20-€-Schein.
- Ich habe zehn 10-€-Scheine und eine 2-€-Münze.

2 Lege und rechne.

a) 10 · 5 € + 50 €
10 · 2 € + 5 €
8 · 1 € + 50 €
8 · 10 € + 2 €
8 · 2 € + 4 €

b) 2 · 5 € + 10 €
4 · 5 € + 20 €
6 · 5 € + 30 €
8 · 5 € + 40 €
5 · 5 € + 5 €

c) 7 · 5 € + 2 €
7 · 10 € + 20 €
7 · 2 € + 6 €
5 · 1 € + 60 €
4 · 10 € + 5 €

Immer erst die Malaufgabe rechnen.

20 € 20 € 20 € 25 € 30 € 37 € 40 € 45 € 58 € 60 € 65 € 80 € 82 € 90 € 100 €

3 Die Kinder wollen Kuscheltiere kaufen.
a) Sven hat 42 € gespart.
b) Sina sparte 55 €.
c) Tilo möchte den Affen und das Krokodil kaufen. Er hat 80 €.
d) Basil konnte sogar 65 € sparen.
e) Lea möchte zwei Tiere kaufen. Sie hat 50 €.
f) Claudia möchte alle Tiere kaufen.

63 €   15 €   35 €   23 €   14 €

4  Kannst du 100 € legen?
a) mit 2 Scheinen   b) mit 3 Scheinen   c) mit 4 Scheinen   Setze fort.
Wie viele Scheine kannst du höchstens legen?
Vermute. Probiere. Begründe.

Forschungsauftrag

5 Wie viele Quadrate brauchst du?
a) für einen Würfel
b) für drei Würfel
c) für zehn Würfel
d) für fünf Würfel
e) für sieben Würfel
f) für acht Würfel

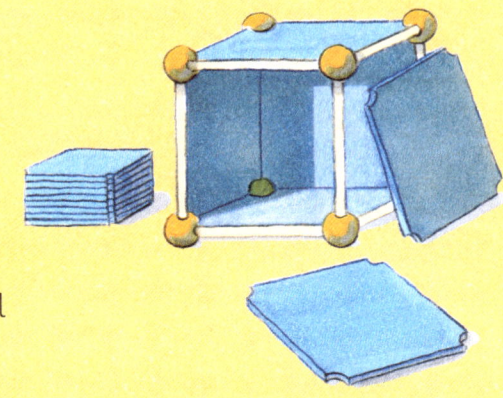

6 Wie viele Kugeln brauchst du für die Ecken?
a) für einen Würfel
b) für drei Würfel
c) für vier Würfel
d) für sechs Würfel
e) für 12 Würfel
f) für 20 Würfel

1 Scheine und Münzen legen.   **3** Teilweise mehrere Lösungen möglich.   **4** Manchmal geht es nicht.

Formen

1

A Brief
B Fußgänger
C Dartscheibe
D Drachen
E Uhr
F Heft
G Gefahrenstelle
H Vorfahrtstraße
I Lineal
J CD

a) Lege eine Tabelle an.

■ Quadrat	■ Rechteck	▲ Dreieck	● Kreis
	A Brief		

b) Welche Formen entdeckst du auf dem Schulweg oder zu Hause? Ergänze die Tabelle.

2 Beschreibe die Freihandzeichnungen. Welche Formen siehst du?

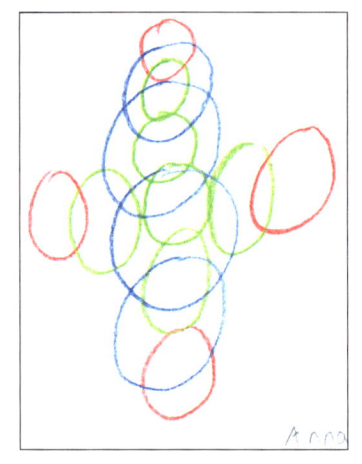

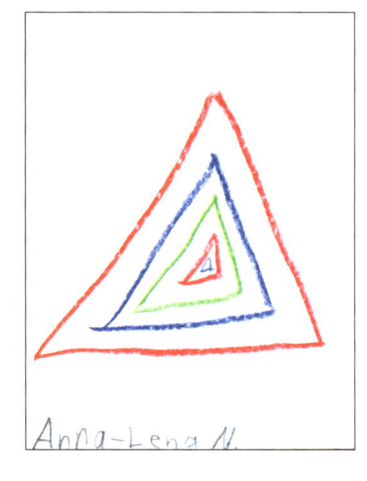

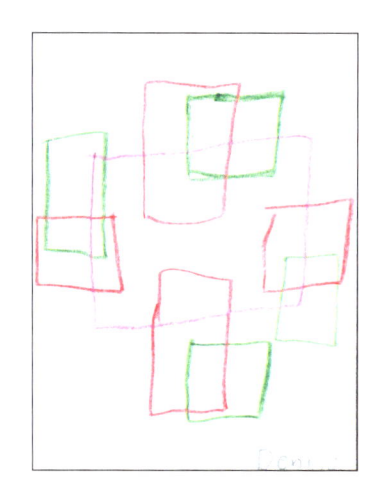

3 Probiere selbst schöne Freihandzeichnungen.

1 Begriffe klären: Das Quadrat ist ein besonderes Rechteck.
3 Blankopapier nutzen.

Formen auf dem Geobrett

1

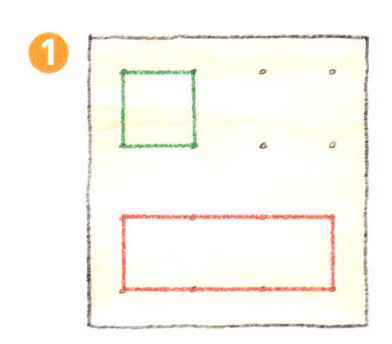

Spanne verschiedene Formen und Figuren.

Lass sie von deinen Partnern nachspannen.

2 Spanne und zeichne Vierecke. Sie sollen sich nicht berühren.
a)   b)   c)   d)   e)

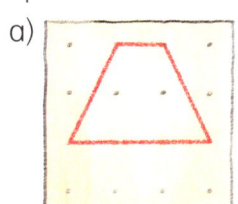

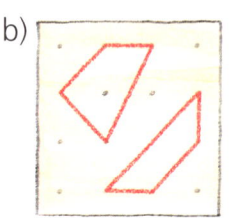

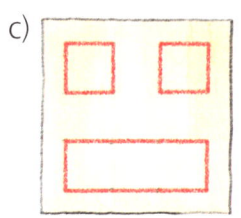

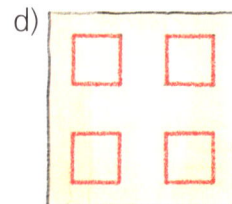

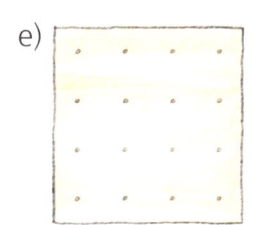

3 Spanne und zeichne möglichst viele Dreiecke. Sie sollen sich nicht berühren.
a)   b)   c)   d)   e)

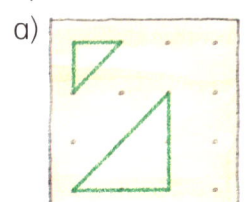

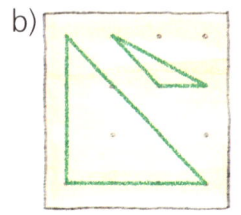

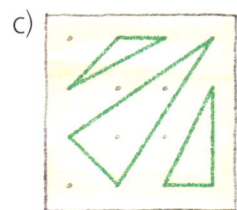

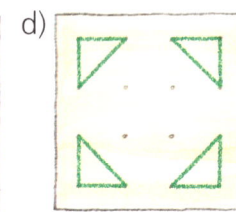

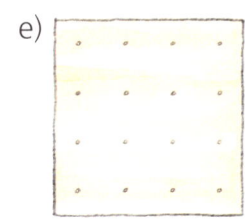

4 Schreibe die Eckpunkte der Formen auf.

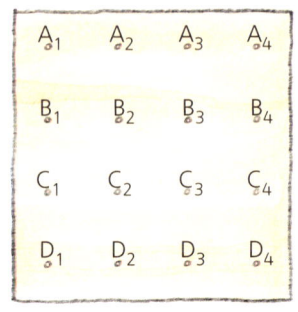

A_1 A_2 A_3 A_4
B_1 B_2 B_3 B_4
C_1 C_2 C_3 C_4
D_1 D_2 D_3 D_4

a) A_1 A_3 C_3 C_1

b)   c)   d)   e)   f)   g)

Jeder Nagel hat einen Namen.

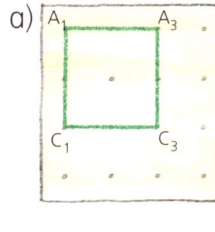

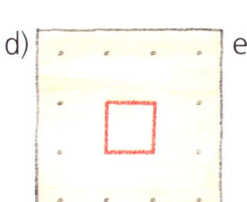

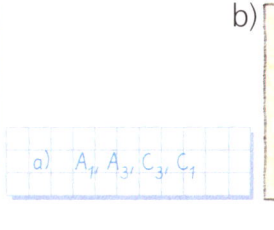

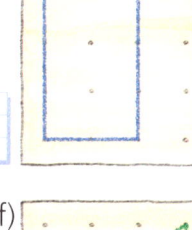

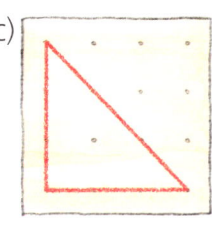

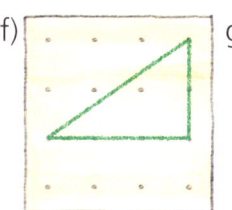

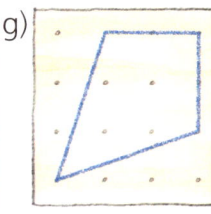

5 Spanne und zeichne. Welche Form entsteht?
a) von A_1 zu A_4 zu D_4 zu D_1 und zurück zu A_1
b) von B_2 zu B_4 zu D_4 zu D_2 und zurück zu B_2
c) von D_1 zu A_4 zu D_4 und zurück zu D_1
d) von A_3 zu B_4 zu D_2 zu C_1 und zurück zu A_3
e) von C_1 zu A_3 zu D_3 und zurück zu C_1
f) von B_1 zu D_2 zu D_3 zu A_4 und zurück zu B_1

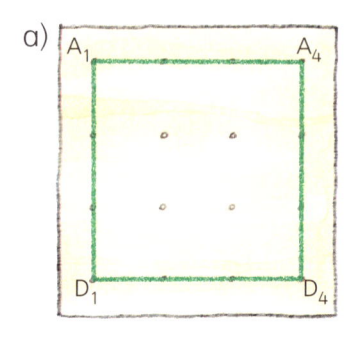

a) ein Quadrat

Diktiert euch weitere Formen.

Zum Zeichnen Kopiervorlage nutzen.

Spiegelbilder am Geobrett

95

1 Beschreibe das Spiegelbild.

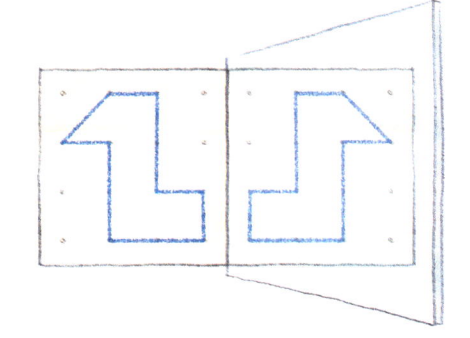

2 Spanne die Figur und das Spiegelbild. Worauf musst du achten?

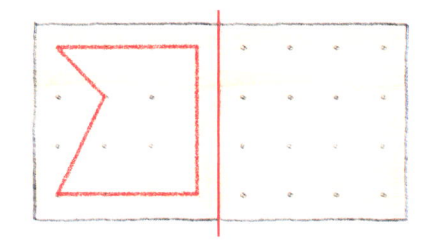

Prüfe mit dem Spiegel.

3 a) Prüfe die Spiegelbilder. Welche passen?

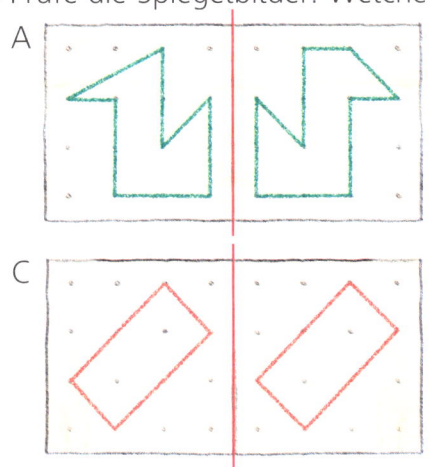

A

B

C

D

b) Spanne und zeichne richtig.

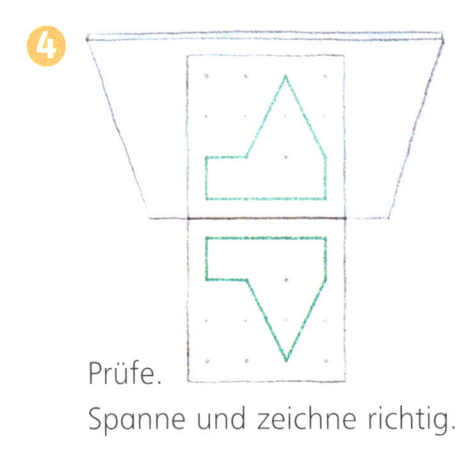

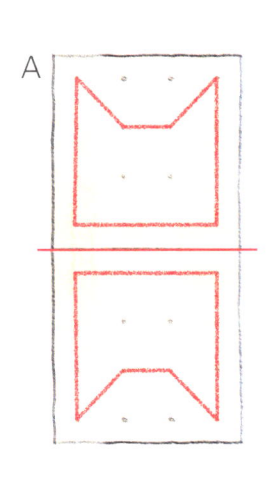

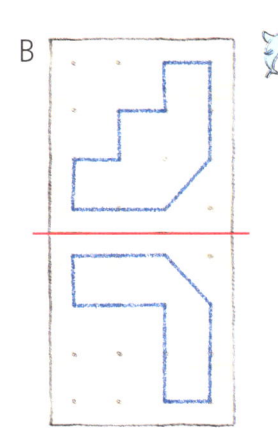

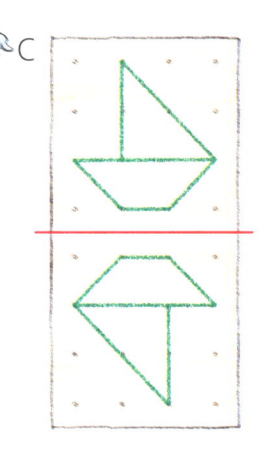

4 Prüfe. Spanne und zeichne richtig.

A B C

5 Spannt und zeichnet dazu das Spiegelbild.

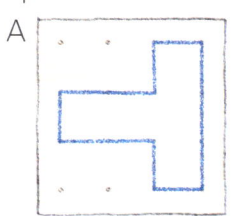

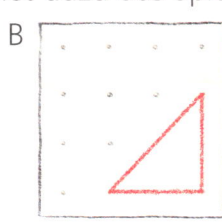

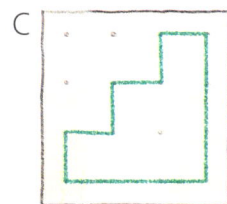

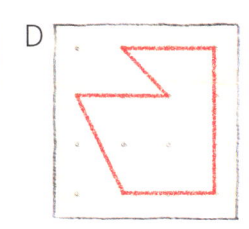

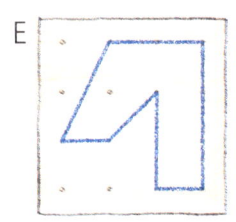

A B C D E

6 Stellt eigene Figuren und ihre Spiegelbilder her. Prüft mit dem Spiegel.

Kopiervorlage nutzen. **3** Nur eine richtige Lösung. **5** und **6** Partnerarbeit: Ein Kind spannt die Figur, das andere das Spiegelbild. Die Kinder entscheiden, in welche Richtung sie spiegeln.

Ergänzen

1 Tobias hat 24 € gespart. Wie viel Geld fehlt ihm noch?

Pia:
24 + 20 = 44
44 + 6 = 50
20 + 6 = 26

Tim:
24 + 6 = 30
30 + 20 = 50
6 + 20 = 26

Rechenkonferenz

2
a) 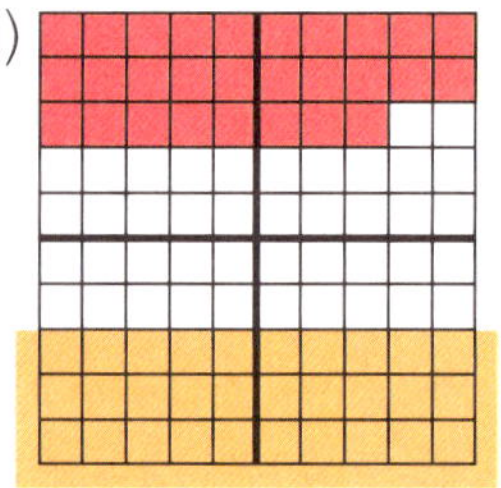 28 + 42 = 70
b) 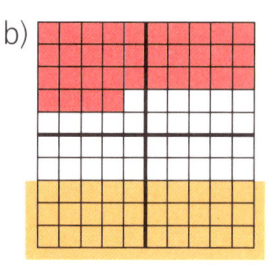 34 + ___ = 70
c) 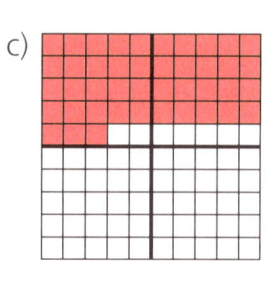 43 + ___ = 100
d) 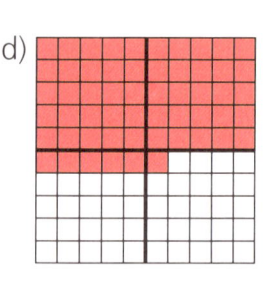 56 + ___ = 100

e) 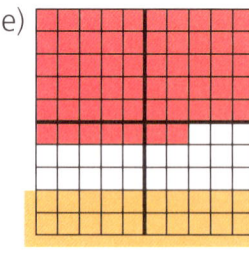 ___ + ___ = 80
f) 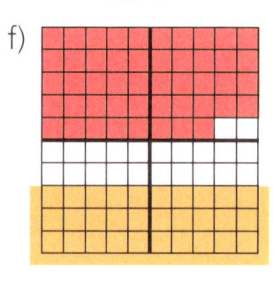 ___ + ___ = 70
g) 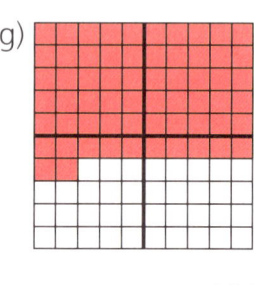 ___ + ___ = 100
h) 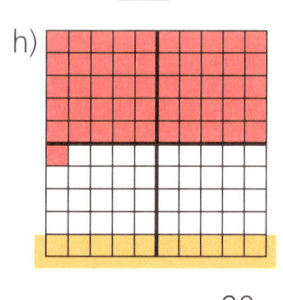 ___ + ___ = 90

3 Zeige und ergänze am Hunderterfeld.

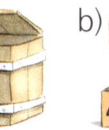

a) 20 + ___ = 50
24 + ___ = 50
27 + ___ = 50

40 + ___ = 80
44 + ___ = 80
48 + ___ = 80

b) 10 + ___ = 50
11 + ___ = 50
18 + ___ = 50

39 + ___ = 80
35 + ___ = 80
32 + ___ = 80

c) 30 + ___ = 60
37 + ___ = 60
47 + ___ = 60

49 + ___ = 90
47 + ___ = 90
45 + ___ = 90

d) 20 + ___ = 90
28 + ___ = 90
25 + ___ = 90

25 + ___ = 100
28 + ___ = 100
48 + ___ = 100

4 
a) 17 + ___ = 30
12 + ___ = 30
7 + ___ = 30

27 + ___ = 40
22 + ___ = 40
17 + ___ = 40

b) 35 + ___ = 60
33 + ___ = 60
25 + ___ = 60

59 + ___ = 80
55 + ___ = 80
39 + ___ = 80

c) 47 + ___ = 90
57 + ___ = 90
67 + ___ = 90

58 + ___ = 100
68 + ___ = 100
88 + ___ = 100

d) 22 + ___ = 100
44 + ___ = 100
66 + ___ = 100

33 + ___ = 100
77 + ___ = 100
99 + ___ = 100

5 zum Knobeln

a)  10, 8, 14, 17, 16, 13, 5, 22, 15 → 40
b)  30, 20, 26, 36, 9, 35, 49, 24, 11 → 80
c) 18, 30, 46, 42, 15, 28, 25, 36, 60 → 100

1 Eigene Rechenwege versuchen. Auch andere Wege erproben und besprechen.
2 bis **5** Feststellen: Je größer der eine Summand ist, desto kleiner der andere (bei gleichem Summenwert).
3 und **4** Am Hunderterfeld zeigen und ergänzen.

Ergänzen

1
In der Aktionswoche nur 90 €! / 100 €

a) Nelli hat 44 € gespart.
b) Niklas hat schon 65 € gespart.
c) Laura bekommt in der Woche 2 € Taschengeld. Sie hat schon 84 € für das Fahrrad gespart. Wie lange muss sie noch sparen?

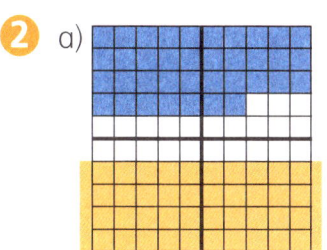

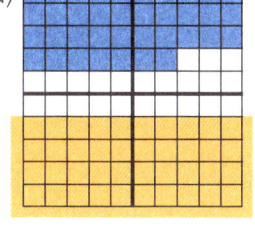

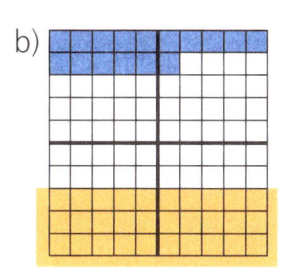

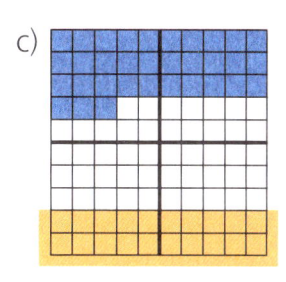

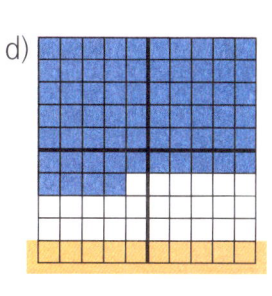

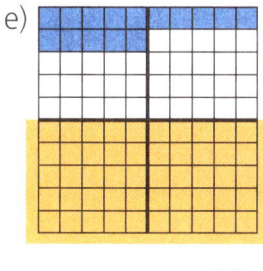

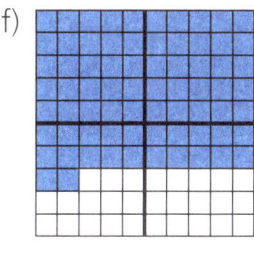

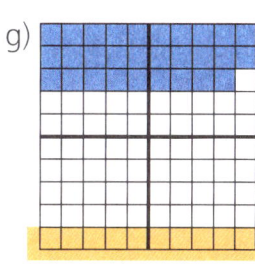

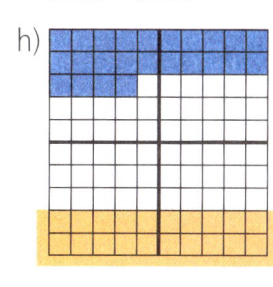

2
a) ___ + ___ = 60
b) ___ + ___ = 70
c) ___ + ___ = 80
d) ___ + ___ = 90
e) ___ + ___ = 50
f) ___ + ___ = 100
g) ___ + ___ = 90
h) ___ + ___ = 80

3 Zeige und ergänze am Hunderterfeld.

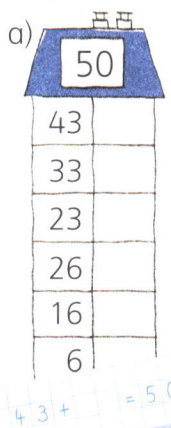

a) 50: 43, 33, 23, 26, 16, 6
b) 40: 37, 27, 17, 11, 21, 31
c) 70: 68, 58, 48, 45, 35, 25
d) 60: 45, 34, 52, 21, 46, 5
e) 95: 45, 31, 17, 51, 62, 9

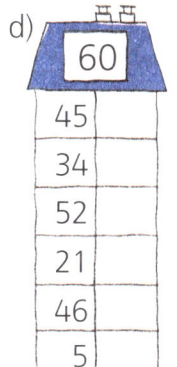

a) 43 + ___ = 50

4
a) Sindy hat 100 € gespart. Sie kauft einen Helm für 32 € und Leuchtstreifen für 3 €.

b) Sinar spart jede Woche 3 € für eine Ritterburg. Sie kostet ungefähr 70 €. Er hat schon 64 € zusammen.

5 Schnelles Rechnen

Stellt euch viele Aufgaben mit der Zielzahl 50.

15   +35

① und ④ Evtl. Aufgaben mit Rechengeld lösen. Jeweils auch prüfen, ob die Antworten angemessen auf die Problemstellungen eingehen. ③ Kopiervorlage nutzen.

Rechenwege – Addieren

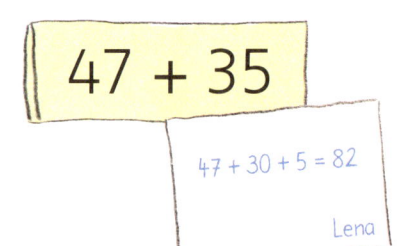

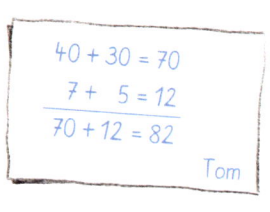

1 Rechenkonferenz

47 + 35

47 + 30 + 5 = 82
Lena

40 + 30 = 70
7 + 5 = 12
70 + 12 = 82
Tom

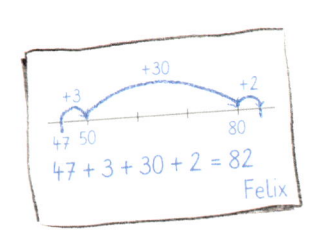

+3 +30 +2
47 50   80
47 + 3 + 30 + 2 = 82
Felix

2 Wie rechnest du? Vergleicht miteinander.
a) 37 + 16   b) 56 + 38   c) 25 + 36   d) 65 + 27   e) 27 + 35

3
a)	b)	c)	d)	e)
26 + 5	18 + 7	25 + 8	34 + 36	43 + 29
26 + 15	18 + 17	25 + 18	35 + 37	38 + 38
26 + 25	18 + 37	25 + 28	36 + 38	49 + 37
26 + 35	18 + 57	27 + 38	37 + 34	56 + 38
26 + 45	18 + 77	27 + 58	38 + 35	45 + 47
26 + 65	18 + 82	27 + 68	39 + 36	37 + 37

25 31 33 35 41 43 51 53 55 61 65 70 71 71 72 72 73 74 74 75 75 76 85 86 91 92 94 95 95 100

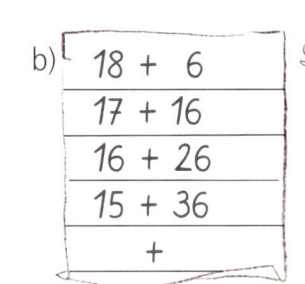

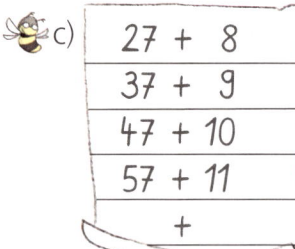

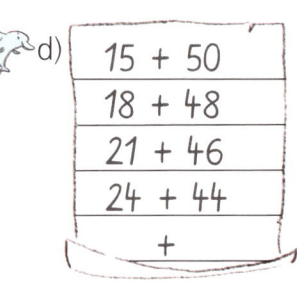

4 starke Päckchen
a)	b)	c)	d)
38 + 7	18 + 6	27 + 8	15 + 50
38 + 17	17 + 16	37 + 9	18 + 48
38 + 27	16 + 26	47 + 10	21 + 46
38 + 37	15 + 36	57 + 11	24 + 44
+	+	+	+

5
a)	b)	c)	d)	e)
20 + 30	40 + 20	70 + 10	50 + 30	48 + 37
25 + 30	46 + 20	73 + 10	54 + 30	26 + 48
25 + 37	46 + 28	73 + 19	54 + 37	36 + 59
25 + 38	46 + 29	75 + 19	56 + 37	32 + 49
27 + 38	44 + 29	75 + 17	57 + 37	53 + 28

50 55 60 62 63 65 66 73 74 74 75 80 80 81 81 83 84 85 91 91 92 92 93 94 94 95

6 Schnelles Rechnen

Zeigt und rechnet Malaufgaben am Hunderterfeld.

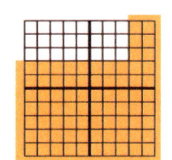

3 · 8

7 a) 5 7 9 ● 2 4 6   b) 12 18 24 ● 2 3 6

① Auf eigenen Wegen rechnen. Verschiedene Lösungswege vergleichen und begründen.
① bis ⑤ Aufgaben individuell lösen.

Rechenwege – Addieren

1 Rechenkonferenz

38 + 29

38 + 2 = 40
40 + 27 = 67
Malte

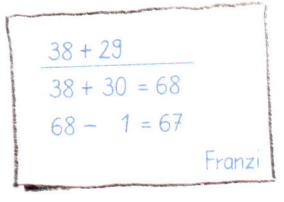

38 + 29
38 + 30 = 68
68 − 1 = 67
Franzi

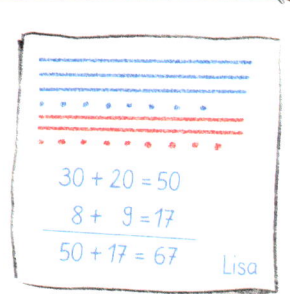

30 + 20 = 50
8 + 9 = 17
50 + 17 = 67
Lisa

2 Probiere unterschiedliche Rechenwege.
a) 42 + 19   b) 29 + 35   c) 17 + 49   d) 43 + 39   e) 19 + 68

3
a) 45 + 37
26 + 55

47 + 37
48 + 37

49 + 34
28 + 54

b) 26 + 27
37 + 15

28 + 44
58 + 15

24 + 59
38 + 44

c) 36 + 38
37 + 36

42 + 49
39 + 53

55 + 16
46 + 26

d) 46 + 15
35 + 27

57 + 38
77 + 17

38 + 36
36 + 37

e) 58 + 39
59 + 37

53 + 38
36 + 56

74 + 17
15 + 77

Die Ergebnisse der Paare sind Nachbarzahlen.

4 Vergleiche. Schreibe < oder > oder =.

a) 26 + 28 ◯ 60
27 + 29 ◯ 60
28 + 30 ◯ 60
29 + 31 ◯ 60

b) 16 + 16 ◯ 40
17 + 18 ◯ 40
18 + 20 ◯ 40
19 + 22 ◯ 40

c) 36 + 42 ◯ 75
37 + 40 ◯ 75
38 + 38 ◯ 75
39 + 36 ◯ 75

d) 45 + 37 ◯ 83
48 + 37 ◯ 83
46 + 37 ◯ 83
47 + 37 ◯ 83

5
a) 62 + 19 ◯ 80
64 + 28 ◯ 80
67 + 17 ◯ 80
53 + 49 ◯ 80

b) 29 + 34 ◯ 70
37 + 59 ◯ 70
56 + 19 ◯ 70
49 + 37 ◯ 70

c) 43 + 49 ◯ 95
33 + 68 ◯ 95
29 + 66 ◯ 95
65 + 28 ◯ 95

d) 25 + 58 ◯ 57
39 + 25 ◯ 57
57 + 37 ◯ 57
45 + 17 ◯ 57

6 Kann das stimmen?

a) „Das Doppelte von 37 ist 75."
b) „Die Hälfte von 96 ist 48."
c) „75 ist größer als das Doppelte von 35."
d) „28 ist die Hälfte von 59."
e) „Die Hälfte von 36 ist um 12 kleiner als 30."

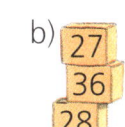

7 Knobeln

a) 35, 28, 0 / 29, 25, 14 / 18, 6, 25 — 60
b) 27, 5, 15 / 36, 17, 10 / 28, 13, 14 — 55
c) 36, 10, 20 / 24, 30, 38 / 17, 16, 25 — 72

① Auf eigenen Wegen rechnen. Verschiedene Lösungswege vergleichen und begründen.
② und ③ Aufgaben individuell lösen. ⑥ Drei Aussagen stimmen.

Wiederholung

100

1 "Mein Bus hat nur 54 Plätze."

Welche Klassen könnten gemeinsam fahren?

Auftrag:	GS Brake
Ziel:	Zoo Münster
Tag:	Donnerstag
Teilnehmer:	

Klassen	Personen
2 a	25
2 b	27
2 c	24
2 d	29

SUN Reisen

2 Der Reisebus hat 53 Plätze. Drei Klassen wollen ins Museum:
2 a mit 25 Kindern, 2 b mit 26 Kindern und Klasse 2 c mit 28 Kindern.
Welche Klassen passen zusammen in den Bus?

Wie ist das bei euch?

3 Wie viele Kinder könnten jeweils mitfahren?

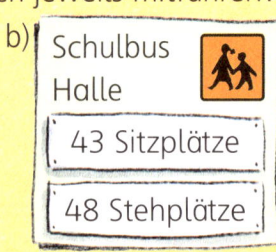

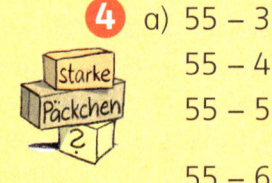

a) Schulbus Stieldorf — 45 Sitzplätze, 45 Stehplätze

b) Schulbus Halle — 43 Sitzplätze, 48 Stehplätze

c) Schulbus Bomlitz — 37 Sitzplätze, 55 Stehplätze

d) Schulbus Herzberg — 53 Sitzplätze, 47 Stehplätze

4
a)	b)	c)	d)	e)
55 – 3	33 – 3	67 – 5	49 – 8	56 – 7
55 – 4	33 – 4	66 – 5	48 – 8	35 – 8
55 – 5	33 – 5	65 – 5	47 – 8	73 – 5
55 – 6	33 – 7	64 – 5	46 – 8	42 – 6
55 – 8	33 – 8	63 – 5	44 – 8	84 – 9
55 – 7	33 – 9	62 – 5	45 – 8	65 – 7

5 a) 87 75 94 – 60 6 8
15 27 34 67 69 79 81 86 88

b) 66 74 58 – 40 7 9
18 26 34 49 51 57 59 65 67

6
a)	b)	c)	d)
100 – 0 – 5	85 – 70 – 3	35 – 30 + 5	80 – 44 + 44
90 – 10 – 4	85 – 60 – 4	45 – 20 + 6	85 – 36 + 36
80 – 20 – 3	85 – 50 – 5	55 – 30 + 7	76 + 24 – 24
70 – 30 – 2	85 – 40 – 6	65 – 20 + 9	48 + 48 – 48
60 – 40 – 1	85 – 20 – 7	75 – 30 + 8	63 – 17 + 17

10 12 19 21 30 31 32 38 39 48 53 54 57 58 63 76 76 80 85 95

7 a) 3 6 9 5 4 8   b) 8 7 5 7 6 9

1 Fünf verschiedene Lösungen möglich. **2** Zwei Lösungen.

Rechenwege – Subtrahieren

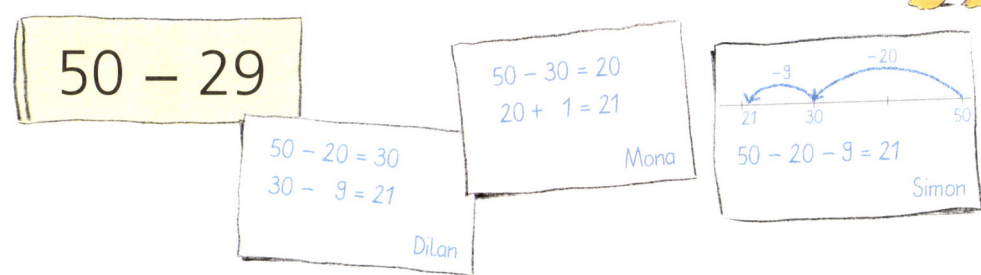

1 Rechenkonferenz

50 – 29

50 – 20 = 30
30 – 9 = 21
Dilan

50 – 30 = 20
20 + 1 = 21
Mona

50 – 20 – 9 = 21
Simon

2 Wähle deinen Rechenweg.
 a) 50 – 39   b) 70 – 27   c) 100 – 83   d) 60 – 32   e) 90 – 58

3 starke Päckchen

a)
50 – 20
50 – 22
50 – 30
50 – 32
50 – 40

b)
80 – 30
80 – 35
80 – 40
80 – 45
80 –

c)
70 – 40
70 – 43
70 – 50
70 – 53
70 –

d)
90 – 50
90 – 54
90 – 60
90 –

4 starke Päckchen

a)	b)	c)	d)	e)
60 + 20	20 + 16	50 + 33	70 – 25	50 – 48
60 – 20	20 – 16	50 – 33	70 + 25	50 + 48
70 + 21	30 + 17	60 + 36	30 – 27	40 – 37
70 – 21	30 – 17	60 – 36	30 + 27	40 + 37
50 + 22	40 + 18	40 + 39	40 – 29	60 – 46
50 – 22	40 – 18	40 – 39	40 + 29	60 + 46

1 2 3 4 11 13 14 17 22 24 28 36 40 45 47 49 57 58 69 72 77 79 80 83 91 95 96 98 106

5 Welche Rechengeschichte passt?

a) 50 € – 28 € = ____ €   b) 3 · 5 € = ____ €   c) 100 € : 4 = ____ €

A Felix hat 28 € gespart. Er kauft ein Spiel für 50 €.

A Simon hat 5 €. Er gibt davon 3 € aus.

A Die Familie Klaus hat 100 € gewonnen. Den Gewinn teilen sich die vier Kinder.

B Das Trikot kostet 28 €, die Sportschuhe das Doppelte.

B Die CD kostet im Angebot 5 €. Jan kauft drei.

B Jonas bezahlt mit einem 100-€-Schein. Er bekommt 4 € zurück.

C Felix hat 50 € gespart. Er kauft ein Spiel für 28 €.

C Lisa muss für 3 CDs insgesamt 5 € bezahlen.

C Die vier Geschwister haben jeder 100 € gewonnen.

1 Erst auf eigenem Weg rechnen. Lösungswege vergleichen und beurteilen.
5 Fragen, rechnen und antworten.

Rechenwege – Subtrahieren

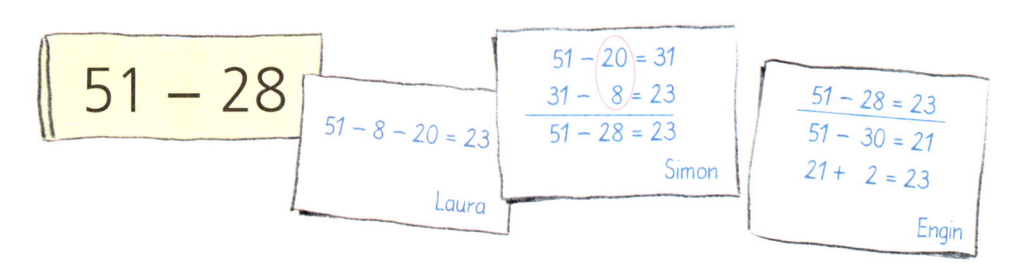

1 Rechenkonferenz

51 – 28

Laura: 51 – 8 – 20 = 23

Simon:
51 – 20 = 31
31 – 8 = 23
51 – 28 = 23

Engin:
51 – 28 = 23
51 – 30 = 21
21 + 2 = 23

2 Rechne auf deinem Weg. Vergleicht miteinander.
a) 61 – 16   b) 72 – 27   c) 84 – 48   d) 95 – 59   e) 83 – 38

Die Ergebnisse sind immer Neunerzahlen.   Fällt dir was auf?

3
a) 34 – 6
34 – 16

84 – 5
84 – 25

64 – 8
64 – 38

b) 45 – 8
45 – 28

65 – 7
65 – 57

55 – 9
55 – 19

c) 52 – 30
52 – 39

82 – 40
82 – 46

92 – 20
92 – 27

d) 63 – 20
63 – 26

43 – 20
43 – 28

53 – 30
53 – 38

e) 96 – 50
96 – 59

76 – 40
76 – 48

86 – 60
86 – 67

8 13 15 15 17 18 19 22 23 23 26 26 28 28 36 36 36 37 37 37 42 43 46 46 56 58 59 65 72 79

4 In jeder Rechentafel sind 5 Fehler. Kontrolliere und rechne richtig.

a)
–	17	18	19
48	31	30	27
47	30	29	38
46	29	26	25
44	27	24	

a) 48 – 19 = 29

b)
–	23	25	27
57	34	12	30
56	33	31	28
54	31	29	27
52	39	37	35

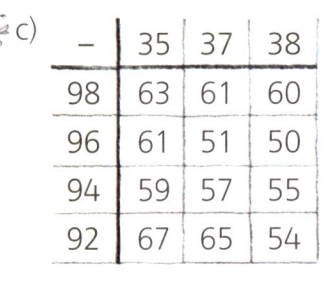

c)
–	35	37	38
98	63	61	60
96	61	51	50
94	59	57	55
92	67	65	54

5
a) Schülerbücherei – Von den 75 Tierbüchern sind 37 ausgeliehen.
b) Klassenbücherei – 43 Bücher. 18 Bücher fehlen.
c) Leseecke – Wir hatten 56 Bücher. 28 sind ausgeliehen.

W

6 a) 0 7 8 ● 6 3 4 0   b) 16 40 24 32 ● 4 8

---

1 Eigene und die vorgestellten Rechenwege beschreiben. Verschiedene Schreibweisen zulassen.
2 Begründen, wann die Ergebnisse immer Neunerzahlen sind.
Diff.: Weitere Aufgaben wählen und Aussage prüfen.

Subtrahieren

1 Start 100

a) 1 0 0 – 1 1 = 8 9
    8 9 – 1 1 = 7 8
    7 8 – 1 1 =

a) Immer – 11
Wie oft geht es? Vermute erst.

b) Immer – 22
c) Immer – 44
d) Immer – 12
e) Immer – 24

f) Immer – 28
g) Immer – 14
h) Immer – 15
i) Immer – 25

Endergebnisse: 0 1 2 4 4 10 12 12 16

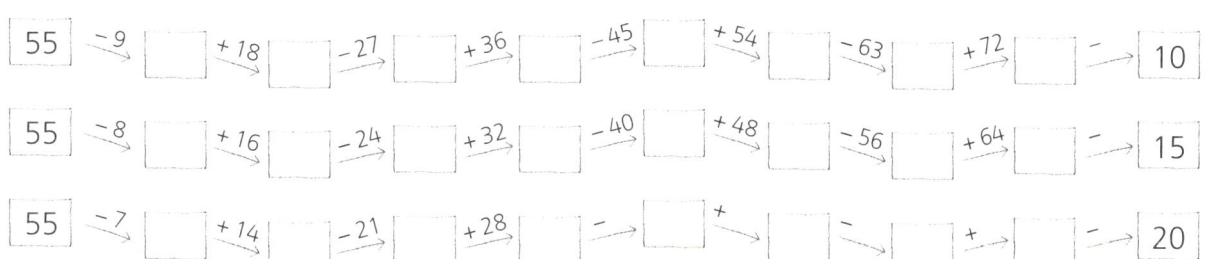

2 Setze fort.

55 →⁻⁹ ☐ →⁺¹⁸ ☐ →⁻²⁷ ☐ →⁺³⁶ ☐ →⁻⁴⁵ ☐ →⁺⁵⁴ ☐ →⁻⁶³ ☐ →⁺⁷² ☐ →⁻ 10

55 →⁻⁸ ☐ →⁺¹⁶ ☐ →⁻²⁴ ☐ →⁺³² ☐ →⁻⁴⁰ ☐ →⁺⁴⁸ ☐ →⁻⁵⁶ ☐ →⁺⁶⁴ ☐ →⁻ 15

55 →⁻⁷ ☐ →⁺¹⁴ ☐ →⁻²¹ ☐ →⁺²⁸ ☐ →⁻ ☐ →⁺ ☐ →⁻ ☐ →⁺ ☐ →⁻ 20

3
a) 62 – 28
64 – 29

56 – 37
52 – 34

42 – 26
44 – 29

b) 78 – 49
75 – 47

83 – 56
86 – 58

95 – 67
92 – 63

c) 65 – 26
85 – 47

94 – 77
73 – 57

54 – 35
97 – 77

d) 65 – 46
74 – 56

96 – 68
87 – 58

43 – 17
82 – 57

e) 78 – 49
85 – 57

52 – 35
83 – 67

97 – 69
94 – 67

Die Ergebnisse der Paare sind Nachbarzahlen.

4 In jeder Rechentafel sind 5 Fehler. Kontrolliere und rechne richtig.

a)
–	45	46	17	27
65	20	19	48	39
86	41	47	69	60
73	33	27	56	46
94	49	55	77	67

b)
–	34	26	47	59
96	62	71	49	37
75	40	49	28	16
87	53	61	50	88
64	30	38	17	10

c)
–	25	48	29
68	43	20	39
86	61	38	60
57	12	9	28
95	71	45	76

5 Welche Bücher können die Klassen bestellen?

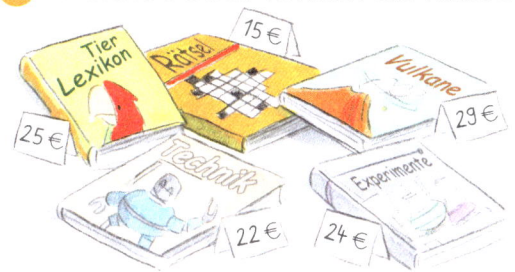

Tier Lexikon 25 €, Rätsel 15 €, Vulkane 29 €, Technik 22 €, Experimente 24 €

a) Klasse 2 a erhält 50 €.
b) Klasse 2 b darf für 40 € aussuchen.
c) Klasse 2 c hat vom letzten Jahr noch 30 € und erhält weitere 45 €.
d) Die dritten Klassen dürfen für 100 € aussuchen.

6 a) 8 9 10 ◯ 7 8 9   b) 27 18 9 36 ◯ 3 9

W

2 Evtl. Kopiervorlage nutzen. Zusammenhänge entdecken und Reihen fortsetzen.
5 Viele Möglichkeiten.

Vorteilhaft rechnen

1 Erkläre den Rechenweg.

37 + 29 — Ich rechne erst + 30

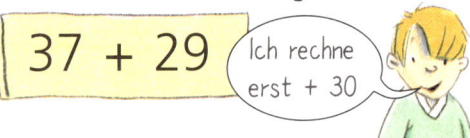

2 Wie rechnest du?
a) 47 + 29
  57 + 29
  27 + 29
  17 + 29
b) 24 + 39
  35 + 39
  46 + 39
  57 + 39
c) 86 + 18
  36 + 18
  56 + 18
  76 + 18

3
a) + 19 (+ 20 – 1)
46
37
28
19

b) + 18 (+ 20 – 2)
23
34
45
56

c) + 29
56
38
49
14

d) + 48
25
16
37
44

e) + 38
45
34
26
57

Krokodil: 38 41 43 47 52 56 63 64 64 65 67 72 73 74 78 83 85 85 92 95

4 Geht das auch bei Minus?
55 – 18 — Ich rechne erst – 20

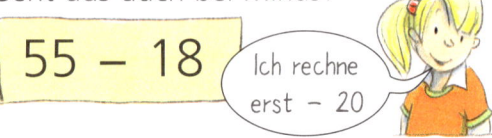

5
a) 35 – 18
  45 – 18
  56 – 18
  66 – 18
b) 86 – 59
  96 – 59
  82 – 59
  92 – 59
c) 32 – 19
  64 – 29
  86 – 38
  73 – 48

6
a) – 19 (– 20 + 1)
96
95
94
90

b) – 18 (– 20 + 2)
83
84
65
66

c) – 28
53
65
84
76

d) – 39
83
65
74
57

e) – 29
97
88
96
85

Krokodil: 18 25 26 35 37 44 47 48 48 56 56 59 65 66 67 68 71 75 76 77

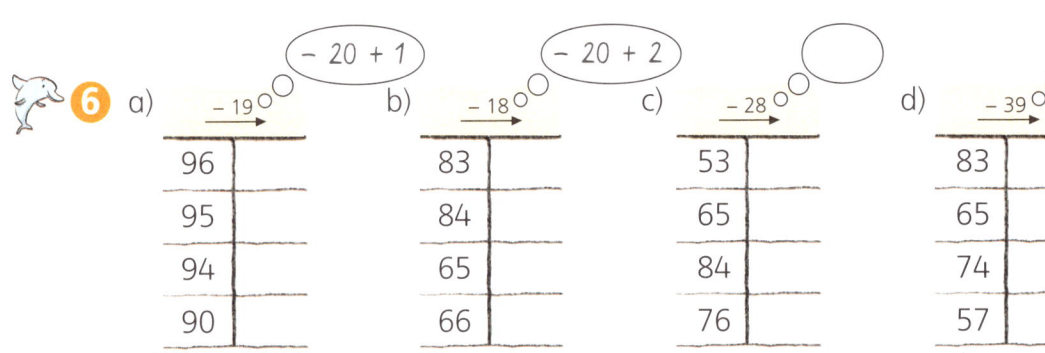

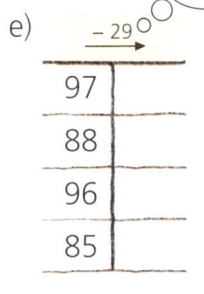

7 Start 1 — Wie oft geht es bis 100? Vermute erst.
a) Immer + 9
b) Immer + 19
c) Immer + 18
d) Immer + 28
e) Immer + 29
f) Immer + 39
g) Immer + 17
h) Immer + 27

Endergebnisse: 79 82 85 86 88 91 96 100

8 Rechne vorteilhaft.
a) 24 + 11 + 6 + 23
  25 + 12 + 15 + 24
  26 + 13 + 24 + 25
  27 + 14 + 33 + 26
b) 19 + 8 + 21 + 14
  18 + 18 + 22 + 15
  17 + 28 + 23 + 16
  16 + 38 + 24 + 17
c) 12 + 36 + 14 + 34
  24 + 26 + 16 + 24
  36 + 16 + 18 + 14
  48 + 6 + 20 + 4

Krokodil: 62 64 73 76 78 84 84 88 90 95 96 100

1 bis **6** Vorteile des Rechenweges besprechen. Auch andere Lösungswege zulassen.
3 und **6** Evtl. Kopiervorlage nutzen.

Sachrechnen – Tabellen

1 In der Südschule haben viele Kinder ein Tier.

Klasse	Hund	Katze	Vogel	Hase	anderes Tier	zusammen
1 a	III	IIII	IIII	II		
1 b	IIII	II			IIII	
2 a		II	II	IIII		
2 b	IIII I		IIII I			
3 a		IIII II	II	IIII I		
3 b	I	IIII	II	III	III	
4 a				IIII		
4 b	IIII I	II	II		IIII	
zusammen						

Wie viele Kinder haben einen Hund?

Wie viele haben eine Katze?

Wie viele Kinder in der Klasse 1 a haben ein Tier?

Stellt weitere Fragen, rechnet und antwortet.

2 Wie viele Kinder eurer Schule haben ein Tier?
Führt eine Umfrage durch. Tragt die Anzahlen in eine Tabelle ein.
Stellt die Ergebnisse vor.

3 Bücherbestellung – Martinschule

	a	b	c	zusammen
1. Schuljahr	27	25	29	
2. Schuljahr	28	24	27	
3. Schuljahr	27	27	29	
4. Schuljahr	28	26	26	

Wie viele Arbeitshefte müssen bestellt werden?

4 Daten aus der Bahnhofschule:

| 1 a 28 Kinder | 3 a 26 Kinder | 2 a 27 Kinder | 4 b 29 Kinder |
| 1 b 24 Kinder | 4 a 29 Kinder | 3 b 25 Kinder | 2 b 28 Kinder |

Wie viele Kinder sind in jedem Schuljahr? Ordne in einer Tabelle.

5 a) In den ersten Klassen der Nordschule sind zusammen 100 Kinder.
Die Klassen 1 a und 1 b haben jeweils 25 Kinder.
In die Klasse 1 c gehen 24 Kinder.
Wie viele Kinder hat die 1 d?

b) In die zweiten Klassen der Josefschule gehen insgesamt 84 Kinder.
Zur Klasse 2 a gehören 26 Kinder.
In den Klassen 2 b und 2 c sind gleich viele Kinder.

*Gesammelte Daten (auch aus der eigenen Schule) in eine Tabelle eintragen und auswerten.
Ergebnisse vorstellen und beurteilen.*

Ausverkauf

106

- Ich habe eine Jeans und einen Pullover gekauft.
- Meine Jeans und die 2 Paar Socken bezahle ich mit dem 100,– €–Schein.

KASSE
AUSGANG

Jeans 38,– €

- Reichen meine 100,– Euro für 2 Jeans?
- Letzte Woche kostete ein T-Shirt noch das Doppelte.

T-Shirt 16,– €

- Du darfst dir 2 Pullover aussuchen.
- Ich habe schon den Rock für 29,– €. Dann könnten wir auch noch Socken mitnehmen.

Pullover ~~65,– €~~ **30,– €**

- Soll ich 3 oder 4 Paar aussuchen?
- Ich kann nicht mehr als 15,– € ausgeben.

Socken 8,– €
Baumwolle
3 Paar **20,–**

- Ich möchte 2 Paar.

Rechengeschichten erzählen. Sachaufgaben lösen. Preise in Katalogen vergleichen.

Lösungsskizzen

1 86 Bücher lagen auf dem Verkaufstisch.
38 Bücher wurden schon verkauft.

Es waren:	86	
verkauft: 38		nicht verkauft:

Erkläre die Skizze.
Rechne und antworte.

2 a) Von 100 CDs wurden gestern
35 verkauft und heute bereits 8.

Es waren:	100	
gestern: 35		heute: 8

b) Die Schule kauft 3 CDs und 4 Kassetten.

Preis CDs:	Preis Kassetten:
Gesamtpreis:	

3 a) Der Trainingsanzug kostet 53 €.
Frau Meyer gibt der Kassiererin 70 €.

gegeben:	70 €	
Preis: 53 €		zurück:

b) Die Sporttasche kostet 42 €.
Vater bezahlt mit einem 100-€-Schein.
Fertige eine Skizze an.
Rechne und antworte.

4 Welche CD-ROMs könnten sich die Kinder kaufen?
a) Anna hat 50 Euro zum Geburtstag bekommen.
b) Lisa hat 80 Euro gespart.
c) Meike hat 20 Euro.

5 Wie viel Geld bekommt der Kunde zurück? Welche Münzen und Scheine könnten es sein?

	CD	Buch	Spiel	Schuhe	T-Shirt	Rock
Preis	22 €	12 €	28 €	74 €	16 €	29 €
gegeben	30 €	20 €	50 €	100 €	100 €	100 €
zurück						

Verkaufssituationen mit Rechengeld nachspielen.
1 bis **4** Fragen mit Hilfe der Lösungsskizzen formulieren. Rechnen und antworten.
4 Mehrere Möglichkeiten.

Entdeckungen an der Hundertertafel

1 „Ich sehe zwei Zahlen untereinander, die zusammen 38 ergeben."

1	2	3	4	5	6	7	8	9	10
11	12	13	14	15	16	17	18	19	20
21	22	23	24	25	26	27	28	29	30
31	32	33	34	35	36	37	38	39	40
41	42	43	44	45	46	47	48	49	50
51	52	53	54	55	56	57	58	59	60
61	62	63	64	65	66	67	68	69	70
71	72	73	74	75	76	77	78	79	80
81	82	83	84	85	86	87	88	89	90
91	92	93	94	95	96	97	98	99	100

2 „Ich sehe zwei Zahlen nebeneinander, die zusammen 39 ergeben."

Welche Paare haben die Ergebnisse:
a) 22
b) 60
c) 16
d) 56
e) 80
f) 44
g) 68
h) 84

a) 6 + 1 6 = 2 2

Welche Paare haben die Ergebnisse:
a) 99
b) 89
c) 67
d) 87
e) 95
f) 73
g) 51
h) 77

Stellt euch weitere Suchaufgaben.

3 Suche zu diesen Ergebnissen die Zahlenpaare.
a) 31 b) 46 c) 69 d) 71
e) 54 f) 48 g) 98 h) 49

Forschungsauftrag
Woran erkennst du, ob die Zahlen nebeneinander oder untereinander liegen?

4 Rechne über Kreuz. Fällt dir etwas auf? Erkläre.

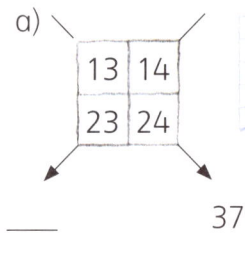

a)
| 13 | 14 |
| 23 | 24 |
→ 37

a) 13 + 24 =
   14 + 23 =

b)
| 6 | 7 |
| 16 | 17 |

c)
| 36 | 37 |
| 46 | 47 |

d)
| 28 | 29 |
| 38 | 39 |

e)
| 25 | 26 |
| 35 | 36 |

f)
| 27 | 28 |
| 37 | 38 |

g)
| 33 | 34 |
| 43 | 44 |

h)
| 44 | 45 |
| 54 | 55 |

i)
| 43 | 44 |
| 53 | 54 |

5 Findest du die passenden Zahlen in der Hundertertafel?

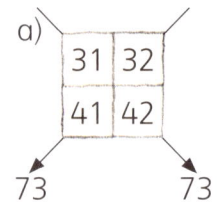

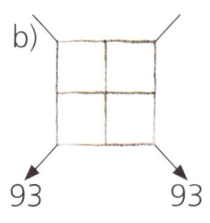

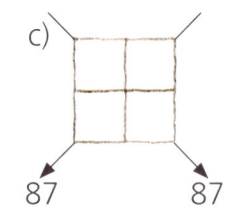

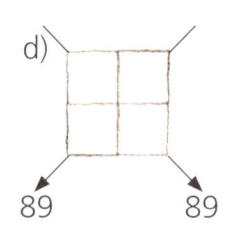

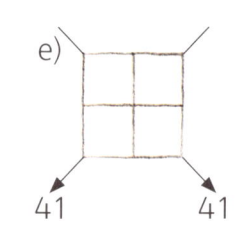

a)
| 31 | 32 |
| 41 | 42 |
→ 73   73

b) → 93   93
c) → 87   87
d) → 89   89
e) → 41   41

6 **Kann das stimmen?**

A „Zwei Zahlen stehen nebeneinander. Zusammen ergeben sie 20."

B „Zwei Zahlen stehen untereinander. Zusammen ergeben sie 100."

C „Es gibt drei Zahlen, die untereinander stehen, mit dem Ergebnis 33."

D „Alle Zahlen auf der Hundertertafel sind zweistellig."

E „Das Ergebnis zweier Zahlen über Kreuz ist nie eine gerade Zahl."

F „Auf der Hundertertafel gibt es mehr gerade als ungerade Zahlen."

---

1 bis **3** Probieren, Lösungswege finden und erklären. Feststellen, dass bei zwei Zahlen untereinander stets gerade, nebeneinander stets ungerade Ergebnisse entstehen. **4** und **5** Gleiche Ergebnisse. **6** Begründen, warum die Aussagen richtig oder falsch sind.

Zauberquadrate

1

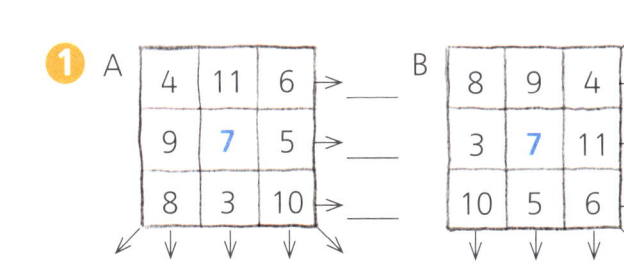

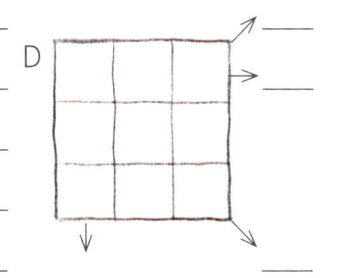

A
4	11	6
9	7	5
8	3	10

B
8	9	4
3	7	11
10	5	6

C
6	5	10
11	7	3
4	9	8

D (leer)

a) Rechne in alle Richtungen. Was fällt dir auf?
b) Gibt es mit den Zahlen 3 bis 11 ein weiteres Zauberquadrat?

Forschungsauftrag

2 Sind das Zauberquadrate? Prüfe.

a)
9	4	5
2	6	10
7	8	3

b)
8	3	4
1	5	9
6	7	2

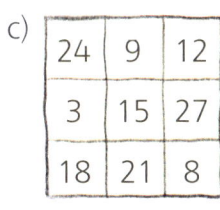

c)
24	9	12
3	15	27
18	21	8

d)
8	18	4
6	10	14
16	2	12

e)
10	20	6
8	12	14
18	4	16

3 In diesen Zauberquadraten fehlen Zahlen. Ergänze.

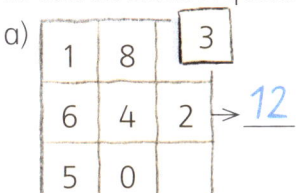

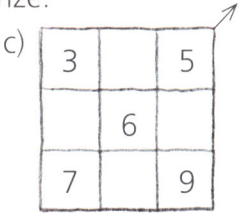

a)
1	8	3
6	4	2	→ 12
5	0	

b)
| 4 | 9 | 2 | → ___
|---|---|---|
| | | 7 |
| 8 | 1 | |

c)
3		5
	6	
7		9

d)
4		
9	7	
		10

Zahlenkärtchen: 2, ~~3~~, 3, 3, 4, 5, 5, 6, 6, 7, 8, 8, 10, 11

4

a)
	18	
	10	
	2	12

b)
4		8
	10	
12		

c)
9		7
	10	
		11

d)
5		
	20	
25		35

e)
26		
	20	
18		14

f)
12		
14		6
4		

g)
7	14	9
	6	

h)
8		
36		
16		32

i)
		17
23	16	21

j)
23	26	11
29		

5 Kannst du ein Zauberquadrat mit diesen Zahlen erfinden?

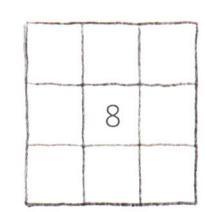

0, 2, 4, 6, ~~8~~, 10, 12, 14, 16

	8	

Muster auf dem Einmaleinsbrett

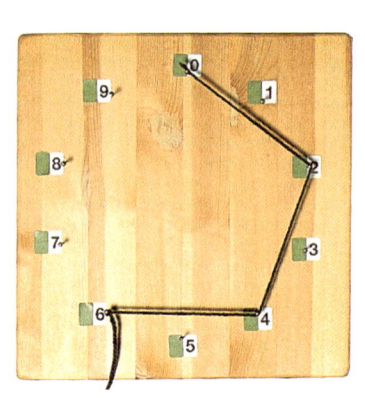

1 Ziehe den Faden von Null zu jeder Zweierzahl.

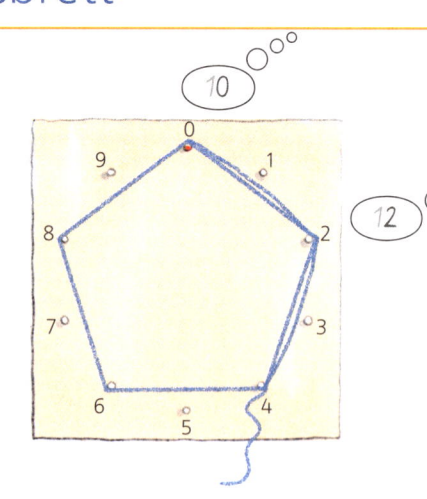

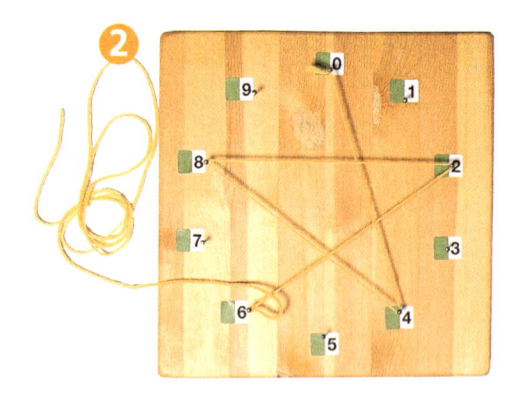

0 · 2 = **0**
1 · 2 = **2**   6 · 2 = **12**
2 · 2 = **4**   7 · 2 = ___
3 · 2 = ___   8 · 2 = ___
4 · 2 = ___   9 · 2 = ___
5 · 2 = ___   10 · 2 = ___

2 Ziehe den Faden von Null zu jeder Viererzahl.

0 · 4
1 · 4   6 · 4
2 · 4   7 · 4
3 · 4   8 · 4
4 · 4   9 · 4
5 · 4   10 · 4

Beachte nur die Einerstelle.

3 Spannt und zeichnet zu allen Einmaleinsreihen die Muster.

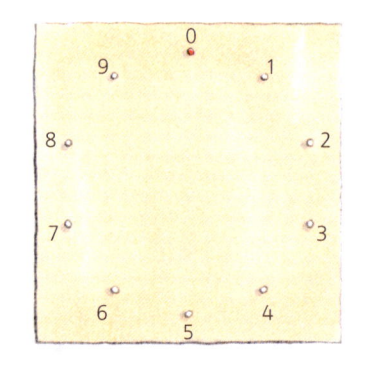

Forschungsauftrag

4 a) Welche Einmaleinsreihen könnten es sein? Überprüft.

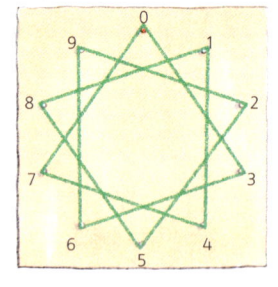

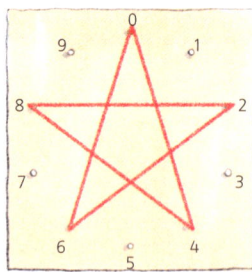

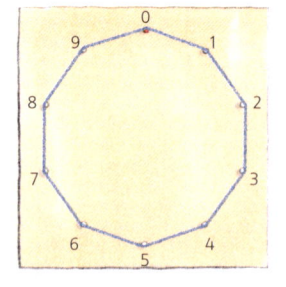

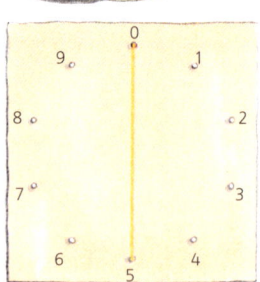

b) Wie viele verschiedene Muster gibt es?

5 *Schnelles Rechnen*

Übt das Einmaleins mit der 6 und der 9.

7 · 6   42

① Einmaleinsbretter herstellen. Kopiervorlage nutzen.

Übungen zum Einmaleins mit 2

1 Wie viele Kinder sind es? Begründe.

2 Trage ein.

Kinder	1	2	4	3	6	8	11	12	20
Schuhe									

3 Rechne zur Probe die Malaufgabe.

a) 10 : 2 = ___   b) 20 : 2 = ___   c) 4 : 2 = ___   d) 2 : 2 = ___   e) 14 : 2 = ___
   ___ · 2 = 10   ___ · 2 = 20   ___ · 2 = 4   ___ · 2 = 2   ___ · 2 = ___

f) 6 : 2 = ___   g) 8 : 2 = ___   h) 18 : 2 = ___   i) 24 : 2 = ___   j) 40 : 2 = ___
   ___ · 2 = ___   ___ · 2 = ___   ___ · 2 = ___   ___ · 2 = ___   ___ · 2 = ___

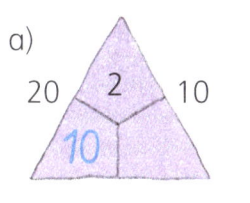

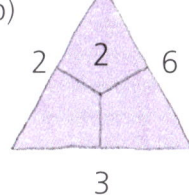

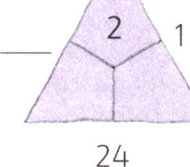

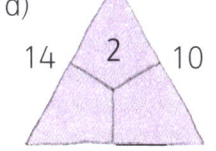

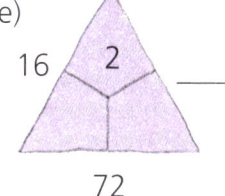

4
a) 12 : 2   b) 8 : 2   c) 20 : 2   d) 2 : 2   e) 40 : 2   f) 24 : 2
   14 : 2   6 : 2   18 : 2   8 : 2   20 : 2   18 : 2
   16 : 2   4 : 2   14 : 2   16 : 2   10 : 2   22 : 2

5
a) 20 / 2 \ 10, 10, ___
b) 2 / 2 \ 6, 3
c) ___ / 2 \ 12, 24
d) 14 / 2 \ 10, ___
e) 16 / 2 \ ___, 72

6 In Opas Garten sind Kaninchen und Hühner. Zusammen haben sie 22 Beine. Wie viele Kaninchen und wie viele Hühner könnten es sein?

7
a) 23 + 4   b) 54 + 5   c) 46 + 17   d) 55 + 28   e) 65 + 27
   23 − 4   54 − 5   46 − 17   55 − 28   65 − 27

   23 + 6   54 + 8   46 + 21   55 + 15   68 + 19
   23 − 6   54 − 8   46 − 21   55 − 15   68 − 19

   23 + 8   54 + 9   46 + 39   55 + 36   67 + 38
   23 − 8   54 − 9   46 − 39   55 − 36   67 − 38

6 Mehrere Lösungen sind möglich.

Übungen zum Einmaleins mit 3

1 Wie viel Euro sind es?

a)  3 € + 3 € + 3 € + 3 €
___ · 3 €

b)  3 € + 3 € + 3 € + 2 €
___ · 3 € + 2 €

2
a) 5 · 3 € + 4 €
7 · 3 € + 2 €
6 · 3 € + 1 €

b) 4 · 3 € + 9 €
8 · 3 € + 7 €
9 · 3 € + 6 €

c) 0 · 3 € + 14 €
2 · 3 € + 24 €
10 · 3 € + 34 €

d) 20 · 3 € + 27 €
12 · 3 € + 27 €
11 · 3 € + 27 €

3 Auf ins Spaß-Bad!
a) Frau Behr bezahlt die Karten für 4 Kinder und eine für sich.
b) Für 6 Kinder und eine Erwachsene werden Karten benötigt.

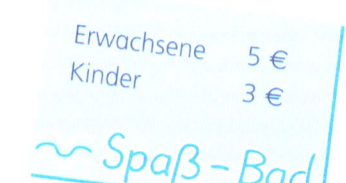

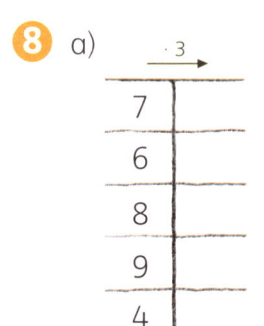

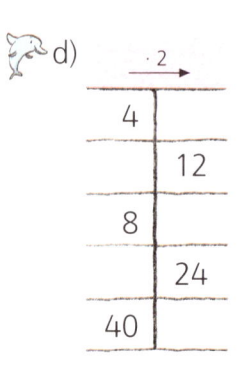

Erwachsene 5 €
Kinder 3 €
Spaß-Bad

4 Mit wem möchtest du schwimmen gehen?
Schreibe selbst Rechengeschichten. Rechne und antworte.

5
a) 6 · 3
2 · 3
5 · 3

b) 10 · 3
1 · 3
0 · 3

c) 7 · 3
4 · 3
9 · 3

d) 8 · 3
3 · 3
6 · 3

e) 11 · 3
12 · 3
20 · 3

f) 30 · 3
40 · 3
50 · 3

6 
a) 30 = ___ · 3
27 = ___ · 3
24 = ___ · 3
18 = ___ · 3

b) 9 = ___ · 3
6 = ___ · 3
3 = ___ · 3
0 = ___ · 3

c) 6 = ___ · 3
12 = ___ · 3
18 = ___ · 3
24 = ___ · 3

d) 9 = ___ · 3
21 = ___ · 3
27 = ___ · 3
15 = ___ · 3

e) 30 = ___ · 3
60 = ___ · 3
33 = ___ · 3
36 = ___ · 3

7 Welche Rechenzeichen passen?
a) 3 · 3 = 9
3 ○ 3 = 6
3 ○ 3 = 0
3 ○ 3 = 1

b) 7 ○ 3 = 10
7 ○ 3 = 21
8 ○ 3 = 24
8 ○ 3 = 5

c) 21 ○ 3 = 7
4 ○ 3 = 7
24 ○ 3 = 8
24 ○ 3 = 21

d) 90 ○ 3 = 30
33 ○ 3 = 11
60 ○ 3 = 20
12 ○ 3 = 36

8

a) · 3

7	
6	
8	
9	
4	

b) : 3

24	
15	
30	
27	
0	

c) · 0

5	
20	
1	
3	
	0

d) · 2

4	
	12
8	
	24
40	

e) : 3

	0
60	
	7
36	
	11

1 bis **3** Multiplizieren und addieren.

Übungen zum Einmaleins mit 4

113

① 24 Figuren gehören zum Spiel.
Wie viele Kinder können höchstens mitspielen?

② Wie viele Figuren werden benötigt?
a) für 4 Spieler
b) für 5 Spieler
c) für 6 Spieler
d) für 3 Spieler

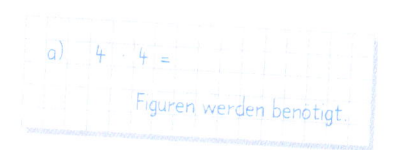

a) 4 · 4 =
___ Figuren werden benötigt.

③
a) 2 · 4	b) 1 · 4	c) 3 · 4	d) 1 · 4	e) 3 · 4	f) 5 · 4
4 · 4	2 · 4	6 · 4	5 · 4	6 · 4	10 · 4
8 · 4	3 · 4	9 · 4	10 · 4	12 · 4	20 · 4

starke Päckchen

④ Rechenketten. Setze fort.

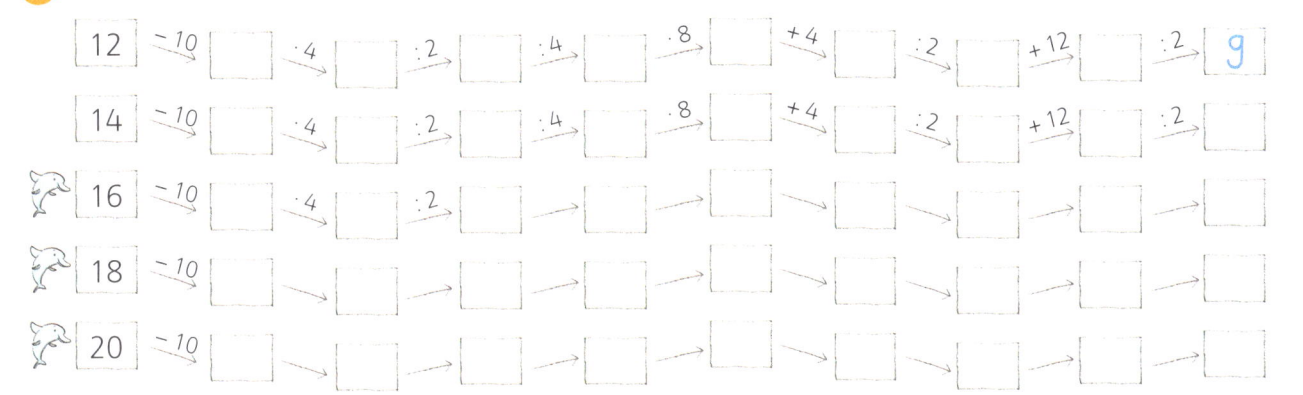

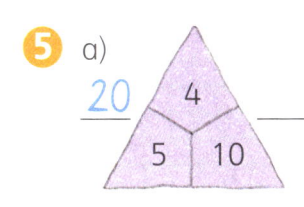

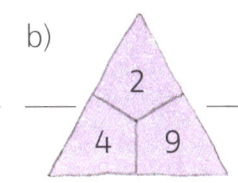

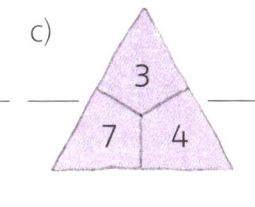

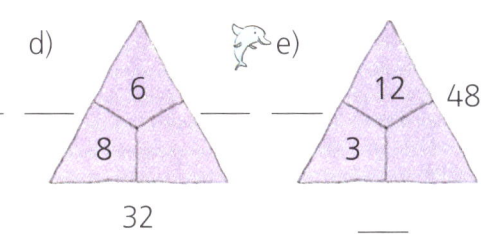

12 →−10 ☐ →·4 ☐ →:2 ☐ →·4 ☐ →·8 ☐ →+4 ☐ →:2 ☐ →+12 ☐ →:2 **9**

14 →−10 ☐ →·4 ☐ →:2 ☐ →·4 ☐ →·8 ☐ →+4 ☐ →:2 ☐ →+12 ☐ →:2 ☐

16 →−10 ☐ →·4 ☐ →:2 ☐ → ☐ → ☐ → ☐ → ☐ → ☐ → ☐

18 →−10 ☐ → ☐ → ☐ → ☐ → ☐ → ☐ → ☐ → ☐ → ☐

20 →−10 ☐ → ☐ → ☐ → ☐ → ☐ → ☐ → ☐ → ☐ → ☐

⑤
a) **20**, 4, 5, 10 ___
b) 2, 4, 9 ___
c) 3, 7, 4 ___
d) 6, 8 ___ **32**
e) 12, 3 ___ 48 ___

⑥ Setze ein: < oder = oder >.

a) 3 · 4 < 20
4 · 4 ○ 20
5 · 4 ○ 20

6 · 4 ○ 20
7 · 4 ○ 20
8 · 4 ○ 20

b) 3 · 2 ○ 10
4 · 2 ○ 10
5 · 2 ○ 10

6 · 2 ○ 10
7 · 2 ○ 10
8 · 2 ○ 10

c) 5 · 4 ○ 40
6 · 4 ○ 40
7 · 4 ○ 40

8 · 4 ○ 40
9 · 4 ○ 40
10 · 4 ○ 40

d) 6 · 2 ○ 18
6 · 4 ○ 18
8 · 2 ○ 18

8 · 4 ○ 18
9 · 4 ○ 18
4 · 4 ○ 18

e) 7 · 4 ○ 25
8 · 4 ○ 35
6 · 4 ○ 25

9 · 4 ○ 40
10 · 4 ○ 35
7 · 4 ○ 35

W

⑦ a) 57, 80, 99, 63 − 18, 9, 36   b) 15, 41, 38 + 8, 17, 56

① Mensch-ärgere-dich-nicht für 6 Spieler.

Übungen zum Einmaleins mit 5

1 Wie viele Finger sind es?
- a) 2 Hände
- b) 6 Hände
- c) 9 Hände
- d) 7 Hände
- e) 0 Hände
- f) 8 Hände
- g) 20 Hände
- h) 12 Hände
- i) 25 Hände

a) $2 \cdot 5 = 10$ Finger

2 Wie geht es weiter?
- a) 5, 10, 15, …
- b) 55, 50, 45, …
- c) 100, 90, 80, …
- d) 100, 95, 90, …

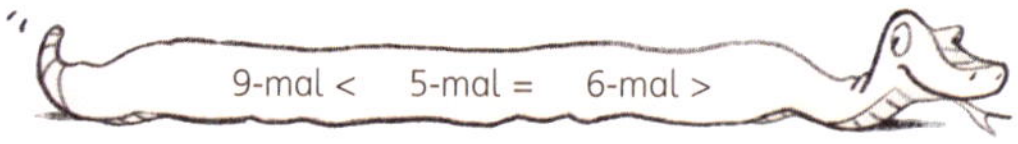

3
a)	b)	c)	d)	e)	f)
45 : 5	10 : 5	20 : 5	25 : 5	60 : 5	100 : 10
40 : 5	20 : 5	20 : 10	30 : 5	55 : 5	100 : 1
35 : 5	30 : 5	30 : 5	35 : 5	45 : 5	100 : 5
25 : 5	40 : 5	30 : 10	40 : 10	40 : 5	100 : 2

4 Welche Zahlen passen?
- a) ___ · 5 < 18
- b) ___ · 5 < 32
- c) ___ · 5 < 25
- d) ___ · 5 < 39
- e) ___ · 5 < 9
- f) ___ · 5 < 47
- g) ___ · 5 < 2
- h) ___ · 5 < 13
- i) ___ · 5 < 28

a) 0, 1, 2, 3

5 Setze ein: < oder = oder >.

a)	b)	c)	d)	e)
3 · 5 ○ 16	4 · 5 ○ 18	6 · 3 ○ 15	8 · 4 ○ 32	20 · 5 ○ 99
7 · 5 ○ 35	6 · 5 ○ 33	9 · 3 ○ 30	4 · 4 ○ 20	11 · 5 ○ 55
9 · 5 ○ 42	8 · 5 ○ 47	7 · 3 ○ 20	6 · 4 ○ 22	12 · 5 ○ 61
5 · 5 ○ 30	10 · 5 ○ 50	8 · 3 ○ 25	7 · 4 ○ 28	13 · 5 ○ 70

9-mal <   5-mal =   6-mal >

6
a)	b)	c)	d)
75 – 9 – 5	46 – 16 – 25	73 – 24 – 23	48 – 16 – 18
95 – 7 – 5	76 – 17 – 16	92 – 35 – 22	62 – 42 – 9
65 – 8 – 5	84 – 15 – 14	64 – 34 – 21	77 – 27 – 27
35 – 6 – 5	54 – 25 – 14	85 – 27 – 25	83 – 50 – 33
55 – 7 – 5	57 – 27 – 18	93 – 26 – 23	52 – 19 – 22

0 5 9 11 11 12 14 15 23 24 26 33 35 43 43 44 52 55 61 83

7 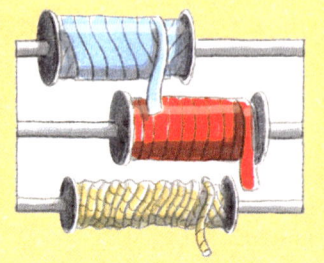 Wie viel ist übrig?
- a) Von 60 m Geschenkband wurden verkauft: 7 m, 12 m und 5 m.
- b) Von 33 m Schleifenband wurden 8 m und 13 m verkauft.
- c) 43 m Kordel waren auf der Rolle. Gestern wurden 23 m verkauft, heute 18 m.

2 Vorwärts und rückwärts zählen in Fünfer- und Zehnerschritten.   **4** Ungleichungen: Nur die Lösungszahlen notieren.

Übungen zum Einmaleins mit 6

1 Klasse 2 a will mit 24 Personen fahren. Wie viele Abteile kann sie voll besetzen?

2 Klasse 2 b möchte mit 25 Kindern und 5 Erwachsenen fahren.

3 Der Zugbegleiter hat in 15 Minuten 8 voll besetzte Abteile kontrolliert.

4
a) ___ · 6 = 18   b) ___ · 6 = 54   c) ___ · 6 = 6   d) ___ · 5 = 30   e) ___ · 4 = 16
   ___ · 6 = 24   ___ · 6 = 48   ___ · 3 = 6   ___ · 5 = 35   ___ · 4 = 24
   ___ · 6 = 30   ___ · 6 = 60   ___ · 3 = 24   ___ · 5 = 25   ___ · 4 = 20
   ___ · 6 = 36   ___ · 6 = 42   ___ · 6 = 24   ___ · 5 = 20   ___ · 4 = 32
   ___ · 6 = 12   ___ · 6 = 0   ___ · 3 = 27   ___ · 5 = 45   ___ · 4 = 36

5
a) 6 : 6   b) 60 : 6   c) 42 : 6   d) 30 : 3   e) 18 : 3   f) 36 : 2
   12 : 6   30 : 6   54 : 6   30 : 6   18 : 6   36 : 4
   24 : 6   36 : 6   0 : 6   30 : 5   18 : 9   36 : 9

   42 : 6   18 : 6   30 : 6   24 : 3   12 : 3   66 : 6
   48 : 6   24 : 6   36 : 6   24 : 6   12 : 6   72 : 6
   54 : 6   12 : 6   48 : 6   24 : 8   12 : 4   90 : 3

6 Welche Zahlen passen?
a) 21 > ___ · 6   d) 4 > ___ · 6   g) 7 > ___ · 6   j) 68 > ___ · 6
b) 14 > ___ · 6   e) 38 > ___ · 6   h) 50 > ___ · 6   k) 75 > ___ · 6
c) 25 > ___ · 6   f) 62 > ___ · 6   i) 17 > ___ · 6   l) 121 > ___ · 6

7 Setze ein: < oder = oder >.
a) 2 · 4 ○ 10   b) 0 · 4 ○ 21   c) 2 · 4 ○ 9   d) 6 · 3 ○ 17   e) 20 · 6 ○ 100
   3 · 4 ○ 10   8 · 4 ○ 21   4 · 2 ○ 9   3 · 6 ○ 17   30 · 3 ○ 100
   1 · 4 ○ 10   5 · 4 ○ 21   3 · 4 ○ 9   8 · 2 ○ 17   12 · 6 ○ 100

   5 · 4 ○ 16   7 · 4 ○ 28   3 · 4 ○ 12   9 · 3 ○ 27   11 · 6 ○ 65
   4 · 4 ○ 16   8 · 4 ○ 28   4 · 4 ○ 12   4 · 6 ○ 27   12 · 3 ○ 36
   6 · 4 ○ 16   5 · 4 ○ 28   8 · 2 ○ 12   5 · 6 ○ 27   12 · 4 ○ 50

8 Luis entdeckt in der Gartenhütte Spinnen und Käfer. Zusammen haben sie 40 Beine. Wie viele Spinnen und wie viele Käfer sind es?

3 Feststellen, dass die Zahl 15 zum Rechnen nicht benötigt wird.
8 Es gibt nur eine Lösung.

Übungen zum Einmaleins mit 7

1 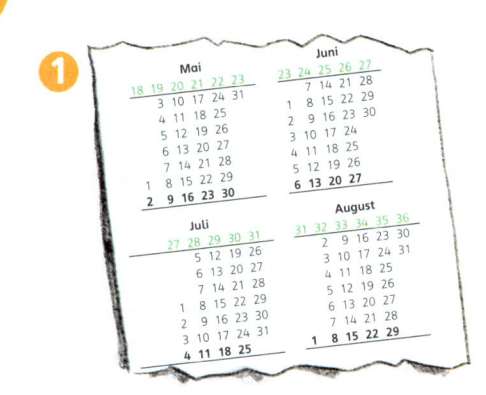
a) Peter hat in 6 Wochen Geburtstag. Wie viele Tage muss er noch warten?
b) In 4 Wochen findet das Schulfest statt. Wie viele Tage sind es noch?
c) Vor 3 Wochen und 4 Tagen hatte Elina Geburtstag. Wie viele Tage sind vergangen?
d) In wie vielen Tagen hast du Geburtstag?

2 starke Päckchen

a)	b)	c)	d)	e)	f)
4 · 7	0 · 7	8 · 7	8 · 7	3 · 7	20 · 7
6 · 7	1 · 7	7 · 7	4 · 7	6 · 7	10 · 7
8 · 7	2 · 7	5 · 7	2 · 7	9 · 7	5 · 7
10 · 7	6 · 7	6 · 7	1 · 7	12 · 7	11 · 7

3

a)	b)	c)	d)	e)
2 · 7 + 6	9 · 7 + 5	8 · 7 + 4	9 · 7 + 8	7 · 7 + 5
3 · 7 + 9	8 · 7 + 5	4 · 7 + 8	8 · 7 + 9	5 · 7 + 7
5 · 7 + 5	7 · 7 + 5	6 · 7 + 6	4 · 7 + 6	3 · 7 + 8
6 · 7 + 8	6 · 7 + 5	5 · 7 + 6	6 · 7 + 4	8 · 7 + 3
7 · 7 + 1	4 · 7 + 5	3 · 7 + 6	2 · 7 + 4	0 · 7 + 3

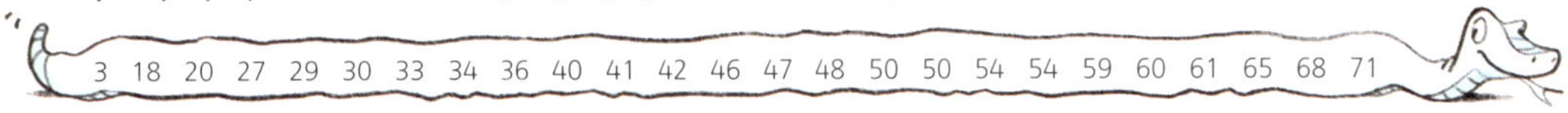

3 18 20 27 29 30 33 34 36 40 41 42 46 47 48 50 50 54 54 59 60 61 65 68 71

4 Was fällt dir an den Ergebnissen auf?

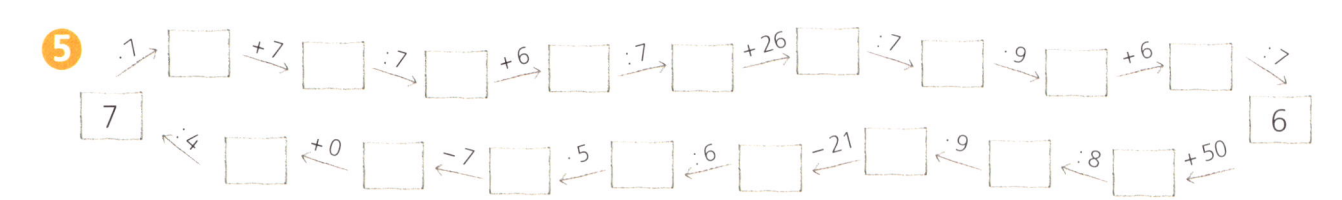

a)	b)	c)	d)
35 − 7	49 − 7 − 7	42 − 7 − 7 − 7	77 − 7 − 7 − 7 − 7
28 − 7	42 − 7 − 7	21 − 7 − 7 − 7	63 − 7 − 7 − 7 − 7
21 − 7	35 − 7 − 7	56 − 7 − 7 − 7	84 − 7 − 7 − 7 − 7
14 − 7	28 − 7 − 7	63 − 7 − 7 − 7	70 − 7 − 7 − 7 − 7
7 − 7	14 − 7 − 7	70 − 7 − 7 − 7	28 − 7 − 7 − 7 − 7

5 7 → ·7 → ☐ → +7 → ☐ → :7 → ☐ → +6 → ☐ → :7 → ☐ → +26 → ☐ → :7 → ☐ → ·9 → ☐ → +6 → ☐ → :7 → 6
:4 ← ☐ ← +0 ← ☐ ← −7 ← ☐ ← :5 ← ☐ ← :6 ← ☐ ← −21 ← ☐ ← ·9 ← ☐ ← :8 ← ☐ ← +50

W

6 In jeder Rechentafel sind 5 Fehler.

a)
+	18	25	37
4	22	28	41
24	42	49	61
25	53	50	51
46	56	62	83

b)
−	8	15	24
30	24	15	6
34	26	18	10
53	35	38	28
82	74	63	58

c)
−	3	38	9
50	47	13	41
48	45	29	39
66	69	29	75
73	70	35	64

1 Wenn möglich vom aktuellen Datum ausgehen. **4** Die Ergebniszahlen sind wieder Siebenerzahlen.

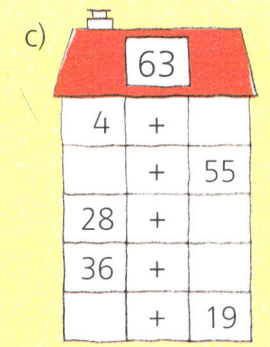

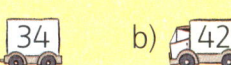

Übungen zum Einmaleins mit 8

1

Würfel	Wir brauchen	
	Kugeln	Stäbe
1	8	
2		
3		
4		
5		

2 Wie viele Würfel können gebaut werden?

a) 24 Kugeln   b) 32 Kugeln   c) 48 Kugeln   d) 40 Kugeln   e) 72 Kugeln
f) 56 Kugeln   g) 80 Kugeln   h) 64 Kugeln   i) 88 Kugeln   j) 96 Kugeln

3 100 Kugeln … reichen für wie viele Würfel?

4

Würfel	1	2	3	4	6	5	7		
Ecken								72	64

5
a) 9 · 8   b) 1 · 8   c) 10 · 8   d) 9 · 4   e) 1 · 4   f) 3 · 5
   7 · 8   2 · 8   5 · 8   7 · 4   2 · 4   5 · 5
   5 · 8   4 · 8   6 · 8   5 · 4   4 · 4   7 · 5
   3 · 8   8 · 8   0 · 8   3 · 4   8 · 4   9 · 5
   1 · 8   7 · 8   4 · 8   10 · 4   6 · 4   6 · 5

6 Was fällt dir an den Ergebnissen auf?

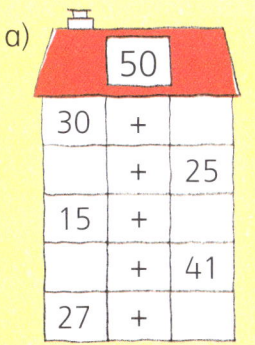

a) 32 – 8   b) 48 – 8 – 8   c) 64 – 8 – 8 – 8   d) 72 – 8 – 8 – 8 – 8
   24 – 8   80 – 8 – 8   56 – 8 – 8 – 8   32 – 8 – 8 – 8 – 8
   40 – 8   16 – 8 – 8   72 – 8 – 8 – 8   48 – 8 – 8 – 8 – 8
    8 – 8   56 – 8 – 8   24 – 8 – 8 – 8   80 – 8 – 8 – 8 – 8

7

a) Dach: 50
30	+	
	+	25
15	+	
	+	41
27	+	

b) Dach: 44
	+	42
	+	6
17	+	

c) Dach: 63
4	+	
	+	55
28	+	
36	+	
	+	19

d) Dach: 100
57	+	
49	+	
	+	22
	+	33

8 a) 48 55 74 67 – 4 8 34   b) 42 51 39 – 16 37 28

3 Division mit Rest.

Übungen zum Einmaleins mit 9

1 Wir bauen Geobretter für die 1. Klasse. Wie viele Nägel werden jeweils gebraucht?

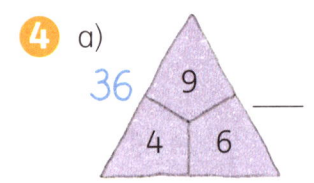

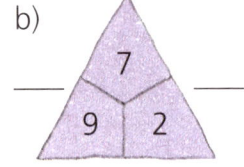

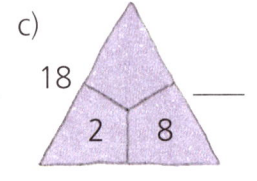

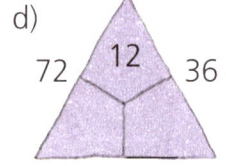

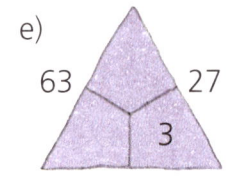

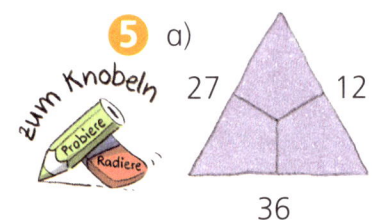

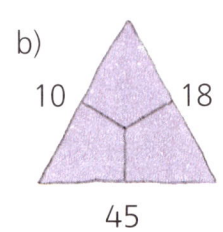

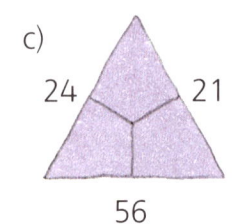

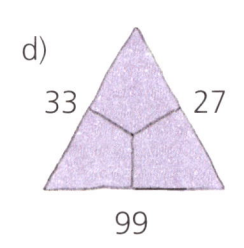

a) 3 · 9 =

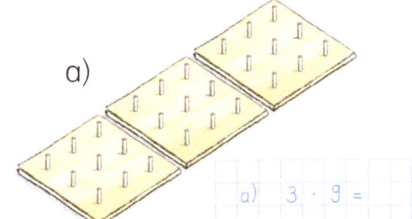

b)

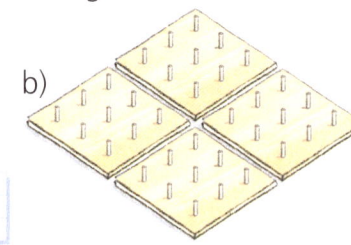

c)

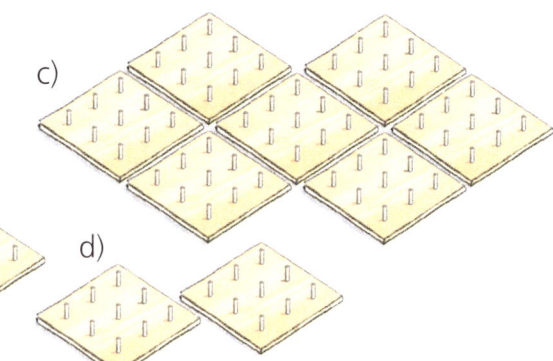

d)

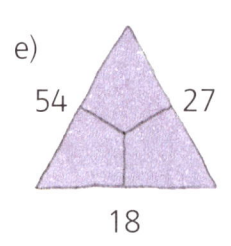

2
a) ___ · 9 = 27
___ · 9 = 54
___ · 9 = 18
___ · 9 = 90
___ · 9 = 45

b) ___ · 9 = 81
___ · 9 = 9
___ · 9 = 63
___ · 9 = 36
___ · 9 = 45

c) ___ · 3 = 15
___ · 3 = 27
___ · 3 = 18
___ · 3 = 30
___ · 3 = 21

d) ___ · 6 = 54
___ · 6 = 36
___ · 6 = 48
___ · 6 = 24
___ · 6 = 42

e) ___ · 9 = 99
___ · 9 = 108
___ · 6 = 120
___ · 6 = 72
___ · 3 = 90

3 Rechne mit Neunerzahlen.
a) 90 – 9
27 – 9
45 – 9

b) 45 + 9
36 + 9
72 + 9

c) 27 – 18
81 – 18
54 – 18

d) 18 + 18
27 + 27
72 + 18

e) 27 + 54
45 + 54
36 + 54

f) 99 – 54
81 – 54
108 – 54

4
a) 36 / 9 / 4 / 6
b) 7 / 9 / 2
c) 18 / 2 / 8
d) 72 / 12 / 36
e) 63 / 27 / 3

5 zum Knobeln
a) 27, 12, 36
b) 10, 18, 45
c) 24, 21, 56
d) 33, 27, 99
e) 54, 27, 18

6
a) – 9: 80, 69, 74, 53
b) + 9: 30, 43, 64, 56
c) + 23: 83, 97, 68, 41
d) – 23: 60, 56, 72, 38
e) – 35: 75, 33, 79, 13
f) + 35: 75, 44, 58, 15

7
a) 23, 32, 41, 15 ⊕ 17, 48, 19
b) 50, 43, 64 ⊕ 23, 36, 29

4 und 5 Kopiervorlage nutzen.

Übungen zum Einmaleins

119

1 In jeder Rechentafel sind 5 Fehler.

a)
·	8	2	4
3	24	8	12
9	80	18	36
1	8	4	4
8	64	14	34

Malaufgaben!   a) 9 · 8 = 72

b)
·	3	6	9
7	24	42	62
5	15	30	45
0	0	6	0
4	14	24	40

c)
·	7	5	6
9	63	46	48
12	84	60	72
20	140	100	140
11	77	54	64

2 < oder = oder >.

a) 5 · 5 ◯ 20   b) 3 · 8 ◯ 15   c) 9 · 5 ◯ 48   d) 8 · 8 ◯ 62   e) 11 · 8 ◯ 85
   7 · 4 ◯ 20   2 · 9 ◯ 15   6 · 9 ◯ 48   7 · 9 ◯ 62   12 · 9 ◯ 85
   6 · 3 ◯ 20   5 · 3 ◯ 15   8 · 6 ◯ 48   7 · 7 ◯ 62   20 · 5 ◯ 85

   4 · 1 ◯ 10   7 · 5 ◯ 35   9 · 2 ◯ 30   7 · 6 ◯ 45   30 · 2 ◯ 60
   0 · 6 ◯ 10   8 · 4 ◯ 35   6 · 5 ◯ 30   6 · 8 ◯ 45   12 · 4 ◯ 60
   7 · 2 ◯ 10   4 · 9 ◯ 35   9 · 3 ◯ 30   8 · 9 ◯ 45   11 · 6 ◯ 60

3 Aufgabe und Umkehraufgabe.

a) 10 : 5 = ___   b) 36 : 6 = ___   c) 42 : 7 = ___   d) 27 : 3 = ___   e) 63 : 9 = ___
   ___ · 5 = 10   ___ · 6 = 36   ___ · 7 = 42   ___ · 3 = 27   ___ · 9 = 63

f) 18 : 2 = ___   g) 56 : 8 = ___   h) 99 : 9 = ___   i) 80 : 4 = ___   j) 84 : 7 = ___
_____   _____   _____   _____   _____

4 a) 36 : 4   b) 81 : 9   c) 24 : 6   d) 49 : 7   e) 32 : 4
      28 : 4   27 : 9   42 : 6   35 : 7   64 : 4
      16 : 4   45 : 9   48 : 6   63 : 7   0 : 8

f) 44 : 11   g) 84 : 12   h) 60 : 20   i) 36 : 12   j) 90 : 30
   33 : 11   48 : 12   40 : 20   24 : 12   80 : 40
   88 : 11   60 : 12   80 : 20   72 : 12   100 : 50

5 a) Meine Zahl ist neunmal so groß wie 7.
b) Meine Zahl ist eine Fünferzahl, eine Zehnerzahl und eine Zweierzahl.
c) Meine Zahl ist die Hälfte von 56.
d) Meine Zahl ist das Zwölffache von 8.
e) Wenn ich meine Zahl mit sich selbst malnehme, erhalte ich die Hälfte von 32.

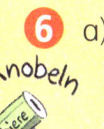

6 Knobeln

a) 50, 15, 40, 33, 20, 22, 25, 30, 20 — 85
b) 36, 0, 20, 29, 10, 29, 27, 18, 26 — 65
c) 29, 13, 10, 60, 30, 12, 37, 38, 26 — 85

W

5 b) Viele Lösungen.

Bauen und Rechnen

120

1 Wie viele Steckwürfel braucht ihr jeweils? Baut und rechnet.

A

B

C

A 4 · 7 = 2 8
    2 8 Steckwürfel

D

E

F

G

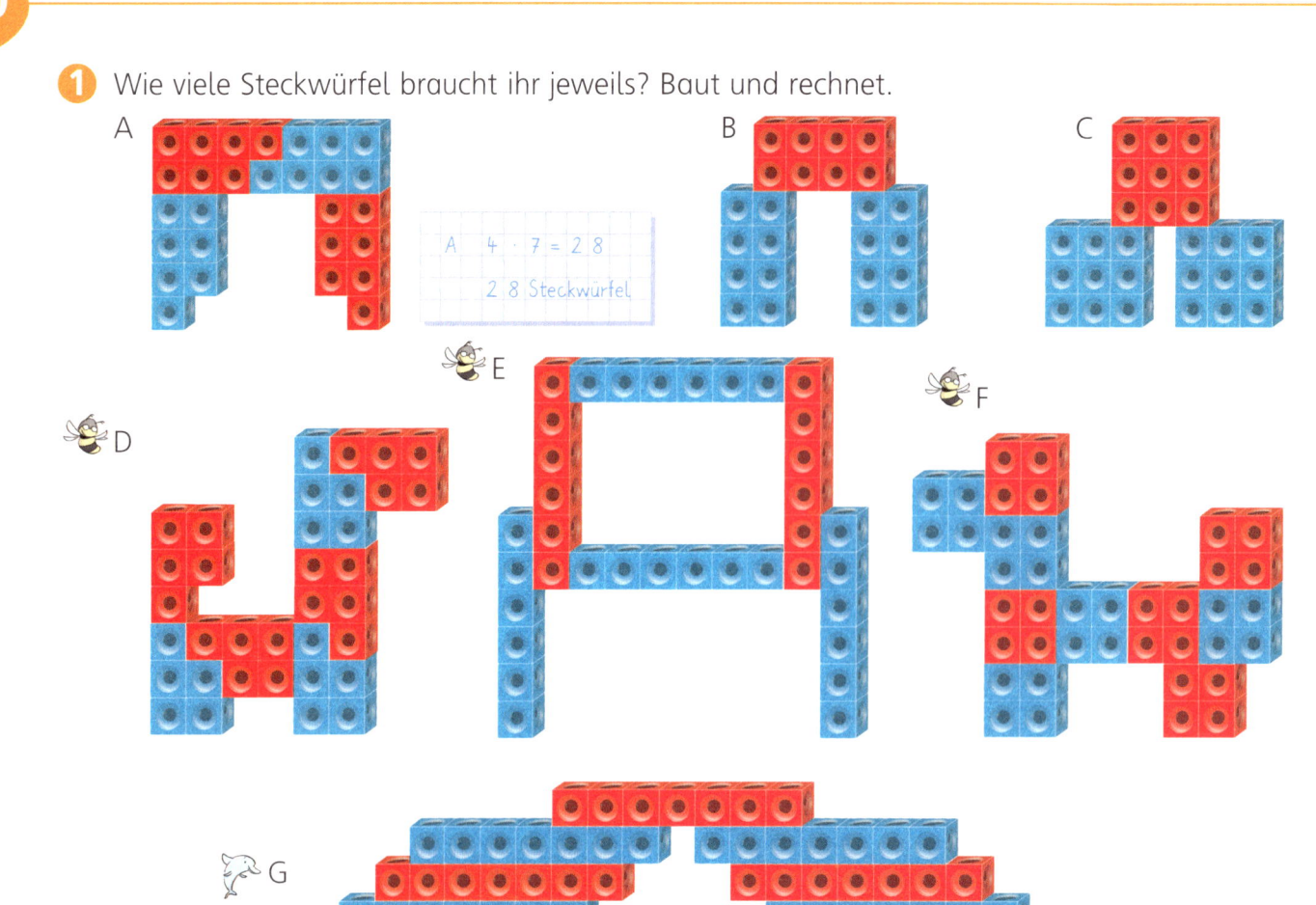

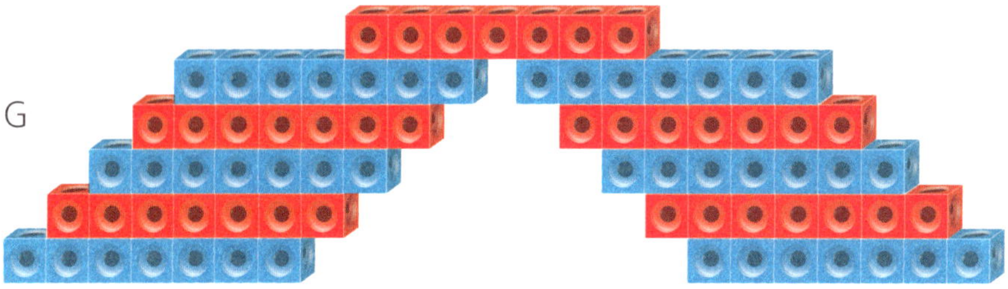

2 Baut eigene Figuren. Schreibt dazu Malaufgaben.

3 a) Baut und rechnet. Setzt das Muster fort.

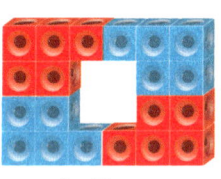

1. Figur 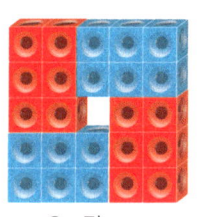   2. Figur 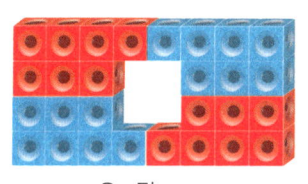   3. Figur 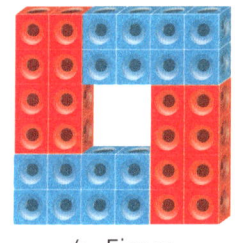   4. Figur

b) Aus wie vielen Steckwürfeln besteht die 8. Figur?

W

4 In jeder Rechentafel sind 5 Fehler.

a)

·	2	4	6	8
2	4	6	12	16
4	6	16	24	48
8	16	30	14	64

b)

·	3	5	7	9
3	10	15	21	9
5	15	20	35	45
7	21	25	49	72

c)

·	9	6	8	0
9	81	96	72	9
6	45	36	48	0
8	72	48	81	8

1 bis **3** Anzahlen der Steckwürfel möglichst durch Multiplizieren ermitteln.

Bauen und Rechnen

1 Quader oder Würfel? Wie viele Steckwürfel brauchst du jeweils?

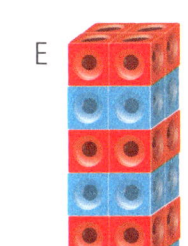

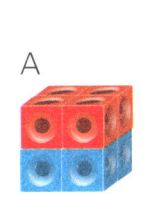

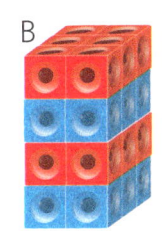

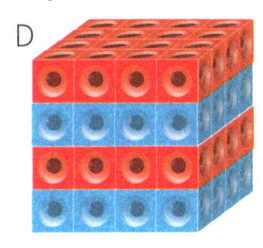

A   B   C   D   E

2 Kannst du mit 25 oder 27 Steckwürfeln einen großen Würfel bauen? Vermute erst.

3 3 Schichten
- obere Schicht $4 \cdot 2 =$ ___
- mittlere Schicht $4 \cdot 2 =$ ___
- untere Schicht $4 \cdot 2 =$ ___

} 3-mal

$3 \cdot 4 \cdot 2 =$ ___

a) Wie viele Steckwürfel wurden verbaut?
b) Wie viele Steckwürfel würden es bei 10 Schichten sein?

4 Baut und rechnet.

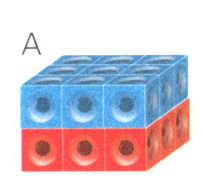

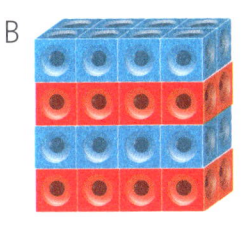

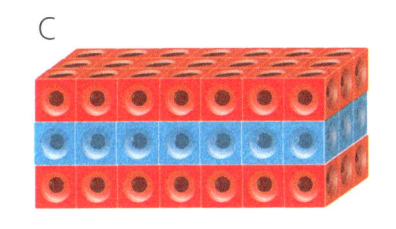

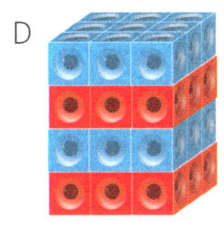

A   B   C   D

5 Baut und rechnet. Welches sind Quader, welches Würfel? Fällt euch etwas auf?

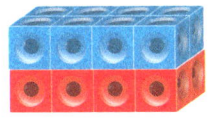

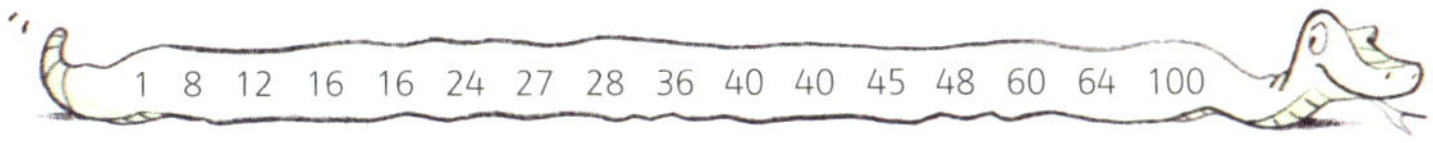

a) $4 \cdot 2 \cdot 2$ b) $2 \cdot 2 \cdot 2$ c) $2 \cdot 2 \cdot 7$ d) $4 \cdot 4 \cdot 4$
   $2 \cdot 2 \cdot 6$ $3 \cdot 3 \cdot 5$ $2 \cdot 3 \cdot 6$ $4 \cdot 3 \cdot 4$
   $3 \cdot 3 \cdot 3$ $5 \cdot 2 \cdot 4$ $2 \cdot 4 \cdot 5$ $5 \cdot 5 \cdot 4$
   $2 \cdot 3 \cdot 2$ $2 \cdot 2 \cdot 4$ $1 \cdot 1 \cdot 1$ $5 \cdot 6 \cdot 2$

1 8 12 16 16 24 27 28 36 40 40 45 48 60 64 100

6
a) $2 \cdot 1 \cdot 2$ b) $2 \cdot 2 \cdot 8$ c) $3 \cdot 5 \cdot 3$ d) $4 \cdot 4 \cdot 5$ e) $2 \cdot 6 \cdot 7$
   $2 \cdot 2 \cdot 2$ $2 \cdot 2 \cdot 9$ $3 \cdot 6 \cdot 3$ $4 \cdot 5 \cdot 4$ $3 \cdot 6 \cdot 4$
   $2 \cdot 3 \cdot 2$ $2 \cdot 2 \cdot 10$ $3 \cdot 7 \cdot 3$ $4 \cdot 6 \cdot 3$ $4 \cdot 6 \cdot 5$

   $2 \cdot 4 \cdot 2$ $3 \cdot 2 \cdot 4$ $3 \cdot 9 \cdot 2$ $6 \cdot 3 \cdot 5$ $8 \cdot 3 \cdot 4$
   $2 \cdot 5 \cdot 2$ $3 \cdot 2 \cdot 5$ $3 \cdot 10 \cdot 2$ $6 \cdot 4 \cdot 4$ $5 \cdot 3 \cdot 7$
   $2 \cdot 6 \cdot 2$ $3 \cdot 2 \cdot 6$ $3 \cdot 11 \cdot 2$ $6 \cdot 5 \cdot 3$ $4 \cdot 3 \cdot 7$

starke Päckchen

7 a) 7 9 6   4 8 9   b) 4 6 7 8   3 7

5 Insgesamt können vier Würfel gebaut werden.

Wochenmarkt

Preise:
- Birnen: 1 Kilo 2 €
- Apfelsinen: 1 Kilo 3 €
- Kiwis: Stück 20 ct
- Zitronen: Stück 40 ct
- Weintrauben: 1 Schale 3 €
- Erdbeeren: 1 Schale 3 €
- Äpfel: 1 Kilo 2 €
- Honig: Glas 4 €

1 Die Kinder der Klasse 2 a möchten vier Krüge Vitaminsaft zubereiten.
  a) Stelle den Einkaufszettel zusammen.

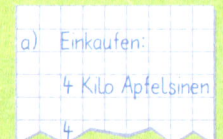

  > a) Einkaufen:
  > 4 Kilo Apfelsinen
  > 4 …

  b) Sven kauft die Apfelsinen und ein Glas Honig. Wie viel muss er bezahlen?
  c) Lara kauft die Zitronen, die Birnen und die Kiwis. Was kostet es zusammen?
  d) Wie viel kostet alles zusammen?

Vitaminsaft

für 1 Krug

Du brauchst:
1 Kilo Apfelsinen
1 Zitrone
1 Kilo Birnen
4 Kiwis
2 Esslöffel Honig

Zubereitung:
Presse die Apfelsinen und die Zitrone aus. Schneide die Birnen und die Kiwis in kleine Stücke. Püriere sie mit dem Mixstab.
Gib den Saft zu dem Fruchtmus. Süße den Saft mit Honig.

Guten Appetit!

2 Die Klasse 2 b bereitet Obstsalat zu. Er soll für 24 Kinder reichen.

Obstsalat

für 4 Personen (für eine Schüssel)

Zutaten
4 Äpfel
2 Birnen
3 Apfelsinen
1 Banane
2 Kiwis
(Erdbeeren, Weintrauben nach Belieben)

Zubereitung
Das Obst waschen, schälen, entkernen, in kleine Stücke schneiden und mit dem Saft einer halben Zitrone beträufeln. Einige Esslöffel Orangensaft zugeben.
Vorsichtig mischen.

a) Stelle den Einkaufszettel zusammen.

> a) Äpfel: 6 · 4 = 24
> Birnen: 6 · …

> Einkaufen:
> 24 Äpfel
> … Birnen

b) Die Kinder möchten auch für ihre Patenklasse Obstsalat zubereiten. In dieser Klasse sind 28 Kinder.

Fächerübergreifendes Projekt: Mengen für die eigene Klasse berechnen. Kosten abschätzen. Einkaufen. Vitaminsaft und Obstsalat zubereiten.

Zauberdreiecke

1 A

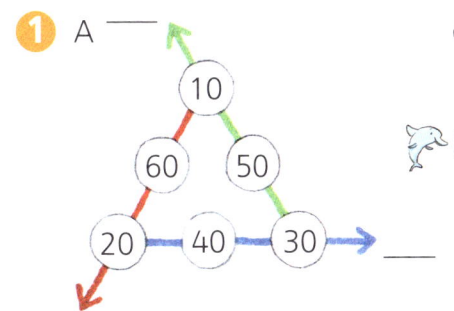

a) Rechne in alle Richtungen. Wie heißen die Zauberzahlen?

b) Findest du mit diesen Zahlen noch ein weiteres Zauberdreieck?

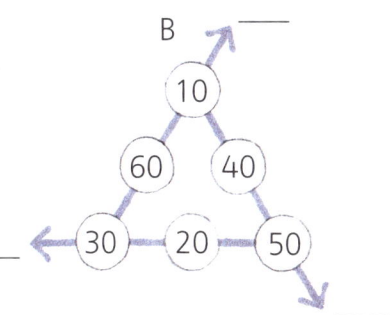

B

Dreieck A: 10, 60, 50, 20, 40, 30

Dreieck B: 10, 60, 40, 30, 20, 50

2 Ergänze zu Zauberdreiecken.

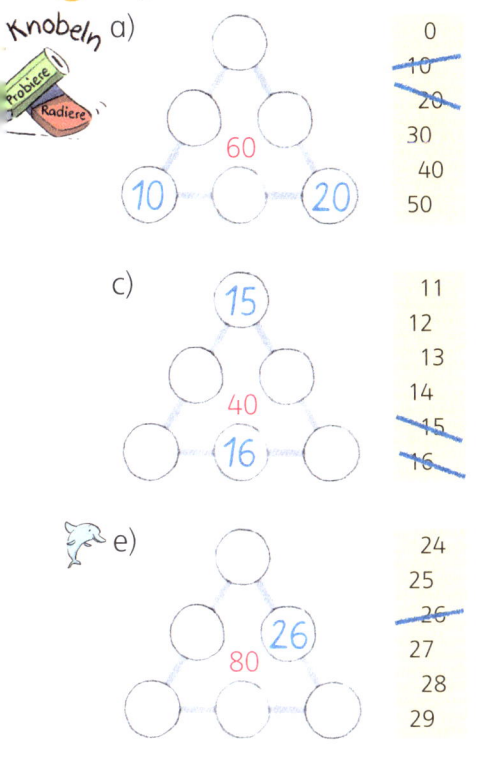

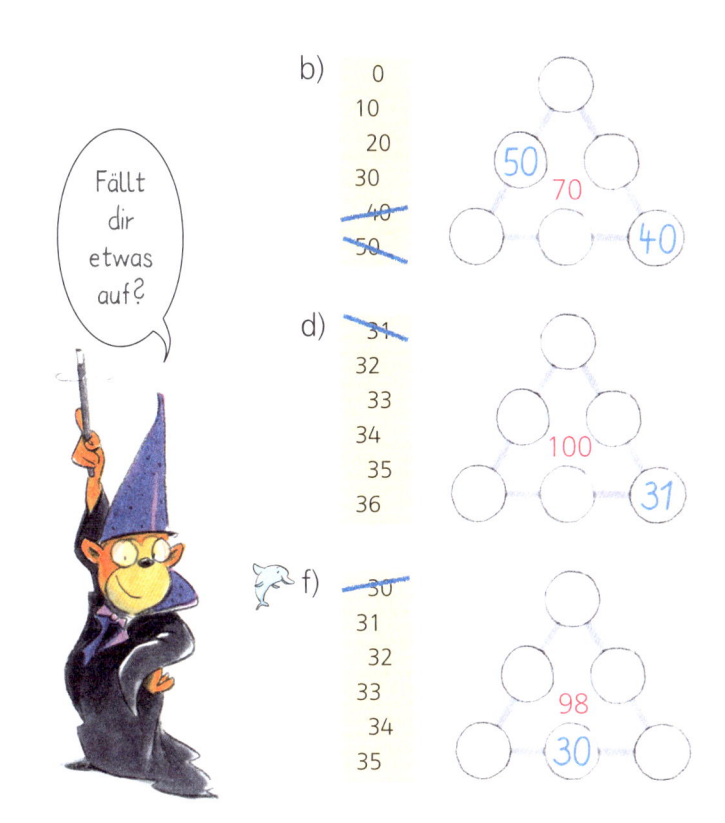

a) 60, 10, 20 — Zahlen: 0, 10, 20, 30, 40, 50

b) 50, 70, 40 — Zahlen: 0, 10, 20, 30, 40, 50

c) 15, 40, 16 — Zahlen: 11, 12, 13, 14, 15, 16

d) 100, 31 — Zahlen: 31, 32, 33, 34, 35, 36

e) 80, 26 — Zahlen: 24, 25, 26, 27, 28, 29

f) 98, 30 — Zahlen: 30, 31, 32, 33, 34, 35

Fällt dir etwas auf?

3 Dreieck: 11, 16, 14, 13, 12, 15

Was passiert mit der Zauberzahl, wenn du:
a) jede Zahl verdoppelst?
b) jede Zahl um 1 vergrößerst?
c) jede Zahl um 2 vergrößerst?
d) jede Zahl um 10 vergrößerst?

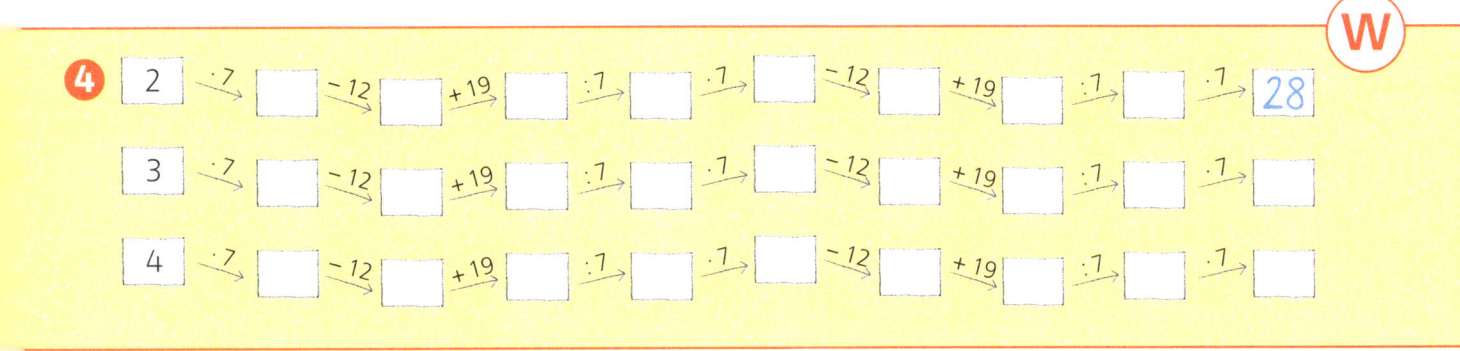

Forschungsauftrag

4

2 →·7→ ☐ →−12→ ☐ →+19→ ☐ →:7→ ☐ →·7→ ☐ →−12→ ☐ →+19→ ☐ →:7→ ☐ →·7→ 28

3 →·7→ ☐ →−12→ ☐ →+19→ ☐ →:7→ ☐ →·7→ ☐ →−12→ ☐ →+19→ ☐ →:7→ ☐ →·7→ ☐

4 →·7→ ☐ →−12→ ☐ →+19→ ☐ →:7→ ☐ →·7→ ☐ →−12→ ☐ →+19→ ☐ →:7→ ☐ →·7→ ☐

Die Zahlen auf jeder Dreiecksseite haben die gleiche Summe (Zauberzahl). Feststellen, dass sich die Anordnung der Zahlen im Dreieck auf die Zauberzahl auswirkt. Begründen. Kopiervorlage nutzen.

Die Sonnenuhr

1
a) Die Kinder bauen eine Sonnenuhr. Beschreibt. Baut selbst.
b) Beobachtet den Schatten des Stabes. Markiert nach jeder Stunde.

2
a) Welche Uhrzeit zeigt diese Sonnenuhr an?
b) Viele Uhrzeiten fehlen. Warum?
c) Findest du in deiner Umgebung eine Sonnenuhr?

3 Wie verändert sich das Schattenbild, wenn ihr die Taschenlampe bewegt?
a) Probiert aus.
b) Messt jeweils die Länge des Schattens.
c) Vergleicht eure Ergebnisse.

W

4
a) 27 cm + ___ cm = 30 cm
17 cm + ___ cm = 30 cm
7 cm + ___ cm = 30 cm
14 cm + ___ cm = 70 cm

b) 45 cm + ___ cm = 50 cm
34 cm + ___ cm = 50 cm
23 cm + ___ cm = 50 cm
12 cm + ___ cm = 50 cm

c) 95 cm + ___ cm = 1 m
84 cm + ___ cm = 1 m
73 cm + ___ cm = 1 m
52 cm + ___ cm = 1 m

3 5 5 13 16 16 23 27 27 38 48 56

5 In jeder Rechentafel sind 5 Fehler.

a)
·	4	6	8
3	14	18	26
6	24	36	42
9	36	56	72
0	4	0	0

b)
·	7	8	4
7	49	56	27
8	56	68	32
6	43	48	24
3	24	27	12

c)
·	9	0	7
4	36	0	28
10	90	10	70
9	84	90	63
8	74	0	58

1 bis **3** Gruppenarbeit: Fächerübergreifendes Projekt.

Uhrzeiten

1

morgens: ___ Uhr

Der kleine Zeiger ist der **Stundenzeiger**.

abends: ___ Uhr

Ein Tag hat 24 Stunden. Er beginnt in der Nacht um 0 Uhr.

2 Wie spät ist es? Achte auf den Stundenzeiger.

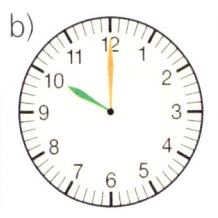

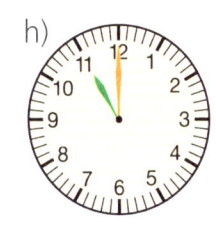

a) 8 Uhr / 20 Uhr
b)
c)
d)
e)
f)
g)
h)
i)

3 Wie spät ist es? Stelle die Zeiger auf deiner Spieluhr.

a) 08:00 b) 05:00 c) 10:00 d) 12:00 e) 13:00
f) 16:00 g) 18:00 h) 20:00 i) 21:00 j) 00:00

4 a) Der große Zeiger ist der **Minutenzeiger**. Wie spät ist es genau? Setze fort.

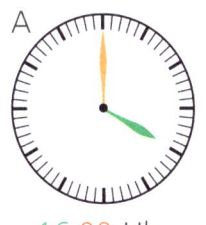

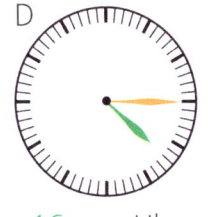

A 16:00 Uhr
B 16:05 Uhr
C 16:___ Uhr
D 16:___ Uhr
E 16:___ Uhr

b) Wie viele Minuten hat eine Stunde? Zähle die Minutenstriche.

5 a) 16, 24, 40, 48, 🔵 2, 4, 8   b) 18, 54, 90, 🔵 9, 6, 3

Eine analoge Spieluhr basteln. Kopiervorlage nutzen.
4 a) Nach gleichem Muster weitere Uhrzeiten einstellen und aufschreiben.

Zeitspannen

1 Stelle deine Spieluhr. Lass die Zeiger wandern.

Es war 08:00 Uhr.    Jetzt ist es 08:30 Uhr.

30 Minuten

Es ist zwanzig Uhr dreißig.

Eine halbe Stunde hat ___ Minuten.

2 15 Minuten

Es war ____ Uhr.    Jetzt ist es ____ Uhr.

Eine Viertelstunde hat ___ Minuten.

3 Wie viele Minuten sind vergangen?

a) 10:00 Uhr — 15 min → ____ Uhr — ___ min → ____ Uhr — ___ min → ____ Uhr

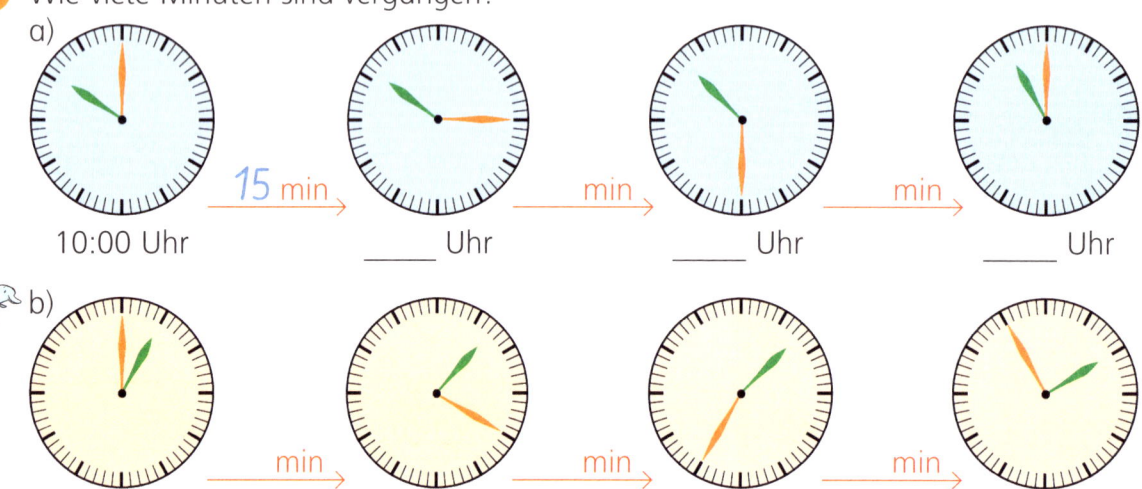

b) ____ Uhr — ___ min → ____ Uhr — ___ min → ____ Uhr — ___ min → ____ Uhr

4 Wie viel schaffst du?

a) Eine Minute zählen.   b) Fünf Minuten Zahlen schreiben.

c) Eine Viertelstunde laufen.   d) Eine halbe Stunde leise lesen.

Kannst du auch 5 Minuten schweigen?

5

KINDER TV

15.30	Nachmittags-Show
16.55	Die Mathestunde
17.20	Ole und Lina
17.45	Wetter für Kinder
18.00	Das Familien-Magazin
18.30	Papa ist der Beste
18.50	Der Sandmann
19.00	Lukas Wildbach (1)

a) Wie lange dauern die Sendungen, die du sehen möchtest?
b) Welche Sendung dauert eine halbe Stunde?
c) Welche Sendung dauert eine Viertelstunde?
d) Welche Sendung dauert 20 Minuten?
e) Welche Sendung ist die kürzeste?
f) Welche Sendung ist die längste?

1 bis **3** Spieluhren einsetzen.
3 Uhrzeiten ablesen, Zeitspannen berechnen. Diff.: Gesamtzeitspanne berechnen.

Stundenplan — Pausenzeiten der Bachschule

1. 08:00 Uhr
1 Kästchen entspricht 5 Minuten.

9 · 5 min = ___ min
Eine Schulstunde hat ___ min.

2.
a) Wann endet die erste Stunde?
b) Wann beginnt die zweite Stunde?
c) Wann endet die große Pause?

3.
a) Wie lange dauert die große Pause in dieser Schule?
___ · 5 min = ___ min
b) Wie viele Minuten Pause sind es insgesamt an einem Tag?
___ · 5 min = ___ min

4.
a) Wann endet die dritte Stunde?
b) Wann endet die vierte Stunde?
c) Wann endet die fünfte Stunde?

5.
a) Anna hat am Montag um 12:30 Uhr Schulschluss. Sie braucht für den Heimweg 20 Minuten.
b) Wie lange brauchst du für deinen Heimweg?

6. Der Schulbus fährt morgens um 07:15 Uhr los. Die Kinder sind um 07:45 Uhr in der Schule.

7.
a) Wann beginnt in deiner Schule die 1. Stunde?
b) Wie viele Stunden und Minuten bist du in der Schule, wenn du 6 Stunden hast?

Fächer: Sachunterricht (1. Stunde), Mathe (2. Stunde), Musik (3. Stunde), Deutsch (4. Stunde), Sport (5. Stunde)

Zeiten: 08:00 Uhr, ___ Uhr, ___ Uhr, ___ Uhr, ___ Uhr, ___ Uhr, ___ Uhr, ___ Uhr, 11:45 Uhr

❶ bis ❹ Fünfminutengliederung des Stunden- und Pausenrasters erkennen.
❺ bis ❼ Auf die eigene Situation übertragen.

Kalender

1 Untersuche den Jahreskreis. Jede Perle steht für einen Tag. Wie viele Monate hat ein Jahr? Wie heißen die Monate?

2 Schreibe die Monate geordnet auf. Wie viele Tage hat jeder Monat?

| 1. Monat **Januar** 31 Tage | 4. Monat **April** Tage | Monat **Februar** Tage | Monat **Juli** Tage | Monat **Oktober** Tage | Monat **Juni** Tage |

| Monat **Dezember** Tage | Monat **März** Tage | Monat **November** Tage | Monat **September** Tage | Monat **August** Tage | Monat **Mai** Tage |

3 So kannst du dir die Monate mit 31 Tagen merken.

Achte auf die Knöchel.

Jan. März Mai Juli Aug. Okt. Dez.

4 Schreibe das Datum kürzer.

a) 11. März
   15. Juni
   31. Mai
   4. Juli

a) 11. März
   11.03.

b) 1. September
   30. Dezember
   27. Oktober
   11. November

c) 8. Februar
   28. Februar
   12. August
   19. September

d) 30. Januar
   1. Juli
   1. April
   4. Mai

5 Schreibe ausführlich.

17. 11. → 17. November

01. 02.   30. 03.   24. 12.   01. 06.   15. 10.   23. 08.   31. 12.

6 Welcher Wochentag ist es in diesem Jahr? Schaue in einen Kalender.
a) 1. Januar   b) 13. März   c) 1. Mai   d) erster Tag der großen Ferien
e) erster Schultag nach den großen Ferien   f) 24. Dezember   g) Silvester
h) Tag der Deutschen Einheit   i) 1. Advent   j) Muttertag

❶ Jahreskette herstellen. Monatsnamen zuordnen.
❹ Am Jahreskreis oder am Kalender orientieren.

März

April

	Januar					Februar					März			
Woche	1	2	3	4	5	6	7	8	9	10	11	12	13	14
Mo		4	11	18	25	1	8	15	22		1	8	15	22
Di		5	12	19	26	2	9	16	23		2	9	16	23	30
Mi		6	13	20	27	3	10	17	24		3	10	17	24	31
Do		7	14	21	28	4	11	18	25		4	11	18	25
Fr	1	8	15	22	29	5	12	19	26		5	12	19	26
Sa	2	9	16	23	30	6	13	20	27		6	13	20	27
So	3	10	17	24	31	7	14	21	28		7	14	21	28

	April					Mai					Juni			
Woche	14	15	16	17	18	18	19	20	21	22	23	23	24	25	26	27
Mo		5	12	19	26		3	10	17	24	31		7	14	21	28
Di		6	13	20	27		4	11	18	25		1	8	15	22	29
Mi		7	14	21	28		5	12	19	26		2	9	16	23	30
Do	1	8	15	22	29		6	13	20	27		3	10	17	24
Fr	2	9	16	23	30		7	14	21	28		4	11	18	25
Sa	3	10	17	24		1	8	15	22	29		5	12	19	26
So	4	11	18	25		2	9	16	23	30		6	13	20	27

	Juli					August					September			
Woche	27	28	29	30	31	31	32	33	34	35	36	36	37	38	39	40
Mo		5	12	19	26		2	9	16	23	30		6	13	20	27
Di		6	13	20	27		3	10	17	24	31		7	14	21	28
Mi		7	14	21	28		4	11	18	25		1	8	15	22	29
Do	1	8	15	22	29		5	12	19	26		2	9	16	23	30
Fr	2	9	16	23	30		6	13	20	27		3	10	17	24
Sa	3	10	17	24	31		7	14	21	28		4	11	18	25
So	4	11	18	25		1	8	15	22	29		5	12	19	26

	Oktober					November					Dezember			
Woche	40	41	42	43	44	45	46	47	48	49	49	50	51	52	53
Mo		4	11	18	25		8	15	22	29		6	13	20	27
Di		5	12	19	26	2	9	16	23	30		7	14	21	28
Mi		6	13	20	27	3	10	17	24		1	8	15	22	29
Do		7	14	21	28	4	11	18	25		2	9	16	23	30
Fr	1	8	15	22	29	5	12	19	26		3	10	17	24	31
Sa	2	9	16	23	30	6	13	20	27		4	11	18	25
So	3	10	17	24	31	7	14	21	28		5	12	19	26

7 Geburtstagskalender

Tilo – 6. Mai
Marie – 15. April
Soner – 23. Juli

An welchem Wochentag haben die Kinder Geburtstag? Wann hast du Geburtstag?

Mai

8 Schreibe eine Geburtstagsliste für deine Klasse.
a) In welchem Monat haben die meisten Kinder Geburtstag?
b) Wer hat in den Ferien Geburtstag?
c) Wer ist am jüngsten in deiner Klasse?
d) Wer ist am ältesten?

Frühling
Sommer

9 Tierkreiszeichen

Steinbock 22. 12. – 20. 1.
Wassermann 21. 1. – 18. 2.
Fische 19. 2. – 20. 3.
Widder 21. 3. – 20. 4.
Stier 21. 4. – 20. 5.
Zwillinge 21. 5. – 21. 6.
Krebs 22. 6. – 22. 7.
Löwe 23. 7. – 23. 8.
Jungfrau 24. 8. – 23. 9.
Waage 24. 9. – 23. 10.
Skorpion 24. 10. – 22. 11.
Schütze 23. 11. – 21. 12.

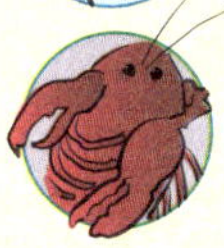

Juni

a) In welchem Tierkreiszeichen bist du geboren?
b) Welche Tierkreiszeichen haben die Kinder deiner Klasse?

10 a) Wie viele Wochen hat das Jahr?
b) Wie viele Wochen und Tage dauern die Sommerferien?
c) Gibt es mehr Schultage oder mehr schulfreie Tage im Jahr?

August

Juli

Kombinationen – Eissorten

1 Annas Lieblingssorten sind Erdbeer, Schoko, Vanille.
Sie möchte 2 Kugeln bestellen. Welche Möglichkeiten hat sie?

Erdbeer   Erdbeer   Erdbeer   Schoko   _____   _____
Schoko   Vanille   Erdbeer   _____   _____   _____

2 Sven mag alle vier Sorten gern. Sein Geld reicht aber nur für 2 Kugeln.
Was könnte er bestellen?

Vanille   Zitrone
Erdbeer   Schoko

1 bis 5 Kombinationen ins Heft zeichnen oder aufschreiben. Systematisch vorgehen.
1 Sechs Kombinationen. **2** Zehn Kombinationen.

③ Pia wählt aus drei Eissorten.

Erdbeer	Erdbeer	Erdbeer	Erdbeer	_____
Schoko	Schoko	Schoko	_____	_____
Vanille	Schoko	Erdbeer	_____	_____

④ Lena wählt 3 Kugeln aus den 4 Eissorten. Welche Möglichkeiten hat sie?

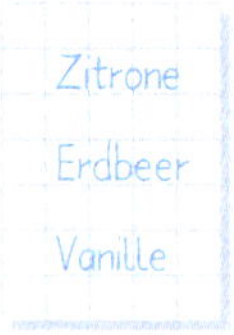

Zitrone
Erdbeer
Vanille

⑤ Tilo wählt 4 Kugeln aus den 4 Eissorten. Welche Möglichkeiten hat er?

⑥ a) Marie kauft 2 Kugeln. Wie viel muss sie bezahlen?
b) Viktor kauft 3 Kugeln. Wie viel muss er bezahlen?
c) Mara kauft 4 Kugeln.

1 kleine Kugel **50 ct**

⑦ a) Lena kauft eine große Kugel. Sie bezahlt mit einem Euro. Wie viel bekommt sie zurück?
b) Ali kauft zwei große Kugeln. Er gibt zwei Euro.
c) Wie viel kostet eine Eiskugel bei euch?

1 große Kugel **80 ct**

⑧ Schnelles Rechnen — Übt das Einmaleins mit der 7.
8 · 7   56

⑨ a) 29 43 36 ➕ 15 38 57   b) 63 71 95 ➖ 16 29 44 57
c) 12 24 36 ➗ 3 4 6   d) 6 7 9 ✖ 5 7 8 9

③ Zehn Kombinationen. ④ Zwanzig Kombinationen.
⑤ 35 Kombinationen. Es müssen nicht alle gefunden werden.

Zeichnen und Rechnen

1 Erstes Rechteck   Zweites Rechteck   Drittes Rechteck   Viertes Rechteck

1 · 6

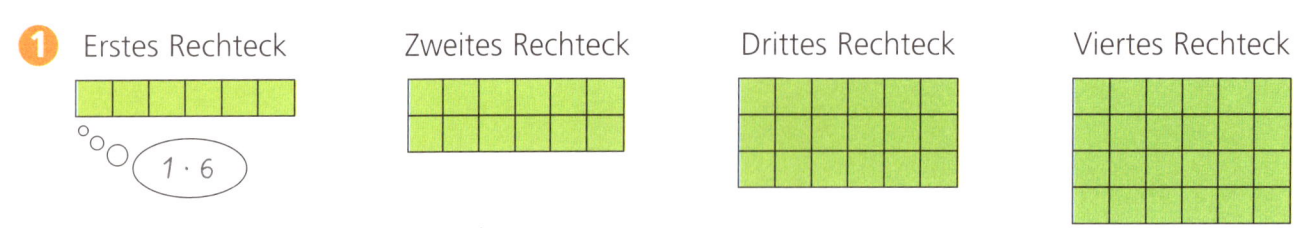

a) Zeichne das fünfte Rechteck.
b) Schreibe zu jedem Rechteck eine Malaufgabe.
c) Kannst du ohne zu zeichnen die Kästchenzahl des 9. Rechtecks bestimmen?
d) Gibt es hier ein Rechteck mit genau 100 Kästchen? Begründe deine Antwort.

2

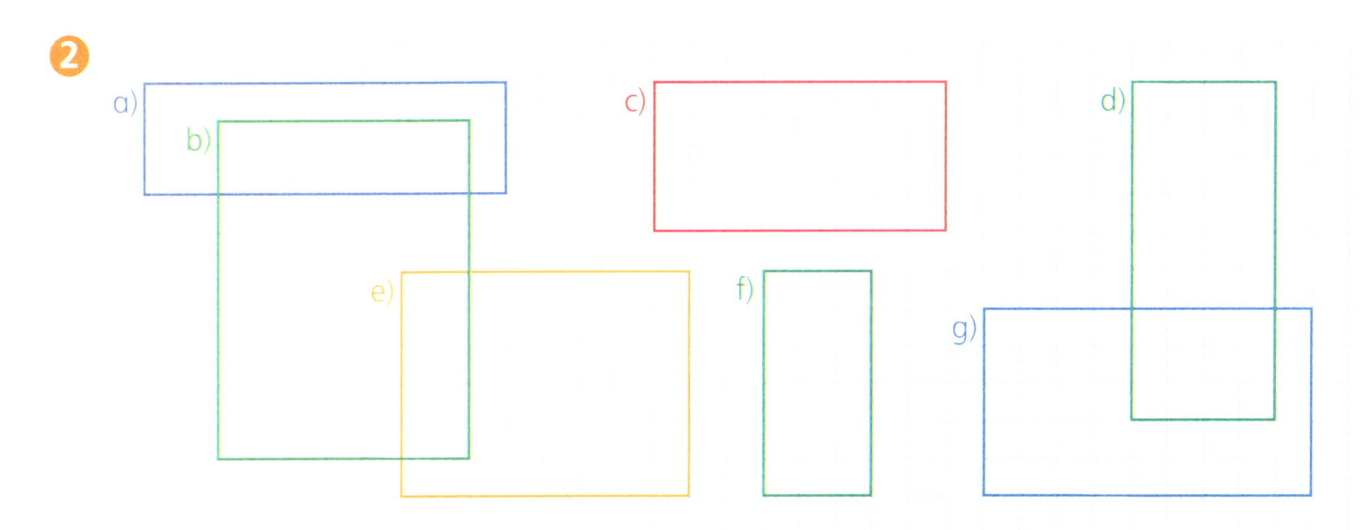

Wie viele Kästchen hat jedes Rechteck? Zeichne und rechne.

3 a) Wie viele Kästchen haben diese Muster? Erklärt euren Rechenweg.

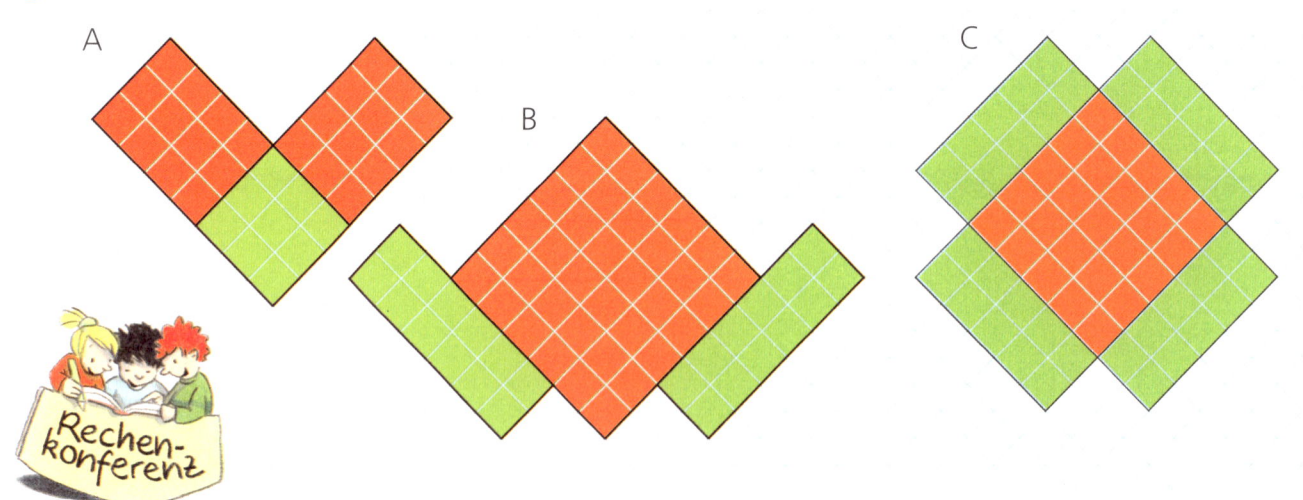

A   B   C

Rechenkonferenz

b) Zeichnet die Muster.

4 Erfinde eigene Muster aus Rechtecken und Quadraten.
Berechne immer die Anzahl der Kästchen.
Schreibe deinen Lösungsweg auf.

Anzahl der Kästchen durch Multiplizieren ermitteln.
❸ und ❹ Multiplikation und Addition. Verschiedene Lösungswege.

Knobeln

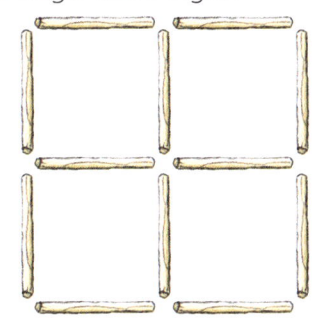

1 Lege diese Figur.

a) Lege vier Stäbchen um.
   Es sollen drei Quadrate entstehen.
b) Nimm zwei Stäbchen weg,
   so dass zwei Quadrate entstehen.
c) Lege drei Stäbchen um.
   Es sollen drei Quadrate entstehen.
d) Lege vier Stäbchen um.
   Es sollen zwei Quadrate entstehen.

2 Lege diese Figur.

a) Lege drei Stäbchen um.
   Es sollen vier Dreiecke entstehen.
b) Lege zwei Stäbchen um.
   Es sollen vier Dreiecke entstehen.

3

a) Lisa und Marco haben zusammen 36 Stäbchen. Marco hat dreimal so viele wie Lisa.
Wie viele Stäbchen hat jeder?

b) Eva hat 17 Stäbchen. Wenn sie Jan eines abgeben würde, hätte sie doppelt so viele wie er.
Wie viele Stäbchen hat Jan?

c) Lea hat weniger Stäbchen als Sven aber mehr als Nina. Wer besitzt die meisten Stäbchen, wer die wenigsten? Ordne.

d) Ronja hat 12 Stäbchen. Wenn sie Tom zwei abgeben würde, hätten sie gleich viele. Wie viele Stäbchen hat Tom?

e) Ali und Oliver haben zusammen 99 Stäbchen. Ali hat doppelt so viele Stäbchen wie Oliver. Wie viele Stäbchen hat jeder?

4 Zeichne in einem Zug.

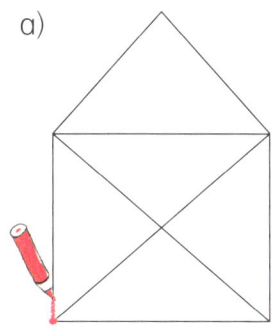

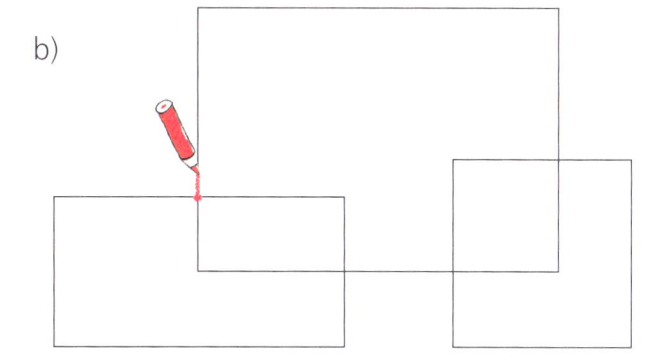

a)

b)

1 Es entstehen große und kleine Quadrate.
4 Freihandzeichnen. Verschiedene Möglichkeiten.

Das haben wir im zweiten Schuljahr gelernt

❶ Multiplizieren

a) 2 · 4   b) 3 · 9   c) 2 · 7
   5 · 4   6 · 9   4 · 7
  10 · 4   9 · 9   8 · 7

d) 7 · 8   e) 3 · 6   f) 9 · 3
   5 · 8   6 · 6   8 · 3
   3 · 8   0 · 6   7 · 3

❷ Dividieren

a) 12 : 3   b) 36 : 4   c) 16 : 2
   12 : 4   36 : 6   16 : 4
   12 : 6   36 : 9   16 : 8

d) 24 : 8   e) 40 : 4   f) 49 : 7
   24 : 4   40 : 8   64 : 8
   24 : 3   40 : 5   81 : 9

❸ Addieren auf eigenen Wegen.

a) 38 + 51   b) 58 + 34

c) 27 + 36   d) 67 + 28

e) 65 + 29   f) 47 + 38

❹ Subtrahieren auf eigenen Wegen.

a) 98 − 75   b) 75 − 39

c) 76 − 58   d) 62 − 48

e) 86 − 69   f) 81 − 47

❺ Rechnen mit Geld

Lisa geht mit ihren Eltern und ihrem kleinen Bruder in den Zoo.
Der Eintritt für ein Kind kostet 6 € und für Erwachsene das Doppelte.

❻ Die Uhrzeiten

a) Wie spät ist es?

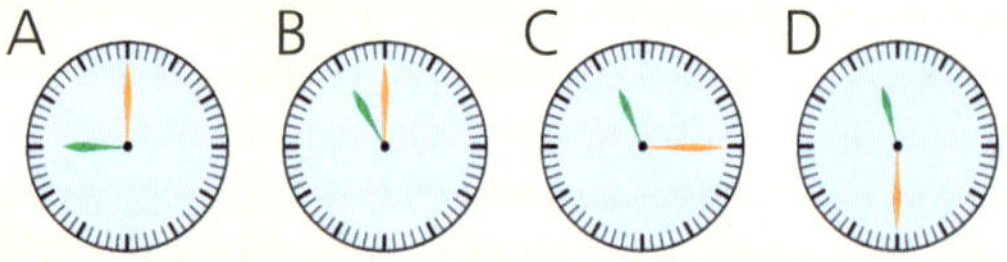

A   B   C   D

b) Wie viel Zeit ist jeweils vergangen?

❼ Messen und Zeichnen

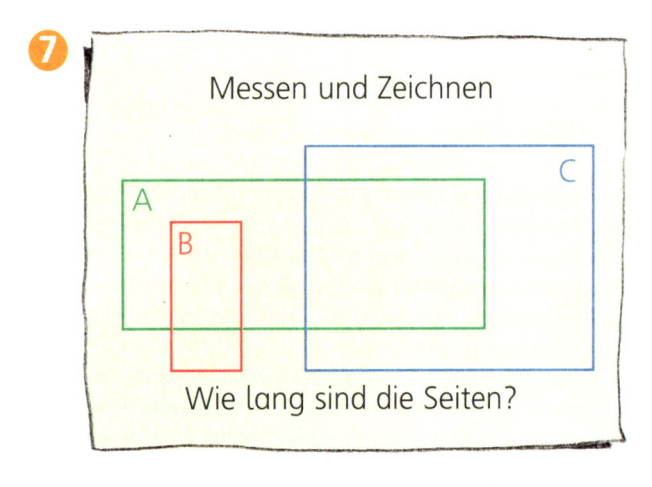

Wie lang sind die Seiten?

❽ Körper

A   B   C

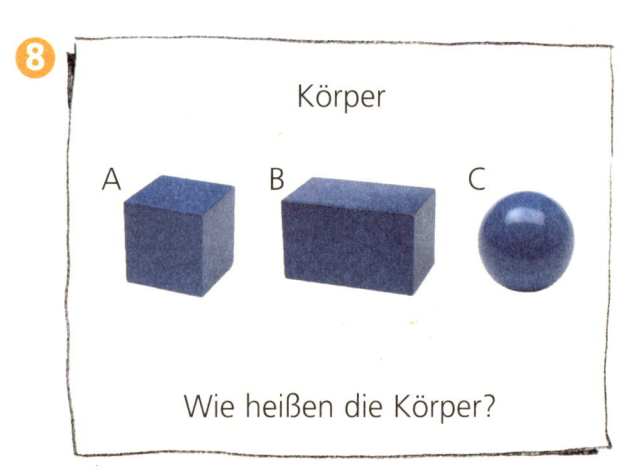

Wie heißen die Körper?

Gemeinsame Rückschau auf das Schuljahr.